EINSAME KLASSE

Mehr Bäume.
Weniger CO_2.
www.cpibooks.de/klimaneutral

MIX
Papier aus verantwor-
tungsvollen Quellen
FSC® C083411

Felix Lill:
Einsame Klasse

Alle Rechte vorbehalten
© 2017 edition a, Wien
www.edition-a.at

Cover: Dr. Andrea Maria Dusl
Gestaltung: Lucas Reisigl

Gesetzt in der Ingeborg
Gedruckt in Deutschland

1 2 3 4 5 — 20 19 18 17

ISBN 978-3-99001-233-8

Dieses Buch schildert wahre Begebenheiten.
Die Namen handelnder Personen wurden
zum Schutz ihrer Privatsphäre teilweise
geändert.

Für Claus, Catja, Rut und Willy.

FELIX LILL

EINSAME KLASSE

DIE ZUKUNFT GEHÖRT UNS SINGLES

edition a

INHALT

AUF TOKIO!

Zärtlich streichelte der Anzugträger neben mir das virtuelle Gesicht auf seiner Handkonsole. Im ersten Moment nach dem Aufwachen im nächtlich abgedunkelten Flugzeug war ich nicht sicher, ob meine Wahrnehmung voll funktionsfähig war. Meine Neugier war immerhin so weit von journalistischer Professionalität gezähmt, dass ich dem Impuls widerstand, meinen Kopf auffällig nach rechts zu drehen. Auch aus dem Augenwinkel konnte ich sehen, was sich da am Fensterplatz abspielte. Der Bildschirm zeigte eindeutig ein virtuelles Gesicht, eine virtuelle junge Frau. Wie in einem Manga bildeten sich in ihren großen Augen gerade glitzernde Tränen. Dazu strahlte sie vor Glück. Und er? Managertyp, groß gewachsen, Nadelstreifen, teure Armbanduhr, dezente Krawatte, mit der Körpersprache eines Alphatieres. Er strahlte ebenfalls. Zeitgleich mit ihr schien auch er den Tränen nahe. Und mir lief ein Schauer über den Rücken. Hätte Lena an meiner anderen Seite nicht geschlafen, ich hätte sie jetzt an mich drücken wollen. Das, was ich da zu meiner Rechten beobachtete, war zweifellos eine Liebesszene. Allerdings eine, wie ich sie noch nie gesehen hatte. In ihrer Intensität schön, mutete sie mich absurd an, fast traurig. Weil da nur ein virtuelles Gegenüber war. Was er voller Zuwendung murmelte, konnte ich nicht verstehen. Abgesehen vom Lärm der Turbinen hätten dafür die paar Sätze Japanisch, die ich mir vor diesem Abenteuer eilig angeeignet hatte, bestimmt nicht ausgereicht. Dass der Mann neben mir Japaner war, wusste ich auch nur, weil ich beim Check-in seinen Pass gesehen hatte. Wir waren auf dem Weg nach Dubai. Dort ein paar Stunden Aufenthalt, dann weiter nach Tokio. Gut möglich, dass er denselben Weg hatte.

Jetzt hatte er offenbar bemerkt, dass ich nicht mehr schlief, sondern ihn beobachtete, denn er drehte sich so weit mit dem Rücken zum Fenster, dass ich seinen Bildschirm nicht mehr sehen konnte.

Peinlich ertappt, bemühte ich mich um ein freundliches Lächeln und ein entschuldigendes Achselzucken.

Er jedoch blickte mich mit zusammengezogenen Augenbrauen an. Streng, weil ich in seine Privatsphäre eingedrungen war. Skeptisch, weil meine Gesten mein Unbehagen bestimmt nicht verbergen konnten. Schließlich rückte er sein Gesicht zu einem selbstsicheren, keineswegs verteidigenden Lächeln zurecht, beugte sich zu mir und deutete auf sein Gerät: »This is the future of love«, sagte er in akzentfreiem Englisch.

»I hope not«, hätte ich ihm gerne entgegnet, beließ es jedoch bei einem weiteren Achselzucken, zumal Lena bei ihrem leichten Schlaf bestimmt aufgewacht wäre, hätte ich ein Gespräch begonnen, wie ich es jetzt eigentlich gleich führen wollte.

Mein Sitznachbar zog sich wieder zurück und ich schaute demonstrativ in die andere Richtung. Das sollte die Zukunft der Liebe sein? Zu wenig, tatsächlich fast nichts, wusste ich über die japanische Art zu kommunizieren, sodass ich Klamauk von Ernsthaftigkeit nicht unterscheiden konnte. Hatte ich hier gerade einen Witz gehört oder eine Prognose? Dass interkulturelle Missverständnisse vorprogrammiert waren und ich mich vor einem exotistischen Blick hüten musste, war mir bewusst gewesen. Umso mehr irritierte mich meine eigene Irritation. Gleichzeitig fand ich es spannend, irritiert worden zu sein und dankte meinem Sitznachbarn dafür im Geiste. In den unendlichen Weiten des Flughafens von Dubai verlor ich ihn aus den Augen.

Bald hatten wir unser nächstes Gate und zwei Sitzplätze davor gefunden. Nachdem wir unsere Jacken zwischen Rücken und Wartebank gestopft hatten, um ein bisschen bequemer zu sitzen, nickte Lena gleich wieder ein. Um uns herum parkten Reisende ihre Koffer, schliefen auf Liegen, hielten sich mit Kaffee wach, sahen Filme auf ihren Laptops, mit Kopfhörern im Ohr. Der rauschende Flughafenlärm legte sich betäubend über die Nachtmüdigkeit in der Halle.

Ich war gerade ebenfalls am Wegdämmern, da piepte es aus Lenas Handtasche.

Mit unwillig verzogenen Mundwinkeln und noch geschlossenen Augen kramte sie nach ihrem Handy. Als sie es schließlich gefunden hatte, konnte ich beobachten, wie ihre Augen groß und rund wurden. »Oh Gott, Babe!«

Da sie mich so nannte, konnte nur eine kleine Tragödie passiert sein. Babe, das war ich. Das Schweinchen namens Babe. Vom ersten Moment an, als der Name noch ein Witz gewesen war, kam er mir, und ihr, bescheuert vor. Fünf Jahre lag das zurück. Nachdem ich ein ganzes Jahr lang in jeder Ecke ihre Liebe gesucht hatte, fand sie schließlich meine. Endlich mussten wir nicht mehr bloß als Freunde scherzen, sondern konnten uns dabei küssen, den Mund mit der Hand zukleben, uns danach umarmen. Unter solchen Umständen Babe genannt zu werden, konnte ich ertragen. Lena machte sich damit über all die anderen Pärchen lustig, in deren Beziehung einer zum handzahmen Kater oder braven Schoßhündchen verklärt wurde. Wir waren natürlich anders. Der Witz, mich zum Schweinchen zu machen, gefiel ihr so gut, dass sie ihn ständig wiederholte, bis es irgendwann kein Witz mehr war und ich wirklich Babe hieß. Was erträgt man nicht alles an einem Menschen, den man liebt. Ich konnte mich nicht beschweren. Lena wäre gut ohne meine Klapse auf ihren Hintern ausgekommen, von denen sie die meisten zu spüren bekam, wenn sie nichts erwartete. Sie hätte auch darauf verzichten können, dass ich manchmal mit ihr sprach, als wäre sie mein Mannschaftskollege. Namen wie Manndecker oder Schwalbenkönig kamen nicht gut an. »Ich bin nicht dein Fußballkumpel«, schnitt sie mich mit einem zurechtweisenden Blick, der nicht einmal meinen Augen galt, sondern meiner Stirn oder meinem Haaransatz. Manchmal konterte sie auch: »Auf'm Platz würd ich dich eh nie anspielen.«

Aber jetzt zog Lena diese andere Grimasse, die mahnende. Babe musste zuhören. »Anna und Jan haben sich getrennt.«

Der Schreck, den sie so lange in ihren Augen hielt, dass er nicht übersehen werden konnte, übertrug sich auch auf mich. Wieder einmal spürte ich den rauen Wind, der in letzter Zeit die Beziehungen unserer Bekannten umzischte.

»Ich dachte, die heiraten irgendwann«, sagte Lena. Ihre warme Stimme klang so betrübt, dass ich gleich ihre Hand nahm und sie an der Innenseite küsste, wie ich es oft tat. Anna und Jan waren eines dieser Paare, die perfekt wirkten. Von Streit nichts zu sehen, dafür alle möglichen Kosenamen, über die Jahre hatten sie sich einander so sehr angenähert, dass sie fast wie zwei Versionen desselben Menschen aussahen. Adrett, zurückhaltend, solide. Sie Reiterin und Angestellte, er Jurastudent in den letzten Semestern und Bierliebhaber. Beide waren das Gegenteil sozialer Problemfälle.

Lena stand auf, um Anna anzurufen. Als sie zurückkam, blieb sie vor mir stehen und erzählte mir in aller Kürze, was vorgefallen war. »Anna ist sich nicht mehr sicher, ob sie das Ganze noch will. Die haben es so lange zusammen versucht, aber sie meint, sie will jetzt mal Single bleiben und andere Dinge sehen.«

Ohne Anna sonderlich gut zu kennen, meinte ich, sie zu verstehen, was immer diese anderen Dinge sein mochten, die sie noch sehen wollte. Mein Verständnis dafür auszusprechen, wäre allerdings nicht opportun gewesen. Lena verdarben solche Nachrichten schnell die Stimmung auch für die kleinsten Scherze, mit denen ich mich dann gerne aufheiterte. Und verunsichern wollte ich sie jetzt auf keinen Fall.

»Jan klammert halt zu sehr an ihr«, fuhr Lena fort. »Er hat sich richtig für sie geändert und geht kaum noch aus. Sie will ihn nicht immer im Schlepptau haben, sondern mehr Zeit für sich.«

Jan und Anna waren zwar ähnliche Typen, das war mir bei unserer Handvoll Begegnungen in Köln, wo Lena aufgewachsen war, sofort aufgefallen. Offensichtlich waren sie aber nicht in der Lage, sich ausreichend auf die Bedürfnisse des anderen einzulassen.

»Das ist so traurig. Wenn schon die beiden es nicht schaffen«, sagte Lena und schaute auf die Anzeigetafel mit den Abflugzeiten. »Sie liebt ihn und er liebt sie.« Da mir nicht gleich etwas dazu einfiel, füllte Lena auch den nächsten wortlosen Moment: »Glaubst du, Tokio wird uns auseinandertreiben?«

Da war es. Sie war verunsichert. Ich schüttelte den Kopf und wollte sie umarmen.

Sie jedoch wich zurück. »Du nimmst mich nicht ernst.«

»Stimmt«, grinste ich, packte sie mit einer schnellen Bewegung und zog sie auf den Sitz neben mich.

Nun ließ sie es doch zu, dass ich den Arm um sie legte, kuschelte ihren Kopf an meine Schulter. Das Handy mit der Nachricht von Anna hielt sie allerdings von sich gestreckt, als wäre Trennung eine ansteckende Krankheit. In die Leere vor uns flüsterte sie, als spräche sie einen letzten Wunsch aus: »Hoffentlich finden sie auch als Singles irgendwie Liebe.«

Noch zwei Stunden, bis wir weiter fliegen würden nach Tokio, zu unserem neuen Wohnort. Beide kannten wir die Stadt noch nicht. Das Ganze hatte sich eher durch Zufall ergeben. Das zweite und letzte Jahr eines Politikstudiums, das ich zuvor für meinen Job in London auf Eis gelegt hatte, konnte ich dort verbringen. Und weil einige der deutschen, österreichischen und schweizerischen Zeitungen, für die ich aus Großbritannien berichtet hatte, eineinhalb Jahre nach der Atomkatastrophe von Fukushima 2011 keinen Japan-Korrespondenten vor Ort hatten, ergab sich für mich eine einmalige Chance, Arbeiten und Studieren zu kombinieren. Lena hatte in London ein Soziologiestudium abgeschlossen, ihre nächste Station kannte sie noch nicht, also kam sie mit. Vielleicht war der Ort ohnehin nicht so entscheidend, weil wir beide füreinander die Endstation waren, egal wo.

Lena war das, was Psychoanalytiker und Philosophen wie Slavoj Žižek und Alain Badiou ein revolutionäres Element nennen. Vielleicht erlebt jeder so eine Revolution. Diese Begegnung, die ein Leben verändert, einen Menschen aus seinem Alltag reißt und seine ganze vorige Biographie nur noch im Lichte dieser neuen Situation erklärbar werden lässt, als hätte sich alles nur auf dieses eine Ereignis hin entwickelt. Unausweichlich. So war es. Seit ich Lena kennengelernt hatte, war sie mir nie wieder aus dem Sinn gegangen, auch wenn ich sie vergessen wollte. Bei jedem größeren Problem und vielen kleineren war sie zu einem Teil der Gleichung geworden, den ich nicht rauskürzen konnte. Wo verbringe ich mein Leben? Wie mein Wochenende? Wie lasse ich mir die Haare schneiden? Nur ihretwegen probierte ich keine Kahlrasur. Dann sähe ich aggressiv aus, vielleicht wie ein Schlägertyp, fand sie, und wenn ihr das nicht gefiel, dann wollte ich das auch nicht. Lenas Meinung, obwohl diese sich, wie sie selbst zugab, oft mit Launen vermischte, zählte immer.

Auch für Tokio hatten wir uns gemeinsam entschieden. Für eine Stadt, über die wir beide fast nichts wussten. Uns stand ein Abenteuer bevor, dessen Fortgang auf allen Ebenen ungewiss war. Lenas Praktikum war unbezahlt, so musste ich zu meinem Stipendium, das ich für das Studium erhielt, noch möglichst gut dazuverdienen, damit wir in so einer teuren Stadt nicht finanziell auf Grund laufen würden. Lena fand Rückhalt bei ihren Eltern, aber die wollte sie auf keinen Fall anpumpen. Ich wusste nicht, wie groß die Nachfrage nach meinen Storys sein würde, aus einem so weit entfernten Land wie Japan. Die andere Frage, die wir uns beide schon länger stellten, war die nach uns. Als Paar hatten wir schon einiges überstanden. Kennengelernt hatten wir uns beim Studium in Wien, eine schwere Geburt. Mir gefiel Lena vom ersten Abend an, als wir einander auf der Party einer gemeinsamen Bekannten vorgestellt wurden, aber die Zuneigung war einseitig. Unsere Dates von da an verstand sie als irgendwas zwischen zaghaftem Flirt und oberflächlicher Freundschaft, während ich mir mit jedem Mal größere Hoffnungen machte. Als ich sie endgültig aufgegeben hatte, sie mich vor der Uni mit meiner neuen Freundin sah, konnte Lena den Anblick plötzlich nicht akzeptieren und schrieb mir zum ersten Mal aus eigenen Stücken eine Nachricht. Noch einige Wochen dauerte es, vielleicht Monate, bis wir uns wirklich näherkamen, und noch ein bisschen länger, ehe es Lena nicht mehr peinlich war, dass auch die Leute um uns herum davon wussten. Als wir das kleine Beziehungs-Einmaleins durchhatten, schloss ich mein Studium ab und eine schon länger angedachte journalistische Weltreise stand an. Während dieses einjährigen Experiments hatte ich nicht nur das Glück, dabei nicht pleitezugehen, sondern auch, dass Lena das alles mitmachte. Trotzdem kam es zunächst zur Trennung. Nach meiner Rückkehr ein Jahr später suchte ich allerdings jeden nur möglichen Weg, um ihr nach London zu folgen, denn dort war sie mittlerweile für ihr Masterstudium. So wurden wir wieder ein Paar, um viele Erfahrungen reicher, und blickten zusammengeschweißt Richtung Zukunft. Aus der wurde nun Tokio, erst mal für ein Jahr, dann würden wir weitersehen.

Was für ein Leben. Oft schwärmten wir über unser Glück. Für mich war die Welt nicht genug. Seit meinem Abi in Hamburg wollte ich alles sehen, kennenlernen, ausprobieren. Als Lena und ich uns die Welt zu zweit vornehmen konnten, wurde alles noch aufregender. Sie war ein neugieriger Typ. Allerdings beobachtete ich mit Sorge, dass der Reiz des Neuen in ihr allmählich nachließ. »Ich würde mir wünschen, dass wir ein langweiliges Leben führen«, hatte sie mir mittlerweile ein paar Mal gestan-

den. Ich begriff nicht, wie jemand so etwas sagen konnte. Sie erklärte es mir mit viel Geduld. Langweilig sei gar
nicht schlimm: ein gemeinsamer Freundeskreis mit ge-
genseitigen Einladungen am Wochenende, ein Leben mit
Festanstellungen und regelmäßigen Abläufen, gemeinsame Pläne. Das Wort »Fünfjahresplan« fiel in dem Zusammenhang. Für mich klang das wie Industriepolitik in der
DDR. Mit solchen Vokabeln konnte Lena eigentlich auf keinen unpassenderen Typen treffen als mich: Freiberufler
mit Hummeln im Hintern und, wie meine Freunde spotte-
ten, einer ideologisch aufgeladenen Anti-Haltung gegenüber langfristigem Denken. Sie wollte Stabilität. Für mich
war auch Mobilität eine Art von Beständigkeit, zumal
mein Bekenntnis zu ihr, zu uns, von aller Beweglichkeit
unberührt blieb. Vom Sesshaftwerden wollte ich nichts
hören, jedenfalls noch nicht. Aber wenn Lena sprach,
hörte ich zu. Nicht, weil mir der Gedanke an das langwei-
lige Leben auch nur ein kleines bisschen interessant erschien, sondern weil er aus ihrem Mund kam. Wenn sie
schnell sprach und sich ihre Stimme überschlug, schaute
ich einfach auf ihre Lippen und erfreute mich an diesem
Bild. Bei solchen Gelegenheiten wippten ihre Locken und
sie fächerte aufgeregt mit den Nasenflügeln. Weil mich
ihre Mimik von Anfang an beeindruckt hatte, erschienen
bei solchen Gelegenheiten vor meinem inneren Auge Bilder von Dingen, die wir gemeinsam erlebt hatten, von denen nichts langweilig gewesen war. Oft stimmte ich ihr in
Diskussionen zu, weil ich irgendwie machtlos war, wenn
ich sie nur ansah.

18

Dass Lena sich Sorgen machte, ehrte und nervte mich gleichermaßen. Auch ich machte mir hie und da solche Gedanken, mir gelang es nur besser als ihr, sie beiseitezuschieben. Lena aber rief sie hartnäckig in Erinnerung. Und da waren wir jetzt wieder, zwischen Handgepäck für den Aufbruch und Hiobsbotschaften aus der Heimat. »Ich hab Angst, dass wir uns auch auseinanderleben, Felix. Nach so langer Zeit kann das doch jedem passieren.«

Unsere Beziehung hatte sich über Jahre entwickelt, so weit, dass wir nun gemeinsam ins Unbekannte zogen. Welcher Beweis, dass wir zusammengehörten, konnte deutlicher sein? »Das schaffen wir schon«, sagte ich. »Diesmal sind wir doch zusammen an einem Ort. Bald haben wir unsere gemeinsame Wohnung. Neue Freunde finden wir bestimmt auch schnell.« Wir nahmen einander in den Arm und schwiegen, obwohl nicht viel geklärt war. Ungewissheiten lassen sich nicht gut diskutieren. Kurz vorm Boarding stießen wir auf unsere gemeinsame Zukunft an, mit zwei kleinen Sektflaschen, die eine mit Sissi-Etikett und die andere mit Franz Josef. Als Erinnerung an unsere Studienzeit in Wien hatte ich sie besorgt, kitschig bunt und rosig. Eine Frau, die ihren Freund Babe nennt, ließ sich durch solche Ideen begeistern. Lena musste lachen, als sie die Flaschen sah. »Auf uns!«, sagten wir in synchronem Singsang. In Eile spülten wir unsere Sorgen runter und brachten sie noch am Flughafen von Dubai auf die Toilette. Damit sie uns ja nicht im neuen Leben störten.

Was für Sorgen eigentlich? Ich hatte das zwar nicht vor, aber Lena quälte der Gedanke, ich könnte mich irgendwann doch für andere Frauen interessieren und mit der Nächstbesten verschwinden. Das, was sie in mir sah und meinen »Freiheitsdrang« nannte, zog sie an und stieß sie ab. Ich mochte ihren Hang zum Planen nicht, gleichzeitig tat mir eine Portion davon sehr gut. Eigentlich war doch alles in Ordnung. Wir teilten viele gemeinsame Erfahrungen, gingen uns nur selten auf die Nerven und hatten gemeinsame Freunde, auch wenn die sich auf mehrere Städte in verschiedenen Ländern verteilten. Wir stritten heftig, versöhnten uns umso süßer. Unser alberner Humor harmonierte meistens, unsere Körper passten immer, wenn sie sich umarmten, wie ein maßgeschneidertes Hemd. Wir hörten einander gerne zu, mochten uns riechen und sorgten uns ehrlich um das Wohlergehen des anderen. Stundenlang konnte ich ihr zuschauen, mich an ihrem Anblick und dem Gedanken an sie erfreuen. Ein langweiliges Leben mit ihr kam mir schon deshalb undenkbar vor.

Von den neun Stunden Flug schliefen wir gut die Hälfte, und als wir ankamen, rasten unsere Pulse. Unser neues Leben begann Händchen haltend hinter der Zollkontrolle. Als wir unsere Koffer aus dem Flughafen geschleppt und mit einem Zug, der so ruhig fuhr wie ein Fahrrad, aber so schnell wie ein Sportwagen auf der Autobahn, die Stadt erreicht hatten, hielten wir das nächste Taxi an, das wie alle anderen ziemlich edel aussah. Der Fahrer, in Anzug und mit weißen Handschuhen, bestand darauf, unser Gepäck für uns in den Kofferraum zu heben. Die Sitze waren mit Decken verziert, die an die Rüschengardine meiner Oma erinnerten. Der Wagen fuhr uns gemächlich zu einem Maklerbüro, das Lena online gefunden hatte. Von dort sollten wir, wie man ihr versprochen hatte, noch am selben Tag in eine möblierte Wohnung ziehen können. Der Taxifahrer setzte uns an einer stark befahrenen Ecke im Stadtteil Nakano ab, ein geschäftiges Wohnviertel im Westen des Zentrums, weder arm noch reich, laut Reiseführer nicht für seine Schönheit bekannt. Unser Trinkgeld lehnte der Taxifahrer ab, Zuwendungen solcher Art akzeptiere man hier nicht, gab er uns irgendwie zu verstehen. Im Maklerbüro, das wir von der Straße aus wegen der mit Drucken von Häusergrundrissen beklebten Fensterwand erkannten, fanden wir tatsächlich gleich eine Wohnung, die möbliert war, nicht allzu teuer, nicht allzu winzig. Verglichen mit dem jedenfalls, worauf wir gefasst waren. Ein Schlafzimmer mit Schrank in der Wand, mehr oder weniger wild zusammengewürfelte Möbel, eine Wohnküche und ein Bad. Alles auf 21 Quadratmetern, für knapp eintausend Euro im Monat. Unverschämte Preise waren wir aus London gewohnt, Tokio toppte das noch. Als wir in der Wohnung standen, uns zustimmend zugenickt und den Vertrag gleich unterschrieben hatten, übergab uns der Makler bei seinem eineinhalb Schritte kurzen Weg zur Wohnungstür den Schlüssel, und wir fielen uns in die Arme.

Der Tokioter Herbst neigte sich dem Ende zu, in den Parks, wo sich die Baumkronen seit Wochen gelb und rot färbten, verschwanden allmählich die Blätter. Lena und ich mussten unseren Alltag richtiggehend suchen in dem, was für uns nicht alltäglich war, einer fremden Stadt, einem fremden Land, mit fremder Sprache und fremder Kultur. Ihr Praktikum bei einer Nichtregierungsorganisation für erneuerbare Energien gefiel ihr mäßig, mein Studium langweilte mich ein wenig und die Verkäufe journalistischer Geschichten liefen auch nicht wie erhofft. Das war aber kein Untergang. Ein Praktikum macht man übergangsweise, mein Studium neigte sich ohnehin dem Ende zu, und die Arbeit würde schon werden. Ich kannte mich hier ja selbst noch nicht aus. Immerhin hatten Lena und ich nicht auch noch Streit. Sie machte Essen, ich wusch ab, sie machte die Wäsche, ich legte alles geordnet in unseren gemeinsamen Schrank. Es war eng, dafür kuschliger.

»Wir funktionieren doch ganz gut, oder?«, sagte Lena eines Morgens, als sie sich anzog und ich Kaffee kochte. Das fand ich auch. Und wir fanden Freunde. Die Nachbarn aus der Wohnung unter uns, ein dänisch-japanisches Paar, führten uns in ein Izakaya aus, eine Mischung aus Kneipe und Restaurant, wo sich die Leute abends nach der Arbeit zum Essen und Trinken treffen. Rauch legte sich über die Tische, die keinen halben Meter über den Boden reichten und vor denen man auf dünnen Kissen im Schneidersitz Platz nahm. Wir erzählten voneinander, was uns hergebracht hatte. Annette, die Dänin, war Yogalehrerin. Ihre Freundin Miyuki, die Lena gleich ganz offen um ihr schwarz schimmerndes kräftiges Haar beneidete, das sie zur Bürste geschnitten trug, lebte schon immer in der Stadt und war wie ich Journalistin. Im Izakaya verbreitete sich Feierabendfreude, die Tische vollgestellt mit Reis, rohem Fisch, frittiertem Gemüse, Bier und heißem Reisschnaps.

»Auf Tokio!«, rief Miyuki.

»Auf uns in Tokio!«, rief Annette.

Lena wollte wissen, wie es sich hier lebe, als lesbisches Paar.

»Die Wahrheit ist, dass es ein bisschen heimlich ist«, gestand Miyuki. Ihre Freunde wüssten Bescheid, Miyukis Eltern nicht. »Die fragen aber auch nicht«, fügte sie hinzu, ehe wir hätten nachfragen können.

»Also kein Versteckspiel«, versuchte ich richtig zu verstehen.

»Nein, eigentlich nicht. Das Liebesleben ist Privatsache. Danach fragt man eigentlich nicht einfach so. Auch die Eltern nicht.« Offiziell lebte Miyuki in einer WG. Annettes Eltern hingegen wussten Bescheid darüber, dass ihre Tochter in der Ferne mit einer anderen Frau lebte und diese auch liebte. »Manchmal frage ich mich, was besser ist«, meinte Annette. »Wenn man sich hier nicht outet, bringt das auch Freiheiten. Du kannst dir quasi eine zweite Identität zulegen. Zuhause bin ich immer gleich die Lesbe.«

Im riesigen Tokio, das hatte ich mir angelesen, bringen die Gay-Pride-Demonstrationen jedes Jahr nur einen Bruchteil der Menschenmengen auf die Straße, die sich in viel kleineren Städten wie Berlin oder London mobilisieren lassen.

Dafür war in Japan so gut wie nichts von gewalttätigen Übergriffen gegen queere Personen zu lesen. »Was ist einem lieber?«, stellte Annette in den Raum. So wenig optimal die Situation auch hier war, Annette und Miyuki konnten sich darin einrichten.

»Tokio ist biegsam«, sagte Miyuki. »Du musst nur deinen Platz finden und die Richtung, in die du dich ausdehnen willst.«

Bald meinte ich zu verstehen, was Miyuki meinte. Diese Wahnsinnsstadt entschädigte für alles, was noch nicht nach Plan laufen wollte. Das Schrille, wegen dem man Japans Hauptstadt aus dem europäischen Fernsehen zu kennen meint, war schnell zu finden: die bunten Leuchtreklamen, quietschige Popmusik und Sonderangebote, verbreitet durch Mikrofone auf Einkaufsstraßen, alte Frauen mit lilagefärbtem Haar, Cafés für Katzen, Hunde mit Sonnenbrillen. Im krassen Gegensatz dazu gab es auch totale Zurückhaltung. In unserer Nachbarschaft herrschte abends ab zehn Friedhofsstille, auf der Straße kein Müll, keine Kriminalität, nicht mal hupende Autos und auch kaum Stau. Das alles in einer Metropolregion mit 37 Millionen Menschen. Eine Stadt, die täglich bebt vor Energie, ihren Puls aber so geschmeidig kontrolliert wie kein anderer Ort, der mir bekannt war. All die typischen Probleme von Ballungszentren lösten sich hier, bevor sie entstanden, durch moderne Technologie, eine rücksichtsvolle Bevölkerung und kluge Stadtplanung. Verschlafen oder berechenbar war Tokio trotzdem nicht. An dieser Stadt könnte ich mir ein Beispiel nehmen, dachte ich nicht nur einmal.

Immerhin in Unberechenbarkeit machte ich mich immer besser. Nach den täglichen Uni-Aufgaben zu Asiens

Finanzmärkten, Japans Handelspolitik, oder dem Einfluss von Deflation auf das Wirtschaftswachstum, wandte ich mich journalistischen Themen zu. Vieles vom Studium konnte ich gleich verwerten. Zum Beispiel eine Story darüber, wie wenig volkswirtschaftlichen Sinn es ergibt, dass Japan sich so vehement gegen Immigration stemmt, wo das Land angesichts der alternden Bevölkerung doch dringend junge Arbeitskräfte braucht. Oder wie geschickt Roboter allmählich ins Alltagsleben integriert werden, vom Gesundheitswesen bis zu Einkaufszentren. Bald verkaufte ich meine Arbeiten besser, auch die ersten Sätze auf Japanisch konnte ich einigermaßen verständlich aussprechen. Lena und ich verließen morgens zusammen das Haus, abends aßen wir gemeinsam, wenn es unsere Arbeitszeiten zuließen. Über Wochen begann kein Tag, ohne dass ich mich freute, wieder etwas Neues zu lernen, einem Job nachzugehen, den ich für sinnvoll hielt, und mit der richtigen Frau zu leben.

Nur allmählich merkte ich, je tiefer ich mich in die Arbeit stürzte, umso weniger harmonierten Lena und ich.

»Babe?«, rief Lena eines Tages aus der Dusche. Ihre Stimme hatte diesen hohen und sich weiter anhebenden Ton, bei dem ich zu wissen meinte, was folgen würde. Sie bat um einen Gefallen, aber eigentlich forderte sie ihn, in Frageform verpackt. »Heute Abend organisiere ich bei der Arbeit einen Basar. Ich würd mich echt freuen, wenn du vorbeikommen würdest. Auch nur kurz ...«

Babe hatte sie mich schon länger nicht mehr genannt. Dass ich aber gerade an diesen Tagen nicht früher als sonst Feierabend machen konnte, sondern erst deutlich später, wusste Lena. In Tokio hielten der Internationale Währungsfonds und die Weltbank ihre Jahrestagung ab. Für Reporter sind solche Riesenkonferenzen nicht nur wichtig, weil dort viel Aktuelles von Weltrang besprochen wird. Im Herbst 2012 war die Lage brisant. Inmitten der europäischen Staatsschuldenkrise trafen die Finanzminister und Zentralbanker diverser Länder aufeinander, gleichzeitig flammte zwischen China und Japan gerade ein bedrohlicher Territorialkonflikt mit verkappten Kriegsdrohungen auf. Solche Tagungen bieten sich für Hintergrundgespräche mit allen möglichen Gruppierungen und Personen an. Deshalb sind für Journalisten Konferenztage lange Tage. Seit kurz vor sieben Uhr morgens saß ich am Laptop, am schmalen Schreibtisch im Schlafzimmer, um mich vorzubereiten. Und ausgerechnet jetzt, wo ich Lena für ihren Basar absagen musste, war ich wieder ihr Babe. War das ein Versuch der Wiederbelebung unserer zuletzt kränkelnden Harmonie, die wir beide reanimieren wollten? Aber warum genau in einem Moment wie diesem, wo ich doch keine Zeit hatte? Um nachher Schuldzuweisungen zu machen? Ich wunderte mich selbst über meine innerlich gereizte Reaktion. Für den Gedanken schämte ich mich, fühlte mich wie ein Zyniker. Wenn man in den Avancen des anderen zuerst dessen mögliche Hintergedanken erkennt, bleibt keiner Beziehung mehr eine lange Zukunft. Jetzt war ich es wohl, der Sorgen heraufbeschwor. »Heute muss ich bis spät im Zentrum bleiben. Das weißt du doch, oder?«, sagte ich, um eine Stimmlage bemüht, die genauso freundlich klingen sollte wie ihre.

Leider kam das bei Lena anders an. »Ich weiß nicht mal, ob du überhaupt kommen möchtest«, antwortete sie aus dem Bad schreitend, ohne Blickkontakt, schloss ihr großes Handtuch über der Brust und rauschte an mir vorbei zum Schrank mit der Schiebetür, der in die Wand gebaut war.

»Natürlich würd ich gerne«, beteuerte ich.

Lenas Organisation, die über die Vorteile erneuerbarer Energien aufklären wollte, bewegte sich auf hartem Boden in einem Land, dessen Regierung auch nach der Katastrophe von Fukushima an der Atomenergie festhalten wollte. Lenas Job war es, in Tokio Veranstaltungen zu koordinieren, durch die sich hoffentlich ein paar neue Spender fänden.

»Nächstes Mal bin ich da, okay?«, schlug ich vor, und schaute dabei zu, wie sie nach dem Duschen ihre nassen Haare nach vorne über den Kopf fallen ließ, um sie zu föhnen. Erst der Lärm des laut pustenden Apparats mit Lockenaufsatz, dann der weiche Haarschaum, kurz nachföhnen, zum Schluss wuschelte sie sich ihre Mähne mit ihren Händen auf. Immer die gleiche Reihenfolge, in der sich die Frau, die ich liebte, den Schliff für den Tag verpasste, und mich ergriff dieses Ritual immer wieder.

»Der größte und wichtigste Basar ist aber heute«, raunte Lena in dem Moment, als sie den Föhn ausknipste.

Meine kurze Morgenträumerei ließ sie damit platzen.

»Wir sehen uns halt kaum noch außerhalb dieser Wohnung«, fand Lena. »Irgendwann langweilen wir uns, haben uns nichts mehr zu sagen und dann kommt die Trennung. Sowas hört man so oft.«

Es stimmte, dass wir letztens nicht viel Zeit füreinander hatten, die Beziehung etwas an Fahrt verloren hatte. Wir beide nahmen das wahr. Dabei hatte sich doch gerade Lena immer das gewünscht: Eine geregelte Beziehung, in der man nicht mehr versucht, gemeinsam die Welt umzukrempeln, sondern einfach gemeinsam ist, zweisam. Wir lebten jetzt zusammen in dieser spartanischen Zweizimmerwohnung, schliefen nachts in den Armen des Anderen ein, wachten morgens in unserer gemeinsamen Bettwäsche wieder auf. Ich war glücklich darüber, aber es gab die Momente, in denen sich selbst in mir Zweifel erhoben.

Gemeinsam nahmen wir die U-Bahn, und als Lena in Shinjuku ausstieg, um in den Zug Richtung Tokioter Bucht im Süden zu wechseln, fühlte sich ihr Kuss, mit dem sie meinen erwiderte, zwar noch herzlich an, aber runtergeregelt, wie absichtlich kühl. Ich fand das unfair von ihr, aber ich beschwerte mich nicht. Nun wollte ich mich auf die Arbeit konzentrieren.

Kurz vor der Station Ōtemachi, bei der ich aussteigen musste, surrte mein Handy.

Nachricht von Lena: »Tut mir leid, dass ich eben zickig war. Die Situation macht mir einfach Angst.«

Lena, dachte ich, beruhig dich doch. Aber das wollte ich nicht schreiben. Die Nachricht ließ ich erstmal unbeantwortet, bis ich einfühlsamere Worte parat hatte.

In der riesigen Konferenzhalle im Finanzzentrum, die so modern und steril aussah, dass sie überall auf der Welt hätte stehen können, traf ich an einem der Kaffeespender auf meinen älteren Kollegen José Luis aus Spanien, den ich schon einige Male auf Pressekonferenzen getroffen hatte.

»Stress?«, fragte er gleich, als er mich sah.

»Nicht wirklich. Lena macht sich nur Sorgen um unsere Zukunft«, erklärte ich.

José Luis kannte die Geschichte von Lena und mir, sie erinnerte ihn an seine letzte Beziehung. Er drückte mir einen Pappbecher voll dünnem Kaffee in die Hand und antwortete wenig sensibel: »Beziehungen sind nun mal vergänglich.«

»Nicht alle«, konterte ich äußerlich cool.

Er deutete auf die Menge vor dem Saal, in dem gleich die Pressekonferenz über die Prognosen zum Wachstum der Weltwirtschaft stattfinden würde. »Hier sind so viele Leute Single. Wahrscheinlich weiß Lena das und macht sich deshalb Gedanken.«

Ich nickte und setzte ein möglichst unbeeindrucktes Lächeln auf, als ob ich selbst längst Bescheid wüsste. Sollte ich ja, als Reporter. Auf den folgenden Vortrag des Ökonomen vom Internationalen Währungsfonds über Inflation, Schulden und den keynesianischen Multiplikatoreffekt konnte ich mich nicht mehr konzentrieren. Ich brauchte Ablenkung. Über den Browser in meinem Telefon suchte ich nach dem, was José Luis angedeutet hatte. Ich gab ein: »Singles Japan.«

Als José Luis, der schon viele Jahre in Tokio lebte, mein Display und dazu meine staunenden Augen sah, zwinkerte er mir zu und schlug mir hart und gönnerhaft auf den Oberschenkel. Die obersten der aufgepoppten Einträge handelten von mietbaren Liebhabern, nachgespielten Hochzeiten, dem Alleinsein in der Megacity, künstlicher Befruchtung und Liebessimulationen als Videospiel. Prompt musste ich an den Manager-Typ neben mir im Flugzeug und seine virtuelle Geliebte denken. »Kein Wunder, dass Lena beunruhigt ist«, flüsterte ich, aber José Luis, der sich Notizen zu den Wachstumsprognosen machte, beachtete mich nicht. Die Prognosen waren nicht sonderlich spannend. So fand ich Zeit, eingehender über das nachzudenken, was ich da auf meinem Handy sah. Anscheinend waren viele Singles auf der Suche nach einer Liebe ohne echte Partnerschaft. Aber war das nicht ein Widerspruch in sich?

Ein Artikel im Wall Street Journal berichtete: »Ein steigender Anteil unter Männern und Frauen gibt an, zufrieden damit zu sein, niemals zu heiraten.« Das *Time Magazine* schrieb, viele Alleinstehende hielten sich für »Single, ja, aber nicht allein«.

Den Konferenztag verbrachte ich fast zu gleichen Teilen mit Gedanken an Lenas Unruhe wie mit jenen Themen, um die es hier ging. Meine Güte, dachte ich, warum wollten so viele Menschen keinen Partner? Was musste ihnen fehlen? Oder sah ich etwas falsch? Mir kam Lenas Ausspruch in den Sinn, den sie kurz vor unserer Ankunft in Tokio in die Flughafenhalle von Dubai geflüstert hatte: »Hoffentlich finden sie auch als Singles irgendwie Liebe.« Konnte es das geben? Eine singlegerechte Liebe? Wieso dachte ich eigentlich über solche Dinge nach? Hatte ich etwa die Sorge, dass passierte, was ich verdrängt und vor dem Lena gewarnt hatte? Dass wir uns in Tokio auseinanderleben könnten?

Als ich kurz vor Mitternacht nachhause kam, war es in unserer Wohnung schon so dunkel wie draußen. In Lenas noch weit geöffneten Augen spiegelte sich ein Laternenlicht, das zwischen den Vorhängen ins enge Schlafzimmer schien.

»Wie lief's bei dir heute?«, fragte ich und gab ihr übers Bett gebeugt einen Kuss.

»Ganz gut. Waren einige Leute da.«

»Lädst du mich beim nächsten Mal wieder ein?«

»Wenn wir dann noch zusammen sind«, entgegnete sie, und ich wusste nicht, ob das jetzt ernst gemeint war oder ein seltener Anflug schwarzen Humors.

Es folgten inbrünstige Liebeserklärungen. Das konnten wir immer noch gut. Auch wenn süße Worte nicht die Sorgen in unseren Köpfen tilgen konnten, konnten sie doch für eine Zeit den Konflikt zwischen uns beilegen. Auch das war viel wert, wir wollten ja nicht streiten. »Schlaf gut«, sagten wir uns gegenseitig, umarmten uns, machten die Augen zu. Vorm inneren Auge sah ich wieder die Ergebnisse, die meine flüchtige Recherche zum Thema »Singles Japan« am Vormittag ausgespuckt hatte. An unsere Probleme hatte ich mich längst gewöhnt, mich mit eigentlich allem arrangiert. Auch deshalb, weil ich mir einen Ausstieg aus dieser Zweisamkeit wie den Untergang vorstellte. Hier in Japan mussten also schon viele

Menschen untergegangen sein. Aber mein Sitznachbar im Flugzeug hatte so ganz und gar nicht den Eindruck erweckt, untergegangen zu sein. »This is the future of love«, hatte er gesagt. Was auch immer das bedeutete, ob die Interaktion mit dem Avatar für ihn nur ein Spiel war, oder echte Gefühle hervorrief. Mir jedenfalls kam der Gedanke, aus der Liebe ein Spiel zu machen, fremd vor. Mit den kostbarsten Ressourcen des Lebens spielt man nicht, hatte ich als Kind gelernt.

In dieser Nacht hatte ich einen Traum. In einem dunklen Raum hielt ich ein Tablet, auf dem das Gesicht einer virtuellen Frau mit fließend wechselnden Haarfarben und Frisuren erschien, das mich mit seinem neckischen Lächeln gleich in seinen Bann zog. Auch ihre Gesichtszüge veränderten sich, allerdings noch langsamer als die Haare. Mal sehr feminin, mal androgyn, mal älter, mal jünger. Einmal hatte sie Blumen im Haar. Von diesem Wechsel war ich fasziniert. Sie flirtete mit mir und ich spielte nach anfänglichem Zögern mit. Es war ja nur ein Spiel, dachte ich im Traum. Da wurde ihr Gesichtsausdruck streng. Sie hob einen Arm, voll behängt mit klimperndem Geschmeide, wie ein Kettenhemd vor sich und sagte: »Bald hast du nur noch mich.« Dieser Satz riss mich mit einem Ruck aus dem Schlaf. Offenbar war die heutige Auseinandersetzung mit Lena bei mir doch in tiefere Schichten gedrungen. Irgendetwas lief schief.

An einigen Tagen traf Lena ihre neuen Kontakte direkt nach Feierabend auf ein Getränk. So vermied sie es auch, sich in der Rushhour in die vollgepackten U-Bahnen zu drängeln, kam aber trotzdem oft als Erste von uns beiden nach Hause. Dort schaute sie vom Bett aus Filme, las Bücher oder telefonierte mit ihren Freunden daheim. Zum Japanischlernen fehlte ihr der Antrieb, sagte sie und ich dachte mir nichts dabei.

Als ich an einem Abend kurz vor Mitternacht nach Hause kam, weil ich für die Nachmittagsdeadline der acht Stunden hinter Tokio liegenden Zeitungen in Europa einen Artikel über die Fußball Klub-WM im Dezember 2012 in Japan schreiben musste, wich Lena meinem Lächeln zur Begrüßung aus. Mein Kuss interessierte sie auch nicht. »Alles in Ordnung?«

»Ja«, sagte sie nur, mit starrem Blick auf ihren Laptop am Tisch in der Küche, in der man automatisch stand, wenn man diese unterdimensionierte Wohnung betrat.

»Ist was?«, wollte ich wissen.

»Es ist nichts«, meinte Lena.

Kommentarlos machte ich mich bettfertig.

Durch die hauchdünne Schiebetür, die das Schlafzimmer von der Küche trennte, hörte ich sie murmeln: »Ich dachte nur, wir wären zusammen hier.«

Natürlich waren wir das, aber darum ging es ja nicht. Sie hatte recht, fand ich, und doch nicht, mir fehlten die Worte, oder zumindest die richtigen Worte. Möglichst geräuschvoll legte ich mich ins Bett und deckte mich zu, damit Lena hörte, dass ich noch nicht gleich antworten konnte. Ich wusste keine Antwort. Am liebsten hätte ich ihre Worte überhört. Der warme, aber scharfe Ton war der, den ich von ihr immer hörte, wenn sie nicht zufrieden war. Mich warf er zurück in die Sorgenzeit vor unserem Umzug, durch den wir all das doch eigentlich hinter uns lassen wollten. Ohne dass es einer von uns aussprach, hing da bei mir unter der Bettdecke plötzlich wieder diese Frage: Hat es mit uns dann noch einen Sinn? Dann. Dieses Wort wurde immer mitgesagt, kennzeichnend für die aktuellen Umstände, die zwar nie dieselben waren, aber immer wieder Grund genug zur Unruhe lieferten. Ich wollte das nicht vertiefen. Als ich mich, nochmal möglichst hörbar, liegend umdrehte, sagte ich: »Wir sind zusammen. Ich bin glücklich darüber, dass wir es sind.«

»Worüber bist du glücklich, Felix. Was willst du? Was wird aus uns?« Sie kam zu mir ans Bett. Mit ernstem Gesicht.

Sie war also wirklich nicht zufrieden. Nicht mehr? Seit wann? Ich wollte das fragen, aber lieber nicht wissen. In den knapp fünf Jahren, die wir nun ein Paar waren, schaukelten uns die Grundsatzfragen immer wieder hin und her. Einer von uns stand dann auf dem dünnen Brett, von dem er in die kalte See gestoßen werden konnte. Was aus uns werden würde, so genau hatte ich darüber nicht nachgedacht. Für mich musste ich das auch nicht. Es war simpel und absolut. »Seit wir uns kennengelernt haben, wollte ich einfach mit dir zusammen sein, Lena.«

»Und jetzt muss man nichts mehr dafür tun?«

»Was meinst du?«

»Ach, egal. Du checkst es einfach nicht.«

Tat ich tatsächlich nicht.

»Können wir nicht einfach eine normale Beziehung führen?«, fragte Lena hinterher.

»Was ist denn nicht normal an uns?«, wollte ich wissen.

»Wir sehen uns kaum, wir sprechen nicht mehr über die Zukunft, ich weiß nicht, was du willst. Wie geht es weiter mit uns?«

Ein Umzug ans andere Ende der Welt, in eine gemeinsame Wohnung, setzte eigentlich doch ein deutliches Zeichen in Richtung unserer Zweisamkeit. Aber die Konflikte blieben dieselben. Lena wollte, dass wir mehr Dinge gemeinsam machten. Ich wollte das auch, aber oft fehlte die Zeit dafür, der Druck bei der Arbeit war am Anfang noch zu hoch, zugleich war Tokio zu faszinierend, als dass ich die Zeit hier nicht voll in mich aufsaugen wollte. Lena konnte dasselbe tun, wir konnten trotz allem auch vieles gemeinsam erforschen, aber nach und nach wurde sie von einer Schwermut ergriffen, die ich an ihr noch nicht gekannt hatte. Zum Yoga, das sie hier für sich entdeckt hatte, ging sie kaum noch. Auf ihrem Gesicht sah ich immer seltener ein Lächeln, wir umarmten uns weniger, ich hieß auch nicht mehr Babe. Ich hielt das nur für eine Phase, denn einfach war es für uns beide nicht. Wir sprachen die Sprache gar nicht oder nur schlecht, wandelten ohne richtige Orientierungspunkte durch den Alltag, suchten noch nach unseren Plätzen. Uns hätte das zusammenschweißen können und das versuchten wir auch.

Aber vielleicht kannten wir uns schon zu gut, oder zu lange, als dass wir unsere Missverständnisse in der Kommunikation noch einfach als solche benennen konnten. Ich vergriff mich in der Wortwahl, sie wurde laut. Die Harmonie, die wir beide suchten, war mit Gesprächen nicht wiederzubeleben. Diskutiert hatten wir schon alles. Den Fünfjahresplan, den ich weder aufstellen noch absegnen konnte, ihren zunehmenden Kontrolldrang, den ich immer weniger ertrug, einmal im Streit einen Polizeistaat nannte. Ich bereute das sofort, aber die Worte waren damit in der Welt, ab sofort galt es nur noch Schaden zu begrenzen, den ich verursacht hatte. Ich vertraute Lena mehr als mir selbst, aber sie vertraute nach und nach uns beiden nicht mehr. Wie Jan und Anna, Lenas Freunde, die sich getrennt hatten, obwohl sie sich verstanden hatten, weil ihre Vorstellungen vom Leben und vom gemeinsamen Leben wohl doch zu unterschiedlich waren. Und es gab so viele andere. Überall schossen Freunde ihre Partner ab oder wurden in die Wüste geschickt, weil einer der beiden angeblich nicht ausreichend beziehungsfähig war. Alles andere, der gemeinsame Humor, die Interessen, der Sex, mochte gut funktioniert haben, aber irgendwas war immer.

Dennoch. Unsere Revolution musste weiterleben. Wir waren noch nicht fertig, und Lena war trotz allem mein moralisches Vorbild. Weniger rachsüchtig als ich, weniger eigensinnig, weniger stur. Sie verhandelte nicht auf dem Flohmarkt, fuhr nicht schwarz und log nie. Falls sie doch log, dann so gut, dass ich es für ausgeschlossen hielt, weshalb es mich dann auch nicht störte. Sie durchschaute Dinge viel schneller als ich, vor allem zwischenmenschliche Situationen. Ehe ich bemerkte, dass jemand im Gespräch die eigene Geschichte hochjazzte, um eindrucksvoller zu wirken, hielt Lena immer schon drei Beispiele dafür bereit. Zu Lena schaute ich auf, und ich wollte werden wie sie. Alleine, wie sie mir damals verziehen hatte, als ich auf Weltreise gegangen war. Mit Anfang zwanzig war ich unterwegs auch auf andere Frauen getroffen, aber nach vielen Aussprachen und neuen Vertrauensbeweisen blieben wir zunächst ein Paar und fanden später wieder zueinander. Zwar holte sie das Thema immer wieder gegen mich hervor, wenn es ihr in den Kram passte. Aber mein Gott, dachte ich, das ist wohl ihr Recht. Wenn man so denkt, in den unangenehmsten Momenten, ist es dann Liebe? Die ganz große?

Tokios Herbst wurde kälter. Uns als Deutschen, die zittrige Winter gewohnt sind, hätte das die Stadt weniger fremd machen müssen. Aber die Fremden waren wir, und eher als gegenüber Tokio wurden wir es gegenüber einander. Vielleicht war Tokio auch Teil des Problems. Lena empfand die Stadt als unnahbar, über ihr Praktikum lernte sie doch deutlich weniger neue Menschen kennen als ich durch meine Arbeit und die Uni. Zeit mit meinen Bekannten zu verbringen gefiel ihr zwar, allerdings nagte es an ihrem Selbstwertgefühl, weil sie fand, dies seien ja eigentlich nicht ihre Bekanntschaften. Unsere Nachbarn waren allesamt freundlich, aber enge Freunde fanden wir auch in der Nachbarschaft nicht.

An einem Wochenende fuhren wir nach Kyōto. Von der altehrwürdigen Kaiserstadt wird behauptet, sie sei die Wiege der japanischen Kultur. Wir wollten die Tempel aus Gold und Silber besuchen, die Tradition der Geishas auf den Straßen sehen. »Jetzt fühle ich mich zum ersten Mal so, als wäre ich in Japan angekommen«, sagte Lena, sobald wir aus dem Bahnhof an die frische Luft traten. Die aufdringliche, bunte Seite von Tokio war hier nicht zu finden. Matte Farben, gerade angelegte Wege, kleine Einzelhäuser statt hoher Gebäude, in allen Richtungen Parks mit Schreinen oder Tempeln. Passanten schritten zu gemächlich voran, als dass einem bei ihrem Anblick die Bezeichnung Fußgänger einfiel. Hier erschienen die Leute noch viel mehr in Einklang mit ihrer Umwelt als in Tokio, wo das Verrückte im Menschen immer wieder nach außen drängte. Hier nicht, hier herrschte zurückhaltende Vernunft.

Lena lächelte wieder.

Ich auch. Händchenhaltend spazierten wir durch die Stadt, als Touristen konnten wir es gut aushalten gemeinsam. »Glaubst du, Anna und Jan wären gerne mal nach Kyōto gereist?«

Lena schüttelte den Kopf. »Aber vielleicht reist einer von denen jetzt alleine rum.«

Wer seine Erfahrungen nicht erst teilen muss, weil er sie gemeinsam mit jemandem erlebt, sich später auch gemeinsam erinnern kann, erfährt alles doch mit einer ganz anderen Qualität, dachte ich. Anna und Jan taten uns leid. Selbst mir, der sich manchmal insgeheim wünschte, ohne Rechtfertigung oder Beobachtung auszugehen, zu reisen, Leute zu treffen, aufzustehen, sich schlafen zu legen. Weil doch Freiheit schon an sich ein kostbarer Wert ist, selbst dann, wenn er zu nichts Konkretem nützlich sein mag, nur als Möglichkeit. Jan und Anna waren nun beide frei. Andere von Lenas und meinen Bekannten gesellten sich unbekannterweise zu den beiden, indem auch diese sich von ihren Partnern trennten. Patrick und Kathy aus London, Mark und Steffi aus Wien, Tobi und Erhan aus Hamburg. Als Zweierteam würden wir sie wohl nie mehr treffen, sie sich auch nicht, jeder würde nun für sich alleine durchs Leben ziehen. Vielleicht würde einer dieser Neusingles so friedliche Städte wie Kyōto finden, wo über den Tempeln sogar die Vögel zu zwitschern aufhörten, oder durch verdreckte Gassen in London taumeln, wo die Backsteinwände nach pinkelnden Männern rochen und aus den Pubs Torjubel grölte. Vieles nimmt man alleine intensiver wahr. Aber wenn man es nicht richtig teilen kann, weil niemand dabei war, was ist das dann wert? Doch unseretwegen mussten wir uns endlich nicht weiter damit beschäftigen. Die Tage in Kyōto waren wie früher, als wir frisch zusammen waren und unsere Beziehung noch nicht mit immer neuen Liebeserklärungen rechtfertigen mussten. Die Stimmung trug uns und nicht umgekehrt.

Aber diese Tage vergingen schnell. Zurück in Tokio umarmte uns wieder die Schwermut. An einem Abend in einer Sushi Bar kam die Frage ein weiteres Mal auf. Lena stand kurz davor, nach Köln in die Heimat zu fliegen. »Felix, wie machen wir weiter?« Sie wollte mehr wissen. Über den nächsten Schritt, den sie in ihren Vorstellungen wahrscheinlich genau kannte und den ich nicht im Sinn hatte. »Wo willst du in einem Jahr sein?«

Ich blieb stumm, weil ich keine Antwort hatte, die ihr gefallen würde, und »keine Ahnung« lieber nicht sagen wollte.

»Kannst du mir nicht sagen, wo du in einem Jahr mit mir sein willst?«

Darauf konnte ich antworten, und ich fand meine Antwort viel bedingungsloser als alles Konkrete, was in einem Fünfjahresplan stehen könnte: »Ich will mit dir sein, Lena. Wo, das weiß ich nicht. Wie, weiß ich auch nicht. Ist das wichtig? Das Wichtigste ist für mich, dass es uns beide gibt, so wie in den letzten Jahren. Wir haben nie gewusst, wie es weitergehen wird. Irgendwie könnten wir überall auf der Welt sein. Wir sind nicht reich, aber leben ohne finanzielle Sorgen. Wir haben keinen konkreten Plan, aber viel Spaß und machen unbezahlbare Erfahrungen. Wir sind beweglich. Was ist daran schlecht? Andere beneiden uns darum.«

Lena nickte, sie war aber nicht einverstanden. Dem Stück Makrelensushi, das auf dem Zugsystem über den Tischen an ihren Augen vorbeifuhr, schmiss sie einen abschätzigen Blick zu. Ich liebte Japans Küche mit all ihren Variationen und Zubereitungsformen. Sie hasste Fisch, genau wie Fleisch. »Ich finde nur, dass es nicht ewig so weitergehen kann. Das wilde Leben will ich nicht für immer. Irgendwann muss man sesshaft werden.«

Der Satz klingelte in meinen Ohren. Mindestens bei der Hälfte aller Paare, die sich auseinandergelebt hatten, hatte ich in den Gesprächen darüber so einen Begriff wie Sesshaftwerden gehört. Bestimmt wollten das in einigen Fällen beide nicht, mindestens einer aber hatte dann das Gefühl, es wollen zu sollen. Geordnete Bahnen sind wichtig, heißt es so oft, und es gilt wohl auch hier. Sonst würde

Liebe zu Anarchie. Dabei ist das Wichtigste nach der Revolution doch die neue Ordnung.

Einige Tage später umarmten wir uns am Flughafen. Unsere Körper legten sich wieder perfekt ineinander, wie in einem Guss. So etwas finde ich nie wieder, dachte ich. Ihre weichen, vollen Lippen berührten meine, ihr Flüstern kitzelte in meinem Ohr, meine Zweifel waren schon wieder weggeliebt. Diesmal war Lena diejenige, die ging und ich blieb zurück. Sie sollte bald wiederkommen. Nach einem halben Jahr in Japan war es nun mal an der Zeit, die Heimat zu sehen.

Die unterschiedlichen Zeitzonen trieben uns noch weiter auseinander als die Entfernung. Wenn ich ins Bett ging, war bei ihr Nachmittag. Ich stand auf, wenn sie schlafen ging. Wir schrieben einander Nachrichten, telefonierten nur alle paar Tage. Wäre da nicht das Bewusstsein gewesen, dass das alles so nicht sein sollte, weil eine normale Beziehung enger getaktet ist, hätte es mich kaum gestört. Aber auch da waren wir unterschiedlich. Eines Tages sagte sie mir, dass sie sich nach dem Praktikum keinen Job in Tokio suchen wolle. Kurz darauf schrieb Lena per Handy an einem Nachmittag, der ihr Morgen war: »Können wir später bitte reden?«

Bis spät saß ich am Laptop, klickte schließlich auf »Anruf annehmen«.

»Felix ...«

Nur ihre Stimme musste ich hören, um zu wissen, dass es ernst war. Über den Bildschirm sah ich das auch in ihrem Gesicht, aber ihre Sommersprossen lenkten mich ab, ich dachte wieder an schöne Tage mit ihr, damals in Wien, oder später in Mexiko.

»Wir haben doch keine Zukunft, oder?«

Ihre Worte trafen mich wie ein Schlag in den Magen.

»Keine gemeinsame Zukunft, meine ich. Du willst dich nicht binden.«

»Ich bin doch seit Jahren gebunden, Lena. Und mir geht's gut damit.«

»Aber du kannst mir nicht sagen, wo du in fünf oder zehn Jahren mit mir sein willst. Mir geht's so nicht gut.«

Ich schwieg.

»Felix, sag was.«

»Keiner weiß, wie die Zukunft genau aussieht«, brachte ich heraus. »Können wir uns nicht erstmal hier einleben? Wo wir leben wollen, können wir doch sowieso nur teilweise selbst entscheiden. Das hängt von so vielem ab. Warum lassen wir das nicht auf uns zukommen?«

»Wir sind einfach zu verschieden. Ich will das nicht mehr.«

So ging es weiter, vielleicht eine Stunde, vielleicht zwei. In Beziehungen gibt es viele Schlüsselmomente, einige stellen sich erst im Nachhinein als solche heraus, aber andere fühlen sich an wie ein Showdown. In diesem Gespräch ging es um alles. Und es schien nicht alles verloren, denn die Gravitation zwischen uns hatte nie nachgelassen. Wir drehten uns im Kreis, hörten uns das Lebensmodell des Gegenübers an, behaupteten zu verstehen, widerlegten einander dennoch mit immer neuen Beispielen, die mit »weißt du noch, als« anfingen und mit »ja, aber«

demontiert wurden. So wie sie wohl mit sich haderte, tat ich es auch, kannte ihre Antworten, wollte sie jedoch nicht hören. Ich wollte mit ihr zusammen sein, aber diese Frage nach der konkreten Schrittfolge im Leben kam mir blödsinnig vor. Gleichzeitig war ich wahrscheinlich selbst zu blöd, sie zu verstehen. Ihren Wunsch nach der Stabilität, die ihr vorschwebte, konnte ich nachvollziehen, aber nicht begreifen. Vielleicht würden wir irgendwann genau sagen können, wie lange wir hier bleiben, wie es weitergeht.

Irgendwann weinten wir, dann lachten wir, dann sprachen wir über ihre Eltern, über meine, über ihre Geschwister, über meine, über die Heimat und die Ferne und waren ganz vom Thema abgekommen.

»Du fehlst mir«, sagte ich.

»Du fehlst mir auch«, sagte sie.

»Wann kommst du wieder nachhause?«, fragte ich, als sich Lenas Stimmlage nach den nostalgischen Gesprächsinhalten ins Ernste, Desillusionierte kehrte. Jetzt schwieg sie.

Ich hörte nur ihr Ausatmen, wie sie es öfter von mir gehört haben musste, und spürte, wie quälend diese Reaktion sein kann.

Noch quälender war ihr anhaltendes Schweigen. »Mach's gut«, flüsterte Lena schließlich durch die Telefonleitung in mein Ohr.

In Tokio, wo wir gemeinsam angekommen waren, sollte ich's gut machen, allein? Das klang nach einem letzten schlechten Witz.

EINE STADT AUF ENTZUG?

Mir war es schon wie der Naturzustand vorgekommen. So wohlig hatte ich mich in dieser Welt der Zweisamkeit eingerichtet, dass ich mich an das andere Leben nur dunkel erinnern mochte. Aber war es nicht immer nur eine Frage der Zeit gewesen, bis ich wieder allein war? Das sagte ich mir jetzt jedenfalls. Vielleicht wollte ich bloß recht haben, vor mir behaupten können, dass ich den Ausgang dieser Story von Anfang an gekannt hatte. Falls das wirklich zutraf, hatte ich das für einen langen Zeitraum vergessen, bis die Fallhöhe ganz unbemerkt ziemlich schwindelerregend geworden war. Nach fünf Jahren, unzähligen Diskussionen, Versöhnungen, Vertrauensbrüchen, Neuanfängen, Enttäuschungen und Überraschungen hatte sie die Schnauze voll. Dass ich jetzt endlich das Haus verlassen und allem fernbleiben konnte, ohne mich rechtfertigen zu müssen, hätte mich beflügeln können. Aber es zog mich runter.

Ins Kellergeschoss eines unauffälligen Gebäudes im Büroviertel Yotsuya, in die Bar Nocturne. Unter meinen Ellenbogen ein glattpolierter Tresen aus Holz, über meinem Kopf Boxen, aus denen bluesiger Pianojazz spielte, gegenüber ein Mann in weißem Hemd, schwarzer Weste und Fliege, wahrscheinlich kurz vorm Midlife-Crisis-Alter. Mit einem kräftigen Schwung im Arm wirbelte er ein kleines Glas durch die Luft, ehe er dem Typen zwei Sitze neben mir vorsichtig einen 17-jährigen Hibiki einschenkte.

Der Gast zog das Glas vor seine Brust an die Barkante und hielt sich einige Minuten daran fest. Er war alleine hier, wie ich, aber einen Tick älter, Mitte dreißig wahrscheinlich, und angesichts seiner Reglosigkeit schien es ihm lieber zu sein, wenn sich seine Blicke mit niemandem kreuzten. Parallel schauten wir an die Flaschenwand hinterm Barkeeper. Whiskys aus Schottland, Irland, Kanada, Japan, zehnjährige, zwölfjährige, siebzehnjährige. Im rechten Augenwinkel sah ich, wie seine Hand das Glas hob. Ein Viertel des Getränks machte einen Abgang. 17 Jahre voller Hingabe, akribischen Brennens und strenger Lagerungsregeln flossen nun ins Verdauungssystem dieses stillen Typen.

Was sind dagegen schon fünf Jahre Beziehung? »Ich nehme auch einen«, sagte ich möglichst leise, gleich eingeholt von einem Gefühl der Schuld, das mich wie ein Schauer überkam, weil damit jeder wusste, dass ich meinen Sitznachbarn beobachtet hatte. Und dann der Preis: für zwei Zentiliter umgerechnet gut zwölf Euro. Meine Gewohnheit in Bars war eher, das billigste Bier des Hauses zu nehmen, Geschmack zweitrangig. Der Barmann sah mir das bestimmt an, nickte aber wie ein Ahnungsloser, suchte nach einem passenden Glas, wirbelte es durch die Luft, schenkte langsam ein und schob es über den Tresen zu mir.

Erst atmete ich die 17 Jahre ein, dann setzte ich das Glas an die Unterlippe, reichte nur ein bisschen an meine Zunge, schwenkte es vorsichtig durch den Mund. Ein zaghafter Schluck. Der erste Teil von 17 Jahren war jetzt auch bei mir dahin. Feine Eleganz breitete sich aus. Erst schmiegte sich der Hibiki pflaumig und schwer in meine Mundhöhle, am Ende zitrusartig-apfelig. Ob mir das gefiel, wusste ich nicht. Mir entwich ein Stöhnen, ich fühlte mich verführt und sofort dabei ertappt. Reflexartig tat ich so, als wäre nichts geschehen.

»Wie heißen Sie?«, fragte der Barmann. Der Ton seiner Stimme allein erklärte mir, dass ich keine Regel bräche, wenn ich mich abwendete und lieber stumm um mich schaute.

»Felix«, antwortete ich, wobei ich wusste, dass er sich jetzt mit seinem Nachnamen vorstellen würde.

»Ich heiße Tanaka.« Mit beiden Händen überreichte er mir die Visitenkarte der Bar Nocturne mit seinen Kontaktdaten. Er verschwand hinter einem dunkelgrauen Vorhang und kam mit einem kleinen Teller getrockneter Früchte zurück. »Willkommen.« Wir wechselten noch ein paar Worte. Von mir als Deutschem wollte er wissen, wie ich über die japanischen Fußballer in der Bundesliga denke, dann, was mein Job sei und ob ich öfter Whisky trinke. Ein Ja wäre zu dem Zeitpunkt noch gelogen gewesen.

Ein gutes halbes Jahr war ich nun hier, kannte Tokio noch nicht sonderlich gut, und Whisky hatte mich nie interessiert. Aber ich war aufgeschlossen. Als sich für Lena die erste Chance ergab, diese Stadt wieder zu verlassen, hatte sie die Flucht ergriffen. Jetzt wollte ich mich der Sogkraft Tokios erst recht ergeben, widerstandslos. Noch viele Drinks, Interviews und Artikel sollte ich brauchen, um zu erahnen, warum eigentlich. Bis mich dünkte, dass das Leben besonders vieler Menschen in Tokio ein Vorbild sein könnte für das, was auch in Europa und in vielen Ballungsräumen in anderen Teilen der Welt immer mehr Menschen umtreibt. Bis ich mich von Fragen überhäuft sah und mich auf die Suche nach Antworten machen musste.

Der Whiskygeschmack im Mund verließ mich, der raumlose Rückzugsort, der sich mit ihm aufgetan hatte, verschwand. Ich blickte vorsichtig um mich. Hinter den Rücken von uns Einzelgängern am Tresen lag eine Frau halb im Sofa an einem Tisch, der eigentlich für Vierergruppen gedacht war, und tippte auf ihrem Handy. Daneben ein Einzeltisch, daran eine junge Frau, die abwechselnd in ihrer Tasche kramte und in einem Buch las, dessen Titel ihr Geheimnis blieb, da sie das Cover in Papier eingewickelt hatte. Neben mir am Tresen starrte rechts der reglose Hibiki-Trinker an die Wand, links nahm ein alter Herr Platz und besetzte den Stuhl neben sich mit seinem Hut. Keiner sprach. Hier war jeder allein. Und darin irgendwie in guter Gesellschaft.

An einem anderen Tag spazierte ich durch eine der von Reklamen an Häuserwänden bewachten Straßen, die Lena und ich an Samstagen runtergeschlendert waren. Mir fielen Dinge auf, die bis dahin an mir vorbeigezogen sein mussten. Sicher waren sie nicht erst jetzt da, wo ich wieder Single war. Hinter den Fensterwänden von Cafés aßen überraschend viele junge Leute ihren Kuchen ohne Begleitung. Als ich zur Mittagszeit in ein Schnellrestaurant ging und mir bei einer Roboterstimme am Automaten Ramen-Nudeln bestellt hatte, nahm ich an einem der vielen Tische Platz, die für Einzelbesucher angerichtet waren. Beim Joggen in der Abenddämmerung entlang des breiten Tama-Flusses lieferten sich Tennisspieler Duelle mit der Wand, ein Stück weiter hielten in Fußballmontur gekleidete Hobbysportler den Ball mit dem Fuß in der Luft, ohne Mit- oder Gegenspieler. Wieder dachte ich an Lenas Satz aus der Flughafenhalle von Dubai: »Hoffentlich finden sie auch als Singles irgendwie Liebe.« Damit hatte sie ihre engsten Freunde gemeint, aber hier ging es nicht nur um zwei einander Verflossene. In Gedanken an Lenas Frage, all die zuletzt in die Brüche gegangenen Beziehungen und im Angesicht dieser Einzelgänger in Tokio fragte auch ich mich: Wie würden sie sich ohne Liebe, diese Grundenergie für fast alles, durchs Leben kämpfen?

Lena fühlte sich von mir alleingelassen, weil ich mich in Arbeit und Studium stürzte und die Sprache lernen wollte, sodass für uns zwei tatsächlich nicht viel Zeit blieb. Das war zum Teil meine Schuld gewesen. Die Einzelgänger, die ich erst jetzt sah, waren für sie ein tägliches Spiegelbild gewesen, wurden nun zu meinem. Ihr hatte der Anblick nicht gefallen. Umso wichtiger war es wohl, dass wir unsere Beziehung zur üblichen Erzählung der unzerstörbaren Liebe machten. Liebe, das hieß für mich seit meiner Pubertät Zweierbeziehung, alles teilen, ob Geld oder Geheimnisse, gemeinsam Pläne machen, für meine Partnerin Liebhaber sein und gleichzeitig der beste Freund. Gerecht wurde ich diesem Anspruch leider nie, nicht in meiner Abizeit und auch nicht zu Anfang des Studiums. Meistens verließen meine Freundinnen mich, umgekehrt war es selten. Ihre Urteile schwankten zwischen unzuverlässig, wenn ich zu häufig Verabredungen absagte, und unberechenbar, wenn ich Gesprächen über die Zukunft auswich. Aus ihrer Sicht hatten sie natürlich alle recht mit ihrer Kritik. Entweder mich interessierten Sport, Bücher und andere Dinge, für die man keinen Partner braucht, ein bisschen zu sehr, oder schon der Gedanke, mich für immer dieser einen Person hinzugeben, verpasste meinem Magen ein unerträgliches Schwächegefühl, das nur durch das Ausbrechen aus dieser Enge heilbar schien. Aber um selber Schluss zu machen, dafür fehlte mir mal Mut, mal Tatendrang.

Aus irgendeinem Grund hatte Lena mich toleriert und ich war auch viel weniger unzuverlässig und unberechenbar gewesen als sonst, nur genügte das am Ende nicht mehr, denn wir wollten ja immer weiter. Die Liebe toleriert keinen Stillstand, sie will immer voller Erwartungen in eine rosige Zukunft deuten. »Ich rede ja nicht von Heiraten und Kinderkriegen, aber ...«, so hatten viele Sätze begonnen, häufiger waren es ihre Sätze gewesen, aber auch ich hatte so gesprochen. Für Lena bedeutete der Umzug hierher weniger ihr bedingungsloses Bekenntnis zu uns als vielmehr eine letzte Prüfung meiner Beziehungswürdigkeit. Durchgefallen. Nein, nein, kein Egoist, hatte sie mir versichert. Aber vielleicht »für eine normale Beziehung« doch nicht geschaffen? Das waren keine wohltuenden Worte gewesen. Keine meiner Beziehungen war so normal gewesen wie die mit Lena. Und vielleicht hätte ich einfach sagen sollen: »Lass uns heiraten.« Das wäre die Art von konkreter Bindung gewesen, die sie sich gewünscht hatte, vielleicht nicht die Ehe selbst, aber irgendein institutionalisiertes Versprechen, an dem man sich besser hätte orientieren können. Tragisch erschien mir dieser Konflikt mit ein bisschen Abstand, da es irgendwie keiner gewesen war, wir beide wollten doch miteinander sein. Ich hatte nicht das Richtige gesagt, weil ich ehrlich sein wollte. Eine Notlüge hätte alles gerettet. Aber es wäre mehr als eine Notlüge gewesen. Ich wollte die institutionalisierte Bindung, was auch immer für ein Fünfjahresplan das wäre, nicht, oder noch nicht. Zunächst wollte ich die Freiheit weiterleben, wobei Lena in dieser Vision von Freiheit immer einen festen Platz hatte. Nach der Trennung wollte ich sie oft anrufen, ihr alles nochmal erklären, aber wir hatten abgemacht, dass wir das nicht tun würden.

Und nun, da ich mich in meinem neuen, fremden Umfeld so umsah, fand ich so etwas wie zaghaften Trost. Denn mir kam vor, dass es viele gab von meiner Sorte.

Einerseits hätte ich mich nicht wundern dürfen. Weltweit berichteten Zeitungen, Magazine und TV-Dokus seit Jahren davon, fast immer im selben Ton: Tokio, die Stadt der Singles. In der größten Stadt der Welt, mit einer Bevölkerung so groß wie der von ganz Kanada, seien Menschen zunehmend »einsam in der Masse«. (*Wall Street Journal*)

Denn »die Japaner« seien draufgekommen, »Beziehungen seien ihnen zu umständlich.« (*Süddeutsche Zeitung*) Das ganze Land erlebe gerade »eine neue Eiszeit.« (*Die Zeit*) Im Herbst 2011 lieferte das Nationale Institut für Bevölkerungsforschung wieder Zahlenmaterial für solche Diagnosen. 61 Prozent der unverheirateten Männer und 49 Prozent der unverheirateten Frauen zwischen 18 und 34 Jahren sind in keiner Liebesbeziehung. Fast die Hälfte von ihnen will auch gar keine. Fast 40 Prozent aller Ledigen sind in diesem Alter Jungfrau, mit steigender Tendenz. Auch der Anteil der Unverheirateten nimmt zu, das zeigten Umfragen des Kondomherstellers Sagami vom Januar 2013. Ein Drittel der Männer in ihren Dreißigern und ein Viertel der Frauen sind unverheiratet. Unter 30 Jahren sind es sogar fast 80 Prozent der Männer und über 50 Prozent der Frauen.

Das Bild der Eiszeit begegnete mir noch anderswo. Charlotte, eine frischgebackene Collegeabgängerin, die ihren ebenfalls jungen Ehemann, einen Fotografen, für eine Woche nach Tokio begleitet, erlebt die Stadt in voller Kälte. In Sofia Coppolas Film »Lost in Translation«, den ich an einem Wochenende morgens im Bett ansah, spielt Scarlett Johansson Charlotte, eine Person, die verloren ist. Verloren vor Fragen über die Beziehung zu ihrem Freund, in dessen geschäftigem Leben sie sich wie bloße Dekoration fühlt. »Everyone wants to be found«, jeder will gefunden werden, prangt unterm Titel der englischen Originalversion dieses Films, der für sein Drehbuch einen Oscar gewann und als Meisterwerk gilt. Der

Kulturschock, den Charlotte in dieser dicht bevölkerten Stadt erleidet, drückt sich deshalb nicht wie für viele andere Reisende in den grellen Lichtern im Techviertel Akihabara aus, oder in den leuchtend gekleideten Mädchen mit rosa Zöpfen in Harajuku, sondern im scheinbar absurden Kontrast, den Charlotte zwischen dieser visuellen Aufdringlichkeit und einer sozialen Distanz erlebt. In Tokio findet Charlotte sich selbst nicht, und während dieser einen Woche in der Stadt merkt sie, dass ihr Partner sie auch nicht findet. Charlotte ist unverstanden, aber mittendrin, erlebt das Getümmel und die klaustrophobisch vollen U-Bahnen. Zwischen ihr und den anderen, ihrem Mann und den Tokiotern, deren Gestik und Worte sie einfach nicht versteht, scheint eine unüberwindbare Glasscheibe zu stehen, durch die sie zwar alles von dieser Gesellschaft sehen, aber fast nichts von ihr fühlen, mit jemandem gemeinsam fühlen kann. Für Charlotte ist Tokios Sound getragen von der Monotonie warnender Elektrostimmen auf Rolltreppen und dem Piepsen von Jingles in den Shoppingvierteln, aber auch einer plötzlichen und scheinbar seelenlosen Stille der Wohnblocks. Fast nichts am Leben in dieser Stadt ergibt Sinn. Soweit das Drehbuch. Noch weniger Sinn scheint zu ergeben, dass im größten Ballungsraum der Welt, zwischen eng an eng lebenden Menschen, das Alleinsein auch in Wirklichkeit ein großes Problem sein soll. Nur, wie zutreffend ist so eine Diagnose?

»Lost in Translation« war deshalb ein so beeindruckender Film, weil er ein Gefühl anspricht, das jeder kennt, fast jedem Angst bereitet und für dessen Vermeidung jeder seine eigene Strategie hat. Jeder kennt Einsamkeit. Manche stürzen sich nach einer verflossenen Liebschaft möglichst bald in die nächste, andere tun alles dafür, damit die Brüche einer Beziehung bloß nicht erst zu bedrohlich werden, wieder andere üben sich in Enthaltsamkeit, damit beim nächsten Mal alles noch besonderer und wirklicher wird. In Japan, wo die fremde Charlotte aus »Lost in Translation« mit ihren Sorgen allein ist, schien bei genauerem Hinsehen ein vierter Typ des Alleinseins besonders häufig zu sein. Menschen, die sich mit der Welt abfinden, so wie sie ist. Die der Liebe nicht hinterherrennen, die auf Entzug leben, oder vielleicht gar nichts mehr davon brauchen. Wahrscheinlich lebten so die Gäste in der Bar Nocturne, die allein kamen, dort allein ihre Zeit verbrachten und allein davongingen. Aber das schien mir unglaublich. Leben wir am Ende nicht alle für die Liebe? Gab es diese Typen wirklich? Die Traurigkeit der westlichen Protagonistin aus »Lost in Translation« konnte ich im Film gut nachvollziehen. Sie hatte niemanden zum Reden, zum Kuscheln, zum Sich-Ausheulen. Aber im nicht-fiktiven Tokio kam mir die Einsamkeit, wie ich sie in der Bar Nocturne erlebt und beim Joggen beobachtet hatte, auch wie ein Für-sich-Sein vor, eine harmonische Art des Alleinseins.

Als Kind habe ich gelernt, dass Alleinsein nichts Gutes sein kann. Ein Zeichen von Scheitern. Mir hat das niemand ausdrücklich erklärt. Das war aber auch nicht nötig. Kinderbücher machten das deutlich, TV-Berichte und

Filme zeigten es immer wieder. Wer allein eine Kneipe besucht, ist ein Trunkenbold, wer im Alter keine Kinder hat, konnte wohl niemanden von sich überzeugen, und wer Single ist, kann entweder nicht mit Menschen umgehen oder ist zu feige für echte Intimität. Wo immer ich in den vergangenen Jahren dauerhaft lebte, ob in Wien, London oder Berlin, war diese Botschaft zwischen den Zeilen zu lesen und in der Luft zu hören. Wer dieses Maß an Japan anlegt, kann in dieser Zeit nicht bloß gescheiterte kleine Revolutionen beobachten, wie es zwischen Lena und mir geschah, als unsere Träume von Ewigkeit verpufften. Hier lässt sich mehr als das beobachten. Japan erlebt eine gesamtgesellschaftliche Revolution des Scheiterns.

Ich gehörte also dazu. Zu diesen einsamen Hunden, wie sie hier manchmal genannt werden, die durch die Stadt streunen und vielleicht gar nicht wissen, wonach sie suchen. Ich wusste es tatsächlich nicht, soviel war mir klar. Immerhin redete ich mir ein, dass ich ja eigentlich schon lange ein kompromissloses Leben hatte führen wollen, auch wenn ich Lena jeden Tag vermisste. Vielleicht ähnelte ich jenen Leuten in diesem Land, für die Beziehungen anscheinend zu umständlich waren. Wir hatten uns nicht auseinandergelebt, im Gegenteil, aber unsere Vorstellungen vom Leben waren so lange immer wieder aneinandergeprallt, bis wir durch große Dellen entstellt waren. Das typische Problem, das ich aus meinen verschiedenen Freundeskreisen schon kannte, und von dem ich auch schon in soziologischen Studien gelesen hatte. Im Wesentlichen ist es ein Koordinationsproblem, das sich früher oder später in fast allen sozialen Milieus ausbreiten dürfte, ob bodenständig oder kosmopolitisch, wohlhabend oder klamm. Weil es schnell entsteht in einer Zeit, in der Selbstverwirklichung als eines der obersten persönlichen Güter angesehen wird, egal welchem Geschlecht man angehört. Unsere Zeit ist nicht mehr geprägt von klar definierten Rollenbildern, Frau und Mann können und sollen finanziell unabhängig sein. Das ist eine Errungenschaft der Emanzipation, aber sie rüttelt das traditionelle Liebesleben durcheinander.

Vor gut 25 Jahren, als diese Entwicklung noch eine kleine Minderheit betraf, formulierte das Soziologenpaar Ulrich Beck und Elisabeth Beck-Gernsheim schon ein wissenschaftliches Konzept darüber. In ihrem Buch »Das ganz normale Chaos der Liebe« skizzierten sie eine neue Ära, in der alles Intime und Zwischenmenschliche zu einer Sache eigener Entscheidungen geworden sei. Weil die Bedeutung und die Glaubwürdigkeit alter, einst für unstrittig gehaltener Normen schwinde, werde in der Liebe alles ein Ding der Absprache, sogar Verhandlungssache. Wo leben wir, wie leben wir, was tun wir gemeinsam, wer ist für was zuständig, wo ziehen wir die Grenzen der Privatsphäre, was nehmen wir uns vor und wie erreichen wir das? So kompliziert wie heutzutage sei die Liebe noch nie gewesen. Denn sie kollidiere mit den Sphären der Familie und der persönlichen Freiheit, beides Bereiche, in denen wir alle gern unsere eigenen, individuellen Vorstellungen pflegen und verteidigen. Als verantwortlich für diesen Wandel, der Scheidungsraten in die Höhe schießen und neue Lebensmodelle häufiger werden lässt, die nicht dem Nuklearhaushalt mit Eltern und Kindern entsprechen, erklärten Beck und Beck-Gernsheim den Arbeitsmarkt. Sobald Frauen ihren eigenen Job haben, müssen sie ihrem Partner nicht mehr überallhin folgen. Und häufig tun sie es auch nicht. Der Zeitgeist zwinge junge Menschen nämlich förmlich dazu, »ihr eigenes Ding« zu machen, und auch wenn das Leben überhaupt nicht nach Plan laufe, überblendeten sie die Realität mit ihren Idealvorstellungen, die in einer nahen oder fernen Zukunft ja noch Wirklichkeit werden könnten. Im Jahr 1990 beschrieben Ulrich Beck und Elisabeth Beck-Gernsheim eine Generation junger Menschen, die ein Maß an Individualisierung erreicht hatte wie keine vor ihr. Diese Menschen fänden sich an einem einsamen Ort wieder, wo sie selbst die Verantwortung übernehmen, ihre eigenen Entscheidungen treffen müssen, obwohl sie in ihrer Kindheit kaum darauf vorbereitet worden waren. Und was sei das Ergebnis dieses unumkehrbaren Verschwimmens von Normen, Normalitäten und Individualitäten, in der die Familie keine klar definierte Einheit mehr ist? Für die beiden Soziologen war die Antwort offensichtlich: »Die Familie natürlich!« Es werde bloß mehr Spielarten von ihr geben, weil nun jeder etwas zu sagen habe. Patchworkfamilien, Wochenendfamilien, und alle möglichen anderen Konstellationen. Zwischen den autonomer gewordenen Familienmitgliedern werde dabei Liebe sogar wichtiger als je zuvor, weil sie wie Klebstoff zusammenhalte.

Ein Vierteljahrhundert später offenbart sich, dass die Experten eine Möglichkeit nicht beachtet haben. Verglichen mit den jungen Erwachsenen der 1990er Jahre sind die 18- bis 34-Jährigen von heute um Längen weiter individualisiert. Sie werden von Suchmaschinen im Internet ihrem Verhalten entsprechend bedient, können ihre Meinung kostenlos über soziale Medien kundtun und über das Handy den nächsten Liebhaber finden, leiden weniger als ältere Generationen unter Vorurteilen gegenüber alternativen Lebensstilen und bekommen in der Schule weisgemacht, alles sei möglich, wenn sie sich nur genügend ihren Talenten und Interessen entsprechend anstrengen. Der deutsche Kulturwissenschaftler Andreas Reckwitz nennt die heutige Zeit überdies eine »Gesellschaft der Singularitäten«, in der das Besondere über das Allgemeine gestellt wird, die vermeintliche Einzigartigkeit eines Lebenslaufs nicht nur möglich erscheint, sondern auch erwartet wird. So werde das Leben kuratiert, also möglichst nach individuellem Stil ausgestaltet und zur Schau gestellt. Solche Entwicklungen machen die Welt der Liebe nicht nur zum großen Versprechen auf Bestätigung und Erlösung im Aufgehen der eigenen Eigenheiten in der Zuneigung eines anderen. Die Liebe wird auch zur großen Last. Denn hat man sie einmal, heißt das heute lange nicht mehr, dass sie auch bleiben wird. Das zeigt sich im Boom von Datingportalen, von denen es allein im deutschsprachigen Raum mittlerweile mehr als 2.500 Anbieter geben soll. Hier sucht, wer schon lange niemanden mehr hatte, mal wieder eine Abwechslung gebrauchen kann, oder gerade jemanden verloren hat. Die Liebe von heute ist ein flüchtiges Ding.

Das war es, was ich mit Lena erlebt hatte und viele meiner Freundinnen und Freunde mit ihren Partnern. Die Bedingungen mussten wir von Anfang an und ständig neu besprechen. Als ich auf Weltreise war, fragten wir uns: Wann bin ich zurück? Wo wird sie dann sein? Treffen wir uns in Mexiko oder Indien? Woher kommt das Geld dafür? Und wenn beides nicht klappt, hat das dann überhaupt noch einen Sinn? In London, als wir nach einer Auszeit wieder zusammengefunden hatten, stand sofort im Raum: Was kommt als Nächstes? So wankte unsere Liebe immer auf der Kippe, und wir mussten umso romantischere Freunde und verständnisvollere Partner sein, damit die Idee von uns zu zweit nicht stürzte. Bis sie irgendwann trotzdem fiel.

Die Beziehungsverhandlungen waren gescheitert, würden Beck und Beck-Gernsheim wohl attestieren. Ökonomische Theorien besagen, dass Personen, auch wenn sie etwas Bestimmtes wollen, manchmal davon Abstand nehmen, entsprechende Chancen zu ergreifen, weil die Durchsetzung zu mühsam ist. Wenn ein Unternehmen vergeblich auf die Begleichung der Rechnung durch einen Kunden wartet, könnte es die ausstehende Summe rechtlich einklagen. Sind aber schon die Verfahrenskosten in etwa so hoch wie die Höhe der Rechnung, wird der Betrieb wahrscheinlich von so einem Procedere absehen. Kann es nicht auch aus der Liebe einen Rückzug geben, wenn das Leben mit ihr zu viele Nachteile nach sich zieht, zu viele Einschränkungen oder Anstrengungen verlangt?

Die Metropolenbewohner in den reichen Ländern dieser Welt haben sich zumindest daran gewöhnt, für sich zu leben. Single-Haushalte, ein typischer Indikator für die Durchdringung einer Gesellschaft durch den Individualismus, verbreiten sich besonders dort, wo mehr Menschen nah aneinander leben. Mittlerweile ist der Single-Haushalt die häufigste Lebensform in der gesamten Europäischen Union. Dieser Lebensstil wiederum kommt häufiger unter Menschen vor, die überhaupt keinen Partner haben. Laut einer Umfrage der Partnervermittlungsagentur *Parship* von 2009 lebten damals knapp 30 Prozent der Einwohner von Berlin und München als Singles, in Hamburg, Köln und Frankfurt lag der Anteil bei rund einem Viertel, im deutschen Durchschnitt aber nur bei einem knappen Fünftel. In Österreich haben nach einer *Parship*-Umfrage von 2015 Wien und Salzburg den höchsten Single-Anteil mit je 36 Prozent. In den ländlicher geprägten Bundesländern Niederösterreich, Oberösterreich und Kärnten kommen die Alleinstehenden nur auf ein Viertel. Für Soziologen ist der Begriff Großstadtsingle ein eigenes Konzept, weil der Typus mittlerweile so häufig vorkommt.

In Tokio beobachtete ich die Extremform davon. Eine abgeklärte Absage an die Idee der Liebe als Heilsbringer? Vielleicht war es auch dies, was die irgendwie unglücklich verliebte Charlotte aus »Lost in Translation« einfach nicht verstehen konnte, weshalb Tokio sie so frieren ließ. Natürlich begegnete man auch hier, im realen Tokio, reichlich romantischem Verhalten. Zum Kirschblütenfest im Frühling können sich viele Japaner nichts Tolleres vorstellen, als auf einer unter einem blühenden Kirschblütenbaum ausgebreiteten Decke beim Picknick zu sitzen, sich mit dem Liebhaber mit Sake zu betrinken und sich gegenseitig Früchte und Kekse in den Mund zu schieben, weil sie es so schon mal in Filmen gesehen haben. Jedes Jahr Mitte Februar haben Frauen quasi die Pflicht, ihrem Freund (oder ihren Freundinnen) Schokolade oder Selbstgebackenes zum Valentinstag zu schenken. Im Interesse der Geschlechtergleichheit (oder im Interesse der Schokoladeproduzenten) sind zum White Day, genau einen Monat später, die Männer mit dem Schenken dran. Und zu Weihnachten, das in Japan nie religiöse Bedeutung hatte, suchen viele Singles händeringend nach einem Partner, auch wenn es nur saisonweise ist, um diese romantischsten Tage des Jahres nicht allein verbringen zu müssen. Einen großen Anteil am japanischen Weihnachtswahn dürfte Hollywood haben. Trotzdem scheinen die Indikatoren des Alleinseins für sich zu sprechen. Der Anteil derer, die mit all dem nichts mehr zu tun haben, nimmt zu.

An einem anderen Abend ging ich wieder unter die Erde, in die Bar Nocturne. Draußen brach der Winter über Tokio herein. Schon seit einigen Tagen gingen die Menschen nur noch in dicken Jacken vor die Tür. In der Bar Nocturne erwartete ich frohes Treiben, erleichterte Gäste, die sich unter dem gelben Licht, das in dünnen, einzelnen Strahlenbündeln auf den Tresen und die Tische schien, die Hände bei starkem Alkohol wärmen würden. Aber drinnen zeigte sich im Wesentlichen das gleiche Bild wie einige Wochen zuvor. Der stumme Hibiki-Trinker saß wieder rechts am Tresen, hinten ein paar Einzelgäste. Zwei Männer auf dem tiefen Sofa unterhielten sich mit gedämpfter Stimme über ihre Jobs. Auch die Kälte draußen schien das Bedürfnis der Gäste nach Gesellschaft, wie ich es aus Europa kannte, nicht zu steigern.

Herr Tanaka schenkte mir seine Empfehlung für diesen Abend ein. Ich ließ mich auf den Whiskyluxus ein, er schien seinen Preis wert. Talisker Storm, ein Single Malt, einer der Rauchigsten des schottischen Nordens, gleichzeitig würzig, wie Tanaka mit leiser Stimme erklärte, als er das Glas mit dem dünnen Hals über die Theke schob. Der Stumme rechts von mir erkannte mich vom letzten Mal, würdigte mich eines scheuen Lächelns, justierte sich dann wieder auf seine Blickbahn zwischen Theke und Flaschenwand.

Auf dem Tresen vor ihm lag kein Handy, kein Päckchen Zigaretten, nur ein schwarzer quadratischer Untersetzer und sein 17-jähriger Hibiki, straight, ohne Eis. Der Mann reduzierte sich wohl aufs Wesentliche. Schwieg, bewegte seinen Kopf gelegentlich minimal, aber ohne von außen sichtbaren Grund. Wie letztes Mal trug er einen dunklen Anzug, den oberen Hemdknopf offen, den Rücken über das glanzpolierte Holz der Theke gekrümmt. Trotz des förmlichen Auftritts passte er gut zum Prototypen des Losers, den ich seit meiner Kindheit aus Fernsehserien kannte. Lächelte wenig, sprach gar nicht, hatte immer ein Glas Hochprozentiges zur Hand. Ob er süchtig war, war schwer zu sagen. Er kippte sich die Gläser nicht in den Rachen, und wenn ihm die jazzige Kombination aus Piano und Schlagzeug aus den Lautsprechern gefiel, trank er einige Minuten gar nicht, hob das Glas unentschlossen an und stellte es ohne anzusetzen wieder ab. Aber er war alleine. So sehr, dass niemand, nicht einmal Herr Tanaka, der ihn sicher regelmäßig bewirtete, ihn auf irgendeine Weise hätte ansprechen können, ohne dass es aufdringlich gewirkt hätte. Der Unterschied zum verkorksten Verlierer der Gesellschaft aus meiner Vorstellung war, dass der hier keinen Ärger machte, und dass es mir, je länger ich ihn sah, umso wahrscheinlicher vorkam, dass ich ihm seine Traurigkeit nur andichtete. Irgendwann stand er auf und ging zur Toilette.

»Herr Tanaka, verzeihen Sie mir die Frage: Ist dieser Mann immer allein?«, fragte ich leise und etwas zu hastig.

»Er kommt immer ohne Begleitung. Er wohnt in der Nähe, bleibt nach der Arbeit meistens für zwei Stunden ungefähr.«

»Glauben Sie, es geht ihm gut oder schlecht?«

Tanaka schwieg, schien die Frage nicht zu verstehen.

»Ich meine, ist er traurig oder fröhlich?«

Keine Reaktion.

Ehe unser Gesprächsthema wieder an seinen Platz zurücktrotten würde, versuchte ich, mich durch eine Filmszene zu erklären. »Sie kennen Lost in Translation?«

Tanaka nickte.

»Eines Abends sitzt Charlotte alleine an der Hotel-bar. Sie schweigt und schaut vorsichtig zu den besetzten Tischen hinter sich. Wahrscheinlich ist sie neidisch auf all die anderen Menschen in Gesellschaft. Denn sie sitzt nur deshalb alleine an der Bar, weil sie niemanden kennt und auch nichts Besseres zu tun hat. Und es mag schon sein, dass sie sich angesichts all dieser Umstände auf ihrem Stuhl mit dem Getränk in der Hand wohl-fühlt. Aber eigentlich ist sie einsam. Sie wünscht sich etwas anderes.«

Tanaka hörte zu und musste schmunzeln. »Lost in Translation war vielleicht kein sehr guter Film«, sagte er. Der Reglose nahm wieder Platz, Tanaka sprach leiser weiter. »Die japanischen Figuren kommen darin ein biss-chen wie Außerirdische rüber, denke ich. Und vielleicht müsste Charlotte auch gar nicht so verloren sein, wenn sie sich nicht so auf das konzentrieren würde, was ihr gerade fehlt.« Herr Tanaka nickte, als wollte er damit sagen, dass genug gesagt war.

»Die Story wird ja aus der Perspektive von dieser Char-lotte erzählt«, entgegnete ich. »Ist es daher nicht okay, dass ihr Umfeld ihr fremd erscheint? Mir kam der Film nicht rassistisch vor. Die eigentlich Blöden sind doch die beiden Ausländer, die junge Charlotte und der ältere Bob, die einfach nichts verstehen.« Wir schwiegen einen Moment, stießen beide ein zustimmendes Stöhnen aus. »Vielleicht haben Sie ja recht«, sagte ich zu Tanaka. »Und Charlotte macht sich zu Unrecht Sorgen.«

»Ich weiß nicht. Vielleicht ist das so«, erwiderte er.

War das vielleicht so? Sollte ich, anstatt Lena hinterher zu trauern, nach vorne blicken, die Revolution für gescheitert erklären, oder einfach für abgeschlossen? Das hieße auch, dass das anscheinende Schwinden der Liebe in Japan, über das ausländische Medien oft wie über eine Apokalypse berichten, aus Sicht der Betroffenen keinen Weltuntergang bedeutet. Eine Katastrophe wäre das dann nur noch in den Augen der Betrachter, die eine »Eiszeit« beschreiben, und vielleicht auch für diejenigen, die darüber lesen. Liegt ein Missverständnis vor? Oder dienen die Beschreibungen eines traurigen Ortes auch der Beruhigung angesichts der eigenen Lage? Bedenkt man die ähnlichen sozialen Trends in Europa, wo der Anteil von Alleinstehenden und Menschen, die von der großen Liebe nur träumen, ebenso steigt, könnte beides zutreffen. Aus westlicher Perspektive liegt kaum ein Land geografisch und kulturell weiter entfernt als Japan. Es könnte sich so verhalten wie häufig mit Medienberichten über das globale Armutsproblem. Die dargestellte Not rüttelt nicht wach und fordert nicht zu einem gründlichen Umdenken der ökonomischen und politischen Verhältnisse heraus, sondern ermöglicht dem Leser oft genug, sich in Sicherheit und Wohlergehen zu wähnen. Frei nach dem Motto: »Gott sei Dank, ganz so schlecht geht es mir ja doch nicht.« Wer Artikel über Japans Demographie der Liebe liest, dem dürfte es oft ähnlich gehen. »Die Japaner sind ja verrückt«, war einer der häufigsten Sätze, den ich von Kollegen und Freunden in Europa bei Gesprächen über meinen neuen Wohnort von Anfang an hörte. »Das muss ja einsam sein, so etwas könnte ich mir für mich nicht vorstellen«, kam mir auch einige Male zu Ohren. Und: »Die Entwicklungen sind ja gruselig, oder?« Alle Personen, die mir solche Gedanken offenbarten, dürften gewusst haben, dass die zugrundeliegende Entwicklung des Alleinseins eine Gemeinsamkeit zwischen den Metropolen in Japan und vielen, wenn nicht allen, in Europa ist. Da sich Japans Singletrend in einem deutlich weiter fortgeschrittenen Stadium befindet als jener in Deutschland, Österreich oder einem anderen westlichen Land, könnte man die Antworten, die Menschen in Japan auf diese Entwicklungen finden, als mögliches Lehrstück begreifen. Stattdessen pathologisiert man Japan oft lieber, und erklärt sich mit dieser Abgrenzung selber für normal, gesund, bei Sinnen.

Ich roch den Torf des Talisker Storm, nahm vorsichtig einen kleinen Schluck und behielt ihn noch im Mund. Zuerst schmeckte er rauchig, wie von Herrn Tanaka beschrieben, als ginge die Bar Nocturne gerade in Flammen auf und fackelte die Holzeinrichtung ab. Mit jedem Moment, den ich das Destillat ohne zu schlucken im Mund behielt, wurde ich ihm gegenüber zutraulicher. Eine pfeffrige Würze überlagerte alsbald den Rauch. Die ließ ich sanft meine Kehle hinunterbrennen, schluckte dann und hielt einen Moment, innerlich stöhnend, still. »Herr Tanaka, darf ich fragen, ob Sie verheiratet sind?«

»Ich bin nicht verheiratet.«

Mich drängte es nachzufragen, ob er es gerne wäre, aber angesichts seiner knappen Reaktion traute ich mich nicht. In dieser Stadt trat ich häufig in Fettnäpfchen, fragte hartnäckig und stumpf wie ein Journalist nach, ohne zu bemerken, dass ich manchmal die Leute verschreckte. In Gesellschaft der Einsamen wollte ich es mir nicht verscherzen. »Everyone wants to be found«, flüsterte ich und bemerkte nicht gleich, dass zumindest Tanaka und vielleicht auch der Reglose neben mir das hören konnten.

»Vielleicht ist auch dieser Satz nicht ganz wahr«, kommentierte Tanaka und verschloss die Arme hinter seinem Rücken wie ein Butler, der hin und wieder mit klugen Ratschlägen dient. Ich war verdutzt wegen dieser zurückhaltenden Radikalität, schaute runter auf meinen Whisky, den ich zu mögen begann, je länger ich mich auf ihn einließ.

Demnach müsste ich das Ende der Beziehung mit Lena nicht als Verlust eines harmonischen Naturzustands begreifen, auch wenn ich es seit unserem letzten Telefonat kaum anders sehen konnte. Vielleicht wäre nämlich die Festlegung dessen, wie das Leben eigentlich sein sollte, schon der erste Fehler auf dem Weg zu persönlicher Zufriedenheit. Lena konnte ich auch als eine Episode im Leben betrachten, auf die weitere folgen, die sich aber genauso als letzter Teil einer Saga herausstellen könnte. Ob das Natürliche, das Grundsätzliche des sozialen Lebens nun das Alleinsein oder die Zweisamkeit ist, könnte man einfach dahingestellt lassen, sich mit der Realität abfinden, ohne sie sich immer maßschneidern zu wollen. Nur hatte ich das bisher nie getan. Selbst in meinen langen

Phasen als Single, die viel länger waren als jene, die ich in einer Beziehung verbracht hatte, hatte ich immer gedacht, dass ich eigentlich einen Partner brauche, oder brauchen sollte. Wie sonst gründet man eine Familie? Wie sonst kann man diesen magischen Satz »Ich liebe dich« aufsagen? Nur was, wenn es das alles gar nicht unbedingt braucht?

Wenn es einen Ort auf der Welt gab, um mehr darüber herauszufinden, dann war das diese Stadt. Tokio, der Ort der Alleinstehenden, die allein sind, aber möglicherweise nicht einsam. Die Herausforderungen der alternden Gesellschaft, die politischen Umwälzungen durch einen nationalistischen und merkwürdig demokratieskeptischen Premierminister, die schwindelerregend hohen Staatsschulden und die Folgen der Atomkatastrophe von Fukushima – jedes davon war ein Thema, das für sich genommen aus Japan einen faszinierenden Standort für Journalisten machte. So etwas wie ein Quo vadis der Liebe aber, das war fast noch spannender. Wohl zu keinem anderen Thema der Welt gab es so viele Experten. Jeder erwachsene Mensch, mit dem ich bei meiner Recherche darüber sprechen würde, war als Quelle genauso glaubwürdig und eine Autorität wie jeder andere, jeder Gedanke deshalb genauso viel Wert. Das würde die Suche nach Antworten einerseits grenzenlos machen. Aber die Fülle an Gedanken, die dabei herauskommen konnte, musste die Arbeit wert sein.

Vielleicht muss nicht jeder gefunden werden, vielleicht muss das auch nicht jeder wollen. In der Bar Nocturne, die wohl eines der Verstecke vor den Suchenden war, wähnte ich mich in meinem mir unlieben Alleinsein in guter Gesellschaft. Aber Tokio war größer als diese leise Kellerbar mit Hochprozentigem an der Wand und Stummen auf den Stühlen. Und die vermeintlich kühle Temperatur dieser Metropole war vielleicht ein Vorbote für einen Klimawandel in anderen Großstädten. Ich wickelte mir den Schal um, zog den Reißverschluss bis oben und stieg die Treppe hinter der Tür hinauf an die frische Luft der Tokioter Nacht. Diese Expedition könnte mich bald zum Zittern bringen.

BLOSS KEINE LIEBE

Morgens um sechs war ich auf den Beinen, so motiviert für eine Recherche war ich lange nicht mehr. Mit Druck auf der Blase und Schlaf in den Augen klappte ich zuerst meinen Laptop auf, ging rüber zur Küche, weit war der Weg ja nicht, und riss eine der Instant-Coffee-Stangen auf. Das Pulver kippte ich in einen der Becher aus der Spüle, die ich noch nicht abgewaschen hatte. Die zwei Handgriffe fühlten sich wie Freiheit an, mit ihren guten und schlechten Seiten. Mit Lena hätte es in dieser Wohnung keinen Instant Coffee gegeben. Aus gutem Grund, er schmeckt ja nicht. Aber wenn nun mal unten, im Minisupermarkt dreißig Meter Luftlinie von der Haustür, nur Instant Coffee verkauft wird? Den Becher hätte ich auch abgespült. So geborgen ich mich in Lenas Nähe auch fühlte, immer achtete ich darauf, kein Anzeichen von Verwahrlosung zu offenbaren. Die Mütterlichkeit, die sie ausgestrahlt hatte, fehlte in diesem Moment. Aber die Abnabelung tat gut. Der scheußliche Kaffee, der eher wie Wasser mit Aroma schmeckte und dem auch die dünnflüssige japanische Kuhmilch nicht half, entfaltete durch diese Bedeutung eine Köstlichkeit, die ich am Gaumen zwar nicht schmeckte, aber trotzdem spürte. Kindlich, so ein Anflug, sich am Verbotenen zu ergötzen, obwohl es ungenießbar ist. Aber wenn man anderswo gern die Unschuld, Direktheit und Naivität von Kindern lobt, warum dann nicht auch das.

Mit dem Kaffee in der Hand, der keinen frischen Duft in der Wohnung verströmte, wie es früher gewesen war, setzte ich mich an den Schreibtisch und öffnete die jüngste Fertilitätsstudie des japanischen Instituts für Bevölkerungsforschung von 2010. Aus anderen Daten des Gesundheitsministeriums wusste ich schon Folgendes: Unter den jungen Erwachsenen waren die Prozentsätze derer, die nie verheiratet gewesen waren, über die Jahre deutlich angestiegen. Bei den Männern zwischen 30 und 34 Jahren hatte deren Anteil zwischen 1980 und 2010 von 22 auf 47 Prozent zugenommen, bei den Frauen von 9 auf 35 Prozent. Bei jüngeren Altersgruppen zeigten sich durchgehend noch deutlich höhere Werte. Außerdem hatte ich Daten aus einer mittlerweile rund drei Jahre alten Fertilitätsstudie: Mehr als die Hälfte der unverheirateten Frauen und Männer zwischen 18 und 34 Jahren lebten in keiner Liebesbeziehung. Und fast die Hälfte dieser Singles war auch nicht auf der Suche. Wohlgemerkt betrafen diese Daten ganz Japan. Im Ballungsraum Tokio war der Anteil höchstwahrscheinlich noch deutlich höher.

Aber wie hatte sich das über die Jahre entwickelt? Ich klickte und scrollte nach hinten zu den Zeitreihendaten. Der Anteil derer, die sich nicht nur momentan nicht binden wollten, sondern nie im Leben, hatte sich im letzten Vierteljahrhundert in etwa verdoppelt. Zwar nur von gut vier auf gut acht Prozent. Die überwiegende Mehrheit träumte also doch noch von einer Ehe, zumindest als Möglichkeit. Aber knapp ein Zehntel, das mit dem Thema abgeschlossen hat, ist keine Minderheit mehr, die man vernachlässigen kann. Zumal bei so einem rasanten Wachstum. Gründe für das Singlesein: 65 Prozent der Männer und 71 Prozent der Frauen geben Freiheit an, je 24 und 19 Prozent wollten auch nicht die Verantwortung, die mit einer Beziehung einherginge. Lebensstil: 42 Prozent der Männer fanden, dass allein zu leben nicht Einsamkeit bedeutet. 1997 waren es noch 37 Prozent gewesen. Bei den Frauen zeigte sich ein kleiner Anstieg von 28 auf 29 Prozent. Ihre Vorstellungen vom richtigen Leben: Gut 39 Prozent der Frauen fanden auch nicht, dass man sich dafür schämen müsste, ewig Single zu bleiben.

Noch zwei andere Studien, und als ich diese sah, tropfte der Kaffee fast auf die Tastatur, weil meine Kinnlade nach unten fiel: Die eine vom Frauenmagazin *Joshi SPA!* 37.000 Personen vom Teenagealter bis in ihre 40er interviewte das Magazin im Jahr 2013 und fand darunter einen sehr hohen Anteil von Bindungs- und Heiratsverweigerern: insgesamt 33,5 Prozent. Unter den Befragten in den Zwanzigern waren es sogar 40,5 Prozent. Das klang zu hoch, um wahr zu sein. Immerhin kam der Lebensversicherer Meiji Yasuda in einer Studie zu einem ähnlichen Trend. In seiner Umfrage über »Heirat und Kinderkriegen« bei 20- bis 39-Jährigen gaben 11 Prozent der Männer und 9,3 Prozent der Frauen an, nicht prinzipiell heiraten zu wollen. Die kürzlich erschienene Befragungsrunde aus 2014 zeigt eine klare Entwicklung. Von den Männern wollten mittlerweile gut 20 Prozent nicht heiraten, von den Frauen schon knapp 14 Prozent.

Drei Umfragen, drei unterschiedliche Ergebnisse. Aber den Trend zur Ablehnung traditioneller Bindungen hatten sie gemein. »Stirbt die romantische Liebe aus?«, fragte ich flüsternd den Laptopbildschirm, schluckte den Kaffee runter und tippte diese Wörter in ein leeres Dokument. Für eine Reportage konnte ein Titel kaum reißerischer sein. Aus Trends sollte man zwar nie das Ende einer Entwicklung herauslesen, vor allzu großen Prophezeiungen sollte man sich hüten. Aber als Arbeitshypothese klang das gut.

Gleich prasselten hundert Fragen auf mich ein. Sind diese Leute, die mit Liebe nichts zu tun haben wollen, Gescheiterte, die aufgegeben haben, oder wollen sie von vornherein nicht? Und warum nicht, vom Zugewinn an Freiheit mal abgesehen? Sind die Gründe in den Köpfen der Menschen zu finden oder in der Umgebung, in der sie leben? Ist das Phänomen ein japanisches, oder lässt es sich auf andere Städte, Länder und Gesellschaften übertragen? Und wenn ja, was bedeutet das alles? Grund zur Freude oder ein soziales Armageddon?

In diesen Tagen träumte ich wieder von dem Tablet im Dunkeln. Lange starrte ich darauf, aber die Frau mit den veränderlichen Haaren und Gesichtszügen erschien nicht. Ich hörte nur ihre Stimme irgendwo aus dem virtuellen Halbdunkel hinter dem Bildschirm. Verstehen konnte ich sie zunächst nicht, denn sie murmelte in sich hinein in einer abgehackt impulsiven Form, die sich wie leises Gezeter samt Schmollphasen anhörte. Endlich erhaschte ich einen Satz: »Ich bin so schön, aber diese Feiglinge fürchten meinen Schatten.« Wieder wachte ich auf und kritzelte diesen Satz auf das nächstliegende Stück Papier, das ich finden konnte, ohne das Licht aufzudrehen. Am nächsten Morgen klebte ich mir den Zettel mit diesem Satz aufs Klo. Dort sah ich ihn fortan mehrmals täglich. Was war da aus meinem Unbewussten aufgestiegen? Interpretationsmöglichkeiten gab es zuhauf. Aber einen wirklich befriedigenden Reim konnte ich mir auf dieses Bruchstück nicht machen. Umso mehr wuchs in mir der Wunsch, diesen Traum weiterzuträumen. Aber das klappte nicht auf Zuruf. Irgendwie kam mir das Ganze doch seltsam vor. Teilweise auch meine eigene Situation zu recherchieren, mir dabei einzureden, dass das alles ganz normal sei, oder gerade normal werde. Um mich richtig von Lena zu befreien, musste ich trotz allem unter Leute. Also gab ich mich erstmal mit denen ab, die zumindest laut dem Institut für Bevölkerungsforschung bezogen auf ganz Japan gerade noch in der Überzahl waren. Die Suchenden.

Ein paar Tage später stand ich gegen Anbruch der Dunkelheit in einer Dreizimmerwohnung im eher noblen Tokioter Stadtviertel Aoyama zwischen neun anderen jungen Leuten vor einer Frau mit Schürze.

»Herzlich willkommen, mein Name ist Hiroko«, stellte sich die Dame vor. Sie schien etwa vierzig zu sein und veranstaltete seit einigen Jahren kekkon katsudo-Events. Ihren Ehemann quartierte sie an solchen Abenden immer aus, klärte sie uns Gäste auch gleich grinsend auf, ehe wir sehen konnten, dass wir die Wohnung für uns hatten. Kekkon katsudo übersetzt sich ins Deutsche mit Heiratssuche, klingt im ersten Moment abschreckender, als es ist. Ein Bekannter hatte mir erzählt, dass die Sache in letzter Zeit beliebt geworden war. Auf einer Website zum Anmelden, die wie eine Suchmaschine für Flüge oder Hotels gleich mehrere Anbieter und unterschiedliche Motto-Abende verwaltete, war gleich erklärt worden: Der Veranstalter versichert, dass gleich viele Männer und Frauen anwesend sind und dass es keine Pflicht gibt, an Ort und Stelle zu heiraten. Unter diesen Umständen schaue ich mir das mal an, dachte ich. Hier stand ich also, zwischen ausgezogenen Schuhen im Eingangsbereich der Wohnung von Frau Hiroko, Hiroko-san im Japanischen. Auf der Website hätte ich auch ein Treffen mit jungen Beamten, ein Fußballturnier, einen Karaoke-Abend oder ein Trinkgelage wählen können.

Fürs Erste versuchte ich es mit einem Kochabend. Daher die rote Schürze um Hals und Hüfte von Hiroko-san, und zehn vom gleichen Typ auf ihrem linken Arm. »Jeder nimmt sich eine und dann geht es in die Küche. Bindet sie hinten fest zu, sonst rutscht sie. Wir kochen heute Quiche Lorraine, ein französisches Teiggericht.« Die Chefin benahm sich wie eine Mutter. Ob sie ahnte, dass viele von uns nervös waren, mit so zittrigen Händen kamen, dass sogar der Knoten im Nacken eine Herausforderung war? Sie schien es zu wissen. Die Anspannung legte sich, als wir Zwiebeln schnitten und einem seriösen Typen im Anzug, der sich uns als Fujita-san vorgestellt hatte, mit dem Nachnamen also, und von dem wir erfuhren, dass er im IT-Sektor arbeitete und gerade von der Arbeit kam, plötzlich eine Träne an der Wange runterkullerte. Zuerst versteckte er seinen Dammbruch, aber als eine der Frauen zu lachen anfing, war der arme Fujita zur Zielscheibe des Gespötts geworden. Wir wurden in Zweierpaare aufgeteilt, die immer nach ein paar Minuten rotierten. Die Dame, mit der ich die Zwiebeln schneiden sollte, hieß Saori. Eine fleißige Frau, sie nahm mir jede Aufgabe ab, kicherte aber bei jeder Gelegenheit.

»Was suchst du hier?«, fragte ich. Die blödeste Frage, die ich stellen konnte. Den künftigen Ehemann natürlich, aber so provozierte ich immerhin eine Antwort.

»Meine letzte Beziehung ist schon lange her. Ich würde gerne wieder jemanden kennenlernen.«

»Und was tust du dafür?«, wollte ich wissen. »Gehst du öfter zu solchen Veranstaltungen?«

»Mein drittes Mal. Es bringt immer Spaß, letztens war ich bei einem Zeichenkurs. Aber verliebt hab ich mich bisher nicht.« Eine Tischklingel schellte durch die Küche, das Signal für die Rotation, meine Zeit mit Saori war erstmal vorbei.

Wir wurden weitergereicht, mit einem neuen Partner sollten wir Teig kneten. Butter, Eier, Mehl, ein bisschen Salz und Pfeffer. Kochen wird nicht einfacher dadurch, dass einem fremde Augen, die vielleicht an einem interessiert sein könnten, auf die Finger schauen. Wir alle merkten das. Die gelegentliche Stille, die hier niemandem angenehm war, löste Saori auf, indem sie sich laut an die Tränen des Anzugträgers erinnerte. Alle lachten, einige mehr, andere weniger, den Witz hatten wir ja eigentlich längst verdaut, aber dankbar waren alle irgendwie. Selbst der arme Betroffene, Fujita-san, hatte ein Grinsen übrig. Als die Quiche langsam im Ofen brutzelte, reichte Hiroko-san Weißwein. Wir nahmen rund um einen langen Tisch in ihrem kitschig eingerichteten Wohnzimmer Platz. »Was hat euch eigentlich hierhergebracht?«, fragte ich, als wir angestoßen und den ersten Schluck im Mund hatten. »Wollt ihr wirklich alle heiraten?« Nicken, Kopfschütteln, nachdenkliches Gestöhne. Dass ich die Gretchenfrage vor allen Ohren stellte, für alle Ohren, schien keine gute Idee gewesen zu sein. Die Anspannung war zurück im Raum.

»Ich hab es nicht so eilig«, sagte eine junge Frau namens Yuki, Krankenschwester und 28 Jahre alt. »Irgendwann vielleicht schon.« Yuki und ich fragten uns noch ein wenig aus, inmitten der sehr aufmerksamen Ohren der anderen. Sie erfuhr, dass ich nicht wusste, was ich hier suchte, dass ich seit kurzem überhaupt nicht mehr wusste, was ich vor kurzem noch über die Liebe sicher zu wissen geglaubt hatte. Die acht anderen Gäste stöhnten nachdenklich, als verstünden sie, was ich meinte, aber so richtig etwas von Bedeutung sagen wollte nach meiner Frage niemand mehr. Wir leerten noch eine Flasche Wein, aber es ging nicht mehr um große Themen, sondern um TV-Serien und Sport. Am Ende wurden Telefonnummern ausgetauscht, nach der von Saori oder Yuki fragte ich nicht. Mir kam es irgendwie unpassend vor, eine der beiden in Anwesenheit der anderen darauf anzusprechen. Sie fragten auch nicht nach meiner. Verbeugungen, Gewinke, ein paar Schritte rückwärts mit lächelnden Blicken zu Hiroko-san, dann waren wir alle aus ihrer Wohnung, die Tür fiel ins Schloss. Schnell ging jeder seiner Wege. Nur Fujita, der Typ im Anzug, blieb noch einen Moment im Treppenhaus. »Wenn du willst, kannst du mich anrufen. Wir können über dein Thema sprechen.«

Er überraschte mich. »Danke. Gibt es eine gute Zeit für dich?«

Abends sei es gut, je später desto besser, wegen der Arbeitszeiten. »Nächste Woche, Montagabend?«

»Okay, gerne!«, sagte ich. Es war nicht das Date, das ich erwartet hatte. Trotzdem.

Noch in derselben Woche klingelte ich an der Glastür im zweiten Stock eines Treppenhauses in Ichigaya, direkt im Zentrum der Metropole, am Rand eines Kanals. Gleich am Morgen hatte ich einen Termin mit der Vereinigung für Familienplanung. Deren Vorsitzender, der Gynäkologe Kunio Kitamura, hatte sich kurz zuvor öffentlich über die Jugend von heute echauffiert. Die Jungen wollten keinen Sex mehr, keine Beziehungen, sie machten keine Kinder. So lautete Kitamuras Beobachtung, die zugleich wie ein Vorwurf klang. In den 1950er Jahren war die Vereinigung für Familienplanung mit staatlichem Auftrag gegründet worden, damals mit dem Ziel, die hohe Geburtenrate in Japan unter Kontrolle zu bringen. Mittlerweile hat sich ihr Mandat um 180 Grad gewendet. Sie soll die Idee der

Familiengründung wieder schmackhaft machen. Japans Geburtenrate liegt heute bei rund 1,4 Kinder pro Frau, das ist so gering, dass die Bevölkerung schrumpft, solange nicht genügend Einwanderer ins Land kommen, die den Trend aufhalten. Ähnlich ist die Situation in Deutschland und Österreich. In der Schweiz, Großbritannien und Frankreich liegt die Geburtenrate auch nur wenig höher.

Ein Kurzgewachsener mit einer so langen Krawatte, dass sie über den Gürtel reichte und fast daherkam wie ein Statement gegen Kleidungsproportionen, öffnete mir die Tür. »Kitamura mein Name. Freut mich sehr!« Der Mann, der die jungen Menschen öffentlich abgekanzelt hatte, wirkte nicht so bedrohlich, wie er durch die Zeitungszitate geklungen hatte. Kitamura war längst Familienvater, wie er schnell verriet. »Als ich jung war, sprudelte ich nur so vor Verlangen. Ich wollte ständig mit Frauen schlafen. Und ich hab's auch getan«, sagte der Doktor ungefragt auf dem Weg in seinen Besprechungsraum. »Die jungen Leute von heute sind viel zurückhaltender.« Kontrolliert, ja, aber dabei zu abgeklärt. Zwischen Prospekten zu Verhütung und Kindergeld nahmen wir Platz. »Alle zwei Jahre erstelle ich einen Report über das Verhalten junger Leute, was Sexualität und Partnerschaft angeht. Und ich gebe zu, dass selbst ich einige Sachen nicht erklären kann.« Erklärungsansätze aber, davon habe er einige. Aus all den Forschungsinterviews, die die Grundlage seiner Untersuchungen bildeten, hatte er drei Prototypen junger Menschen herausdestilliert. »Typ 1 würde ich so beschreiben: Um die dreißig Jahre alt, einen Job in der

Dienstleistungsbranche, Uni-Absolvent und trotzdem ohne Festanstellung, deshalb keine finanzielle Planungssicherheit. Die letzte Beziehung ist schon lange Zeit her. Mangel an Selbstbewusstsein und Kommunikationsfähigkeiten mit dem anderen Geschlecht. Ein Selbstbild, nicht attraktiv genug zu sein.«

»Wie unterscheiden sich diese Leute von den anderen Typen?«, fragte ich.

»Typ 2 sieht folgendermaßen aus: Mitte zwanzig, Einkommen durch Gelegenheitsjobs, nie eine Beziehung gehabt, schon in der Schule gab es nie Kontakt mit dem Geschlecht, das von Interesse wäre. Flucht in Onlinespiele, auch in Sachen Sexualität. Jungfrau, wenn es um physischen sexuellen Kontakt geht.«

»Und wie sieht Typ 3 aus?« Es blieben wohl jene Typen übrig, die aktiv waren, aber sich nicht binden wollten.

»Das sind die Fleischfresser. Häufig mit guter Ausbildung, gutem Einkommen, Stabilität im materiellen Sinn.«

»Die Fleischfresser klauen den Typen 1 und 2 also die Beute?«

Kitamura nickte hastig. »So kann man das sagen. Allerdings ist Ihre Analogie nicht ganz zutreffend, denn Typ 1 und 2 haben ja gar keinen Hunger. Typ 1 frisst kein Fleisch, sondern nur Pflanzen, Typ 2 ist schon immer magersüchtig. Wenn man so will.« Er lachte. Immerhin eine schöne Pointe kam bei seiner Forschung heraus.

Natürlich waren diese drei Prototypen nicht für bare Münze zu nehmen, sondern grobe Rundungen statistischer Ergebnisse. Aber im Grunde sah es nach einem sozioökonomischen Problem aus. Verlierer wurden vom Partnermarkt verdrängt. »Geht es hier wirklich nur um Status und Geld?«, fragte ich.

Kopfschütteln auf Kitamuras Seite, Murmeln, Grummeln. »Status und Geld spielen aber eine wichtige Rolle.« Dieser Mann hatte auf alles eine Antwort, wenngleich er anfangs zugegeben hatte, sich über einige Fragen selbst noch den Kopf zu zerbrechen.

»Sie müssen wissen, dass das Familienbild in Japan noch immer sehr traditionell ist. Um eine Familie zu gründen und Kinder in die Welt zu setzen, braucht man als Mann in der Regel ein stabiles Einkommen. Die Frau ist nämlich traditionellerweise für die Erziehung und den Haushalt zuständig. Sie wird also ihren Job aufgeben, sobald sie schwanger ist. Viele Betriebe wiederum stellen Frauen häufig nur aufgrund dieser Erwartung ein, investieren auch weniger in die Weiterbildung von Frauen als von Männern.«

»Wenn ich eine Frau wäre, würde ich mich unter solchen Umständen nur dann binden, wenn ich einen stabilen Partner fände.«

Kitamura schnipste mit den Fingern. »Absolut. Und das Problem für die Familiengründung heutzutage ist, dass es von diesen stabilen Männern immer weniger gibt. Aber die Frauen, die auf eigenen Beinen stehen können, werden mehr.«

»Verstehe, Herr Kitamura«, sagte ich und machte Notizen. »Aber heiraten und eine Liebesbeziehung führen ist doch zweierlei. Zumindest in meinem Leben hatten die meisten meiner Freundinnen und ich nicht vor zu heiraten, aber eine Beziehung führten wir trotzdem.«

Kitamura bewegte seinen Kopf wieder auf diese seltsam nervöse Weise, eine Mischung aus Nicken und Kopfschütteln. »Okay, okay. Aber am Ende geht es doch ums Heiraten. Diese Frage wird doch irgendwann auf dem Tisch sein.«

Auf Kitamuras Tisch lag sie jedenfalls in Form von Zahlenmaterial, seinen Studienergebnissen und Unmengen an Prospekten. Und all das gab ihm schon recht. Zwischen Lena und mir war die Frage selbst dann im Raum gestanden, wenn sie geleugnet wurde. »Ich rede ja nicht von heiraten, aber ...« Ein Satz, der so beginnt, redet in Wahrheit vom Heiraten. Schon die ausdrückliche Abgrenzung spannt Koordinaten auf und positioniert alles, was folgt, in irgendeiner Distanz, ob nah oder fern, zur Ehe. Natürlich steht diese Frage ständig im Raum. So ist unsere Gesellschaft geprägt, so liest sich jeder Lebensentwurf. Die Ablehnung einer Heirat akzeptiert diese traditionelle Bindung zugleich als Standard, der dadurch zumindest erwähnenswert scheint.

Zurück daheim klickte ich mich wieder durch Statistiken. Ist die Geschichte mit Japans Arbeitsmarkt schon zu Ende erzählt? Auffallend war dies: Bevor im Jahr 1990 eine riesige Spekulationsblase platzte, die einen zuvor über vier Jahrzehnte fast ununterbrochen währenden Wirtschaftsboom an ein jähes Ende brachte, hatte fast jeder Mann eine Festanstellung. Das hieß, Kündigung war fast unmöglich und die Lohnentwicklung über den Lebensverlauf ziemlich vorhersehbar. Man konnte planen. Das waren gute Voraussetzungen für die Familiengründung. Heute hat unter den jungen Erwachsenen nur noch rund die Hälfte einen festen Job. In Japan ohne Festanstellung zu arbeiten, das bedeutet im Schnitt 40 Prozent weniger Lohn, kein Arbeitgeberanteil bei der Krankenversicherung, kein umfassender Kündigungsschutz. Statistiken zeigen auch, in Analogie zu den Prototypen von Kunio Kitamura, dass Personen ohne Festanstellung häufiger Single sind.

Das wiederum ist kein bloß japanisches Phänomen. Auch in Deutschland haben Männer mit geringerem Bildungsgrad und Einkommen zumindest in jenen Regionen schlechtere Chancen auf einen Partner, wo Männerüberschuss besteht. In diversen Ländern Europas tun sich Männer schwerer zu heiraten, wenn sie keinen hohen Bildungsabschluss vorweisen können, keinen stabilen Job und nur ein geringes Einkommen haben. Die Wahrscheinlichkeit, eine Beziehung einzugehen und mit dem Partner in eine gemeinsame Wohnung zu ziehen, wird durch diese Faktoren zwar weniger stark beeinflusst als die, zu heiraten. Aber dennoch. Japan ist nicht allein. Auch in den europäischen Ländern haben prekäre Arbeitsverhältnisse in den letzten Jahrzehnten zugenommen. Ein Grund war die Ölkrise in den 1970er Jahren, ein weiterer der neoliberale Zeitgeist, der Argumente der Effizienz immer überzeugend aussehen ließ, auch dann, oder erst recht, wenn dies auf Kosten der Arbeitsplatzsicherheit ging. Heute hat in Deutschland jede fünfte Arbeitskraft keine Festanstellung, in Österreich trifft das auf jede dritte zu. Hinzu kommt, dass immer weniger Frauen auf einen Mann angewiesen sind, der sie ernährt. Der Anteil der Frauen, die studiert haben, ist vielerorts mittlerweile höher als jener der Männer. Der Unterschied bei den Löhnen, die Männer und Frauen für gleiche Arbeit erhalten, nimmt langsam ab. So büßen Männer ihre einstige Funktion als Ernährer allmählich ein. Dieser Trend ist überall in Europa und selbst in Japan, das hier noch hinterherhinkt, zu beobachten.

Die Geschlechterrollen werden durcheinandergeworfen, gleichzeitig sehen alte ökonomische Gewissheiten längst nicht mehr so gewiss aus, wie sie einst schienen. Was bedeutet das alles? Der dänische Soziologe Gøsta Esping-Andersen, in unserer Zeit einer der Führenden in seinem Fachgebiet, spricht angesichts dieser Entwicklungen gar von einer Revolution. Sie sei nicht abgeschlossen, meint Esping-Andersen, und man wisse noch nicht, wohin sich letztlich alles bewegen wird. Ein neues Gleichgewicht müsse erst gefunden werden. Solche instabilen sozialen Situationen »tendieren dazu, mit gewaltigen Brüchen einherzugehen«, schrieb Esping-Andersen in seinem Buch von 2009, das er »The Incomplete Revolution« nannte: die Unvollendete Revolution. Soziale Brüche, das kann ein Aufkommen neuer Lebensmodelle bedeuten, den Untergang alter Formen. Langfristig kann die derzeitige Revolution eine Rückkehr zur Heirat bringen, zur Liebe, wie wir sie aus Erzählungen kennen, und zu einer hohen Kinderzahl. Soziologen wie Esping-Andersen

gehen davon aus, dass eine kluge Sozial- und Familienpolitik, die verschiedene Lebensformen gleichermaßen
fördert, einen großen Einfluss hätte. Durch viele andere
Studien wird diese Annahme unterstützt.

Was aber, wenn es hier noch einen weiteren Faktor
gibt? Was, wenn junge Menschen nicht bloß deshalb seltener feste Bindungen eingehen, weil sie nicht können,
sondern auch, weil sie nicht wollen?

Ich wusste nicht, was Fujita-san, der junge Mann mit
den Zwiebeltränen, mit mir besprechen wollte. Aber es
konnte nicht schaden, ihn zu treffen. Draußen war es
empfindlich kalt, als ich um halb zehn Uhr abends im
Erdgeschoss eines dreistöckigen Familienblocks in Ikebukuro, einem dichtbevölkerten Viertel im Nordwesten,
die Klingel drückte. Die Adresse lag nicht weit entfernt
von der U-Bahnstation, eine der größten der Welt, viele
Häuser reichten hier bis hoch in den Himmel, das Treiben auf der Straße war deutlich unruhiger als in mon-
däneren Vierteln wie Setagaya oder Meguro. Trotz aller
Unterschiede war dies jedoch immer noch Tokio, relativ
geordnet, ohne Müll auf der Straße, mit gefegten Gehwe-
gen. Und die Klingel war leise, draußen nicht hörbar.

»Felix-san, kommen Sie rein!« Herr Fujita, der mir ab
jetzt anbot, ihn Kentaro zu nennen, hatte mich zu sich
nachhause eingeladen. Ein untypischer Vertrauensbe-
weis, zumal gegenüber einem Ausländer, noch dazu nach
einer so abstrusen Begegnung wie bei der Kuppelparty,
wo wir uns, wenn schon als irgendwas, dann eher als
Konkurrenten gegenübergestanden waren. Er war mir

nicht mal sympathisch gewesen, ich ihm wahrscheinlich auch nicht. Wir hatten beim Quiche-Backen kein Wort gewechselt. Jetzt hingegen verstanden wir uns richtig gut. »Was möchtest du trinken?«

»Ich trink alles«, antwortete ich und wirkte damit vielleicht eher gierig als unkompliziert. Seine Wohnung war noch kleiner als meine. Der Eingangsbereich, an dessen linker Seite eine kleine Kochnische mit Spüle installiert war, maß kaum mehr als vier Quadratmeter. Eine halbdurchsichtige Milchglastür führte in sein Wohnzimmer. Das war gleichzeitig auch Schlaf-, Ess- und Arbeitszimmer. »Es ist etwas unordentlich hier«, hatte er sich entschuldigt, noch bevor ich sehen konnte, dass das keine Floskel war. Klamotten hingen über dem einzigen Stuhl im Raum, auf dem Tisch verteilten sich Nachrichten- und Manga-Magazine. Oben auf einem Bücherregal stand eine Mikrowelle, die Kochnische draußen bot keinen Platz dafür. »Setz dich doch.«

Mir wäre das wie ein Scherz vorgekommen, hätte er nicht auf ein Kissen vor dem Tisch gedeutet. Ich nickte, setzte mich.

Kentaro reichte kalten Malz-Tee. »Deine Frage letzte Woche beim Kochen in Aoyama fand ich witzig«, sagte er, steckte sich eine Zigarette in den Mund und bot mir auch eine an.

Ich schüttelte den Kopf und lächelte gleichzeitig. »Witzig?«

»Naja, so etwas fragt man eigentlich nicht, wenn man sich nicht kennt. Du bist noch nicht lange in Japan, oder?«

Wieder schüttelte ich den Kopf. »Eineinhalb Jahre.«

»Heutzutage sind viele in meinem Alter allein.« Kentaro deutete mit dem Daumen auf sich. »Ich bin jetzt dreißig. Mein Vater hatte in dem Alter schon mich, seinen ersten Sohn, kurz darauf kam meine Schwester. Unsere Eltern werden langsam nervös, weil wir nicht verheiratet sind. Auch bei meinen Freunden ist das so.«

»Ich komme aus Deutschland, da gibt es eine ähnliche Entwicklung. Die Leute heiraten heute in höherem Alter als früher, und auch seltener. Sie scheiden sich dafür häufiger.« Soviel hatte ich in Japan bisher gelernt. Gemeinsamkeiten mit dem Gesprächspartner zu konstruieren hilft dabei, Vertrauen aufzubauen. »In Deutschland und in vielen anderen europäischen Ländern macht das zumindest die Politiker unruhig. Wer nämlich spät heiratet, hat im Durchschnitt weniger Kinder, dann schrumpft irgendwann die Bevölkerung, und das ist erstmal nicht förderlich für das Wachstum der Wirtschaft. Wie in Japan auch.«

Kentaro nickte jetzt energisch, er schien sich verstanden zu fühlen. »Bei uns ist es eben auch noch die Familie, die Druck macht. Meine Mutter will Oma werden, hat sie mir letztens gesagt. ›Junge, gibt es denn keine nette Frau in deinem Leben?‹, hat sie mich gefragt. Das kam wie eine Drohung rüber. Manchmal gehe ich dann zu solchen Singlepartys, ich mach das irgendwie für meine Mutter, um sie ruhigzustellen. Der Anbieter der Events behauptet ja, dass im Schnitt zehn Prozent der Teilnehmer einen Partner finden, und von denen ein Fünftel auch heiratet. Soll ein guter Wert sein.«

»Es gibt also keine nette Frau in deinem Leben?«, fragte ich.

»Jedenfalls keine, mit der ich mein Leben verbringen will. Ein Mädchen mit dem ich mich treffe, sehe ich nur zum Sex. Wir sind uns einig in der Sache. Mehr ist es nicht. Wir geben uns keine niedlichen Namen und reden auch nicht über eine gemeinsame Zukunft.«

»Kostet eine klassische Beziehung zu viel Mühe, oder zu viel Geld?«

»Geld ist schon ein Thema«, sagte Kentaro. »Aber mein Lohn ist gut genug. Ich könnte heiraten, eine Frau würde ich finden.«

Ob er die Statistiken des Instituts für Bevölkerungsforschung kannte, wusste ich nicht. Ich zitierte sie nur in meinem Kopf: Bei den Frauen, die sich prinzipiell vorstellen können zu heiraten, achten knapp 42 Prozent auf das Geld, das der Mann zur Verfügung hat. Gut 40 Prozent beider Geschlechter geben auch an, dass unter all den Hürden für die Hochzeit der Mangel an Geld und Stabilität eine besonders hohe sei. Kentaro Fujita lebte demnach auf der Sonnenseite: Ein Job im wachsenden IT-Sektor, Festanstellung, sein unspektakuläres aber gepflegtes Auftreten strahlte auch die Stabilität aus, nach der viele Frauen zu suchen schienen.

»Vielleicht heirate ich irgendwann. Kann sein. Aber man muss doch auch fragen dürfen, warum überhaupt? Gibt es gute Gründe zu heiraten?« An der Wand gegenüber vom Tisch hing ein Poster eines Baseballstars, daneben eine Frau im Bikini, der Rauch von Kentaros Zigarette vermischte sich allmählich mit der stickigen Luft auf den wenigen Quadratmetern, die wir teilten. »Warum soll ich mein Leben ändern? Nur um meine Mutter glücklich zu machen?«

»Dort, wo ich herkomme«, sagte ich, »suchen viele Singles einen Partner, weil sie sich alleine einsam fühlen.«

»Das stimmt. Als Single ist man einsam. Ich komme abends nachhause und niemand begrüßt mich. Niemand überrascht mich. Niemand beschwert sich über meine Unordnung. Aber das ist gar nicht unerträglich.«

»Nicht unerträglich? Aber auch nicht sehr schön, oder?«

Kentaro schwieg einen langen Moment. »Wenn du die perfekte Frau hast, dann ist es vielleicht besser mit dieser Frau dein Leben zu teilen. Aber hast du mal eine gesehen?«

»Naja«, antwortete ich, »ich dachte sogar mal, ich hätte sie gefunden.«

Ein Magazin auf Kentaros Tisch lag aufgeschlagen da, schwarzweiß, aber reich bebildert, mit hektischem Layout. »Give me your love!«, stand da auf Englisch, drumherum japanische Schriftzeichen, die den Leser auf Partnersuche einstellten.

»Was liest du da?«, fragte ich.

»Das ist meine Lieblingskolumne. Ziemlich witzig. Drei Typen schreiben abwechselnd jede Woche, wie sie versuchen, Frauen kennenzulernen. Es geht aber immer in die Hose.« Er reichte mir das Magazin rüber. Da stand: »Diesmal probieren wir es mit Hallenfußball!« Der Protagonist hatte sich zu einem der kekkon katsudo-Events angemeldet, so wie Kentaro und ich vergangene Woche. Mädchen gegen Jungs, war das Motto, wie früher in der Pause auf dem Schulhof. Und einen Schulhof-Fehler beging der Protagonist auch, wie er genüsslich beschreibt. Die Frau, die er beeindrucken wollte, ging er im Zweikampf um den Ball derart hart an, dass die ihm fortan lieber fernblieb. »Ich verstehe es einfach nicht«, schrieb der Autor, der den Text mit Mitsunori Toda unterschrieb. Wie konnten seine Avancen nur unerwidert bleiben, wo er doch seine kompromisslose Zweikampfstärke demonstriert, den Ball erobert hatte? Und darum ging es doch beim Fußball: Sich die Butter nicht vom Brot nehmen lassen. Gras fressen. Notfalls ein verstecktes Foul. Dort treffen, wo es wehtut. Toda hatte das bekannte Fußball-Einmaleins beherzigt, und doch wandte sich die junge Frau, die den Ball an ihn verloren hatte, danach rasch von ihm ab. Die Liebe, das Flirten, das blieb diesem Toda ein Mysterium.

»Ich muss jedes Mal lachen, wenn ich das lese«, sagte Kentaro. »Für mich eine der besten Kolumnen überhaupt.«

»Scheint sich an diejenigen zu richten, die mit dem Scheitern Erfahrung haben«, murmelte ich.

»Für mich sind das Helden«, meinte er. »Sie sprechen den vielen Singles irgendwie aus der Seele.«

»Was in deiner Seele spricht das an?«

»Du bist ganz schön neugierig«, blockte Kentaro unerwartet ab. Um uns herum war es ruhig, dieser schnarchlose Schlaf der größten Stadt der Welt hatte sich auch über das unter Tokiotern als unordentlich verschriene Ikebukuro gelegt.

Mir kam es vor, als könnten selbst die Nachbarn meine Antwort hören. »Ich bin Journalist, das hatte ich beim Kochabend niemandem erklärt.«

Kentaro stöhnte. Ob es Empörung war oder Faszination, konnte ich nicht unterscheiden.

»Vor nicht so langer Zeit hat mich meine letzte Freundin verlassen. Seit ich wieder Single bin, staune ich über Tokio. Mir kommt vor, dass das Singlesein hier nicht nur verbreitet ist, sondern auch akzeptiert. Das fasziniert mich.« Erst nachdem ich das ausgesprochen hatte, fiel mir der Widerspruch auf. Von wegen akzeptiert. Kentaro hatte gerade erst gestanden, unter dem Druck seiner Eltern zu stehen, die sein Junggesellenleben eben nicht guthießen.

»Wenn du nicht gerade die Generation meiner Eltern fragst, trifft deine Beobachtung wahrscheinlich zu«, sagte er. »Die Ehen unserer Eltern sind oft nicht so glücklich, wie man sie heute in Filmen sieht. Meine Mutter spricht kaum mit meinem Vater. Er kommt abends spät von der Arbeit nachhause, sie hat ihren eigenen Freundeskreis, verwaltet sein Geld. Ihre Ehe ist Koexistenz, mehr nicht.«

»Und viele der jungen Leute sind davon abgeschreckt?«

»Ich glaube schon. Die Welt hat vielleicht mehr zu bieten als eine festgefahrene Ehe.«

Jetzt nickte ich, zumal mir eine weitere Studie einfiel, von der ich gelesen hatte. Der Lebensversicherer Meiji Yasuda hatte sie im Jahr 2007 durchgeführt. Demnach sprachen von den 1.200 befragten Verheirateten vierzig Prozent weniger als dreißig Minuten pro Tag mit ihrem Partner. Ein Drittel dieser Gruppe gab an, für seinen Partner keine Liebe zu empfinden. Die Hälfte der Frauen und ein Drittel der Männer hatte schon über eine Scheidung nachgedacht. Außerdem kam mir der Gedanke interessant vor, wie diese ablehnende Einstellung von Kentaro in meiner Heimat rüberkäme. »Wer so etwas in Deutschland sagt, wird schnell als sozial unterkühlt abgestempelt«, sagte ich. »Ist das hier anders?«

»Von einigen Leuten wird man schon abgestempelt. Aber wir alle kennen doch die Minuspunkte einer Bindung. Und wir kennen die Pluspunkte des Alleinseins. Wir alle haben doch Freunde, die für uns da sind. Das Freizeitangebot für Singles ist grenzenlos. Wir erleben keine riesigen Enttäuschungen und werden nicht verbittert. Es ist doch nicht schlecht, so zu leben, oder?«

Ich war erstaunt. Der Single vom Kochabend letzte Woche, aus dessen ernster Art ich Nervosität abgeleitet hatte, war in Wahrheit ein Heiratsjäger wider Willen. Einer, den die Zwänge der alten Garde auf eine Suche geschickt hatten, auf der er gar nicht wusste, was er finden sollte, und warum eigentlich.

Kentaro und ich hatten uns festgequatscht. Kurz nach Mitternacht musste ich rennen, um noch die letzte Bahn zu erwischen. Gerade noch bevor sich die Türen schlossen, sprang ich in den fast leeren Waggon. Dort holte ich meinen Schreibblock raus und machte Notizen. Falls Kentaro Fujita ein typischer Junggeselle war, dann ließ sich die Typologie von Kunio Kitamura, dem Vorsitzenden der Vereinigung für Familienplanung, auch auf diejenigen ausweiten, die vom Singlemarkt nicht durch Mangel an Geld oder Stabilität ausgeschlossen waren. Leute also, die einfach keine Lust hatten, die übliche Erzählung der Liebe noch ein weiteres Mal zu rezitieren, wie ein Ritual, das einen läutern soll, obwohl man nicht weiß, wie und weshalb. Wer das nicht will, den sieht die ältere Generation als Verlierer an, das mag sein. Aber wenn sehr viele Menschen versagen, vielleicht ist das Alleinsein dann bald keine Niederlage mehr, und die Gründe für die Entsagung werden viel interessanter als die Entsagung selbst.

Ich wollte den gefeierten Verlierer treffen, mit dessen Text Kentaro Fujita seinen Wohnzimmertisch geschmückt hatte. Im Scheitern musste dieser Mitsunori Toda ja ein Experte sein. Vielleicht konnte er mir trotz seiner Storys sagen, was am Leben ohne Partner besser ist, oder zumindest nicht unerträglich, wie Kentaro es ausgedrückt hatte. Immerhin eine neue Perspektive. Aus Europa war mir kein Kolumnist bekannt, der sich freiwillig zum öffentlichen Gespött macht, auf eine Weise auch noch, die intimer kaum sein könnte. Mitsunori Toda, Redakteur des *Playboy Weekly*, empfing mich in der Redaktion seines Arbeitgebers. 210.000 Leser kaufen sich das Magazin laut Redaktionsangaben wöchentlich, ein Zehntel davon angeblich nur wegen dieser Kolumne. In einer oberen Etage des Verlagsgebäudes, wo das *Playboy Weekly* entstand, waren die Wände vollgekleistert mit Wrestlern, Popstars und vermeintlich unschuldigen Mädchen im Bikini. Das sah nach Klischee aus, ein Männermagazin, das die Träume von Männern ernst nimmt, mitträumt.

Mitsunori Toda sei selbst so ein Träumer, meinte er. Nur den Traum von der Liebe, den gestalte er anders. »Die Kolumnen, die wir zu dritt schreiben, sind echt.« Nichts sei ausgedacht. Toda war 31 Jahre alt, hatte eine lang gewachsene, schlanke Figur, das Haar fiel ihm wellig ins Gesicht, die weite Jeans und der schlabbrige Pulli machten aus ihm einen lässigen Typ.

»Warum soll ich Ihnen das glauben?«, fragte ich. »Sie kriegen doch bestimmt Frauen ab.«

Kopfschütteln. »Auf die Idee mit der Kolumne kamen wir an einem Tag in der Redaktion, als wir drei Kollegen uns darüber unterhielten, wie lange wir alle schon keinen Sex mehr hatten.« Dann machten sie eine Wette: »Es ging darum, wer als erster Erfolg haben würde. Derjenige würde dann als Schreiber ausscheiden.« Nach drei Jahren hatte es noch keiner geschafft.

Die Kolumne wurde dafür ein Renner. Ein Beitrag berichtet von einer dieser Kuppelpartys, wie ich sie in Form des Kochabends erlebt hatte. Die, zu der Mitsunori Toda ging, ein Trinkabend, lief gut an. »Ein Mädchen hatte Interesse«, berichtete er. Mit kindlicher Stimme habe sie ihm erzählt, dass sie sich manchmal die spanische Fußballliga ansehe. Ihre Lieblingsmannschaft war Atlético Madrid. Toda sagte ihr, es sei zufällig auch sein Lieblingsclub. »Ich fuhr deshalb schwere Geschütze auf.« Er sprach mit ihr über das Spielsystem, die schwache Ersatzbank, Fehlentscheidungen des Trainers und die Atmosphäre im Stadi-

on, in dem er selbst noch nie gewesen war. »Und es kam
der Punkt, an dem ich sie kritisieren musste. Sie wirkte
auf mich nämlich so, als sei sie gar kein richtiger Atléti-
co-Fan!« Mitsunori Toda, der lockere Typ, der keine Mie-
ne verzog, wenn er über sein Scheitern sprach, musste als
glühender Atlético-Liebhaber wohl die Ehre seines Klubs
verteidigen. In seinem Herzen triumphierte der Fußball-
fanatiker über den suchenden Single, aber der überschritt
mal wieder die Grenze zwischen Charmeur und Besser-
wisser. Die Dame, die Toda eigentlich näher kennenlernen wollte, ging auf Distanz. »Ende der Story. Es hatte
wieder nicht funktioniert.«

Mir fiel schwer zu glauben, dass die Geschichte tatsächlich wahr, der Versuch, die Frau zu überzeugen, wirklich
integer war. Aber eigentlich war das nicht wichtig. In
diesem Land, wo ich mich viel besser zurechtfand, als es
Lena gelungen war, erlebte ich hier, in dieser Traumwelt
junger Männerherzen, meinen ersten wahren Kulturschock. Mitsunori Toda war ein Mann, der seinen Namen
dafür hergab, die Ich-Geschichte eines Trottels zu erzählen, noch dazu rund um das eine Thema, das für so viele Menschen trotz allem wichtiger war als alles andere.
»Genau diese Typen, die nicht so viel Glück in der Liebe
haben, sind unsere Leser«, erklärte Toda. »Was wir berichten, ist sehr interessant für unser Publikum.«

Kein Zweifel, für mich war das auch interessant. Noch
spannender war aber die Erkenntnis, dass für diesen Mitsunori Toda ein Abenteuer auch dann erzählenswert schien,
wenn es kläglich in die Hose ging. Das passte überhaupt

nicht zu den Liebeserzählungen, die ich kannte. Die Storys des Scheiterns kannte ich aus meinem Freundeskreis eher von den Männern und Frauen, die so viel Erfolgsstorys auf Lager hatten, dass sie gelegentliches Scheitern nur sympathisch erschienen ließ. Wer dagegen Langzeitsingle war, der hatte eben nichts von der Liebe zu erzählen. Scheitern ist kein Konzept, das dann noch viel Platz hat.

Anders in der Redaktion des *Playboy Weekly*. Mitsunori Toda schien die Carrie Bradshaw der wahren Welt zu sein, diese Hauptfigur der TV-Serie »Sex and the City«, die in den Nullerjahren ein Welterfolg wurde. Darin schreibt Carrie, eine beruflich sehr erfolgreiche, sehr gut aussehende und trotzdem sehr verzweifelte Kolumnistin in New York, von ihren Odysseen im Liebesleben. Carrie ist ständig auf der Suche nach dem Einen, findet aber viele, die irgendwie doch nicht richtig passen, wobei sie oft nicht weiß, was wieder nicht gestimmt hat. Mitsunori Toda verkörperte die Antithese.

Nicht nur, weil er längst nicht so modisch und durchtrainiert rüberkam wie die New Yorkerin. Der Tokioter Toda versagte, wusste genau warum, und tat es wieder. Seinen Lesern konstruierte er keine Traumwelt wie in »Sex and the City«, in der zwar allerlei Liebesmissgeschicke passierten, aber doch reichlich attraktive Auswahl vorhanden war. Toda machte sein Versagen zur Gegenerzählung der Liebe. »Ich mache nichts her, und ich bin okay«, sagte er seinen Lesern, ohne es ein einziges Mal aussprechen zu müssen. Kann auch dies Teil der unvollendeten Revolution sein, von der der Soziologe Esping-Andersen spricht?

»Sind Sie irgendwie traurig, wenn es bei einem versuchten Aufriss wieder nicht geklappt hat?«, wollte ich zu Ende unseres Gesprächs wissen.

Mitsunori Toda musste grinsen und begann zu flüstern. Im Großraumbüro wollte er offenbar von keinem seiner Kollegen gehört werden. »Ich glaube schon, dass ich über die Zeit viel gelernt hab. Und meine Leser auch. Manchmal schicken sie Briefe.« Einer habe geschrieben, die Kolumne zu lesen tue ihm so gut, dass er es gar nicht mehr selbst versuchen wolle. Er sei selbst früher zu kekkon katsudo-Partys gegangen. Aber er werde sich nicht mehr verrückt machen lassen. Die ganze Suche sei verrückt, nicht diejenigen, die es okay finden, nicht fündig zu werden.

BIN ICH EIN LOSER?

Moto nahm einen letzten festen Zug. Nachdem er seine Filterzigarette vollständig inhaliert hatte, ließ er für einen Moment die Wortlosigkeit regieren, atmete sodann aus wie ein Erlöster.

»Hast du noch Hoffnung?«, hatte ich gefragt.

Motos Ringe trieben den Tresen entlang, stapelten sich über seinem anarchisch gestylten Lockenkopf unter der Holzleiste, an der die Gläser hingen. Er, Chef der Jamsession dieses Abends, hatte eine kurze Pause angeordnet. In der Bar Terraplane saßen nun also die Gäste, und die Luft stand. Qualm, nicht nur der von Moto, schwebte unter den Tischlampen dieser engen Kellerkneipe mit billigem Mobiliar aber hochpreisiger Tonanlage und entsprechenden Instrumenten. Bis auf mich rauchten hier alle, so schien es. Im Hintergrund spielte »Sultans of Swing« von den Dire Straits, das Lieblingslied des rundlichen Barkeepers, Shishido-san. Die ungefähr 15 Hobbyrocker zupften an ihren Gitarren, sprachen über Akkorde und die nächsten Songs.

»Hoffnung wozu?«, wollte Moto nach seinem langen Schweigen wissen.

Hoffnung worauf, hätte seine Nachfrage lauten müssen, dachte ich zuerst. Aber sein schroffer Blick und die Egal-Haltung seines auf den Tresen gestützten dünnen Körpers verrieten mir, dass er es genau so meinte. Ganz grundsätzlich. Wozu, warum solle man, er, sich Hoffnung machen? Es gehe doch um nichts. Nicht mal mehr um das, was er vor kurzem verloren hatte.

Zehn Jahre lang war Moto, mein bester Kumpel in Tokio, mit seiner Freundin zusammen gewesen. Liebe, ja. Zukunftspläne, ja. Und nun fehlte sie ihm, ja. Aber es gehe ihm gut. »Wenn du weißt, wie füllig und satt ein dunkles Bier schmeckt, dann weißt du es für immer.« Es folgte die nächste Zigarette und ein weiterer tiefer Zug am glimmenden Tabak. Er, der musikalische Autodidakt, sprach immer in Metaphern. »Es wird nicht besser schmecken, wenn du nie mehr zu trinken aufhörst. Natürlich wäre es schön, für immer weiterzutrinken. Aber wenn Dunkles aus ist? Na und. Dann trinkst du eben Helles.« Das war Moto, er selbst war die gelebte Metapher, machte sich aus seinen eigenen Erfahrungen einen Reim auf jegliches Problem. Bier und Frauen, das gehörte für ihn sowieso zusammen. Nicht aus Sexismus, sondern weil er sich zu beidem stark hingezogen fühlte und wollte, dass sich seine beiden Liebschaften auch untereinander mochten. Ako, seine Ex-Freundin, hatte er mir vorgestellt, und ich hatte sofort verstanden, was er an ihr fand. Auch sie fuhr Motorrad, auch sie trank Dunkles, auch sie hörte Rock, auch sie begeisterte sich für die große Welt. Die beiden passten zusammen, waren zusammen gereist, hatten sich schon ein paar kleine Träume erfüllt. Wie sonst hätten sie es zehn Jahre miteinander ausgehalten, warum sonst hätten sie sich jetzt so angestrengt gemieden. Beide waren klug genug, sich den Alltag nicht wegen schmerzlicher Begegnungen unerträglich zu machen. Ob auch Ako jetzt Helles trank? Ako hatte ihn verlassen. So gehörte Moto, ob freiwillig oder nicht, nun zu uns, dem anonymen Heer der Einzelgänger, die nur das Alleinsein einte. Meine Gewöhnungsphase lief mittlerweile eineinhalb Jahre, bei Moto waren es kaum zwei Monate. Ein gemeinsamer Freund aus Spanien, der zugleich mein Kollege war, hatte uns ein Jahr zuvor, als er für eine Recherche nach Japan gekommen war, miteinander bekannt gemacht. Ziemlich schnell wurden Moto und ich dicke Freunde, obwohl wir ganz unterschiedliche Typen waren. Aber jetzt sahen wir uns mit den gleichen Fragen konfrontiert.

Theoretisch waren wir hier unter der Erde, wo das Terraplane lag, genau richtig. Wie an jedem Abend tummelten sich im Stadtteil Shibuya das Leben und die Liebe, oder zumindest der Sex. In denselben engen Straßen, wo aus dieser Bar der wohl beste Bluessound Tokios an die Erdoberfläche stieg, reihte sich ein Love Hotel ans nächste. Mehrstöckige Stundenhotels, die Paare für Kurzbesuche buchten, tagsüber während der Mittagspause oder abends nach Feierabend, um die Matratzen zu strapazieren. In japanischen Wohnungen sind häufig die Wände zu dünn, als dass man dort ungestört, oder unstörend, Sex haben könnte. So wurden Love Hotels in der Nachkriegszeit zu einer üblichen Lösung für Ehepaare, aber auch für heimliche Liebhaber und Fündige aus den Nachtklubs um die Ecke. Seither bedienten die Zimmer alle Geschmäcker, von Kerkern für Sadomaso über Märchensäle für Prinzessinnen bis zu Rekonstruktionen aus Anime und Manga. In der größten Metropole der Welt hatte bisher noch immer irgendwer ein schnelles Bett mit Kondomen auf dem Kissen gebraucht. Aber selbst hier zeichnete sich ein Wandel ab. Den Betreibern der Lustherbergen ging in letzter Zeit die Kundschaft aus. Wegen allmählichem »Liebesmangel«, so war in der Zeitung zu lesen, rüsteten sich erste Etablissements zu normalen Hotels mit Einzelzimmern um.

In diesem Viertel verbrachte Moto seit Jahren mehrere Nächte in der Woche, hier ein Gig, da eine Session und was sich sonst noch ergab. Wenn nicht mit Musikauftritten, dann verdiente er sein Geld mit Gastspielen in Kochshows, Englischübersetzungen oder Nachhilfeunterricht. Ein unglaublich beweglicher Typ. Aber woran er nicht glaubte, da bewegte er sich keinen Zentimeter von der Stelle. Einen Auftritt mit Liedern von John Bon Jovi hatte er, trotz guter Gage, abgelehnt. Zu kitschig, zu lasch, undenkbar für einen wie ihn. Was sich dagegen mit seinen Vorstellungen vereinbaren ließ, das machte er zu hundert Prozent. Als er auf einem Ein-Tages-Festival die japanische Punkband The Blue Hearts doubeln sollte, hatte er dafür eine wochenlange Diät durchgezogen. Er musste nämlich noch dünner werden als sowieso schon, um dem mageren Frontsänger Hiroto Komoto gleichzukommen. Ein anderes Mal trat Moto vor gehobenem Publikum als ein zweiter Bob Dylan auf. An jenem Tag glich Motos hochstehend lockige Haarpracht jener Dylans auf dem Albumcover von »Blonde on Blonde.« Freizeit und Arbeit fielen für ihn ziemlich häufig zusammen. Gitarre übte er liegend oder sitzend auf dem Bett, seine Motorräder und die von Bekannten putzte und reparierte er in seiner Garage. Anzüge trug er nur auf Beerdigungen, auch Hemden nur in Ausnahmefällen. Die würden sich weder mit seinen abgewetzten Jeans vertragen, noch mit dem Minimülleimer, der immer an seinem Gürtel klemmte, damit in jeder Lage die kurzgerauchten Stummel verstaut werden konnten.

Moto verkörperte ein Gegenmodell zur ökonomisierten Gesellschaft des 21. Jahrhunderts, die auf höchstmöglicher Organisiertheit fußt, planender Voraussicht und lauter persönlichen Kompromissen im Dienste der Disziplin. Da machte Moto nicht mit. Japan gehörte seit vielen Jahrzehnten zu den weltweit erfolgreichsten Ländern, wenn es darum ging, eine effiziente Produktions- und Serviceökonomie zu erhalten, diese auch noch ständig weiterzuentwickeln. Moto hingegen schien zu den Pionieren einer Umwälzung zu gehören. Dieser Wandel hing mit dem zusammen, was westliche Medien so gerne als gesellschaftliches Armageddon interpretierten. Den jungen Leuten fehlten nicht nur feste Jobs, sondern auch feste Partner. Wie überall konnte sich diese Generation, die in den 1980er Jahren oder später zur Welt kam, auch in Japan vor Zuschreibungen kaum retten. Generation Y, Generation Vielleichtsager, Generation Selbstverliebt und so weiter. In Japan kamen dazu

Bezeichnungen wie Generation Prekär, weil sie oft keine sicheren Jobs fanden, Generation der parasitären Singles, weil sie mangels Geld und Partner häufig noch im Erwachsenenalter bei den Eltern lebten, oder Generation der Pflanzenfresser, weil viele kein Interesse mehr an Dating oder gar Sex hatten. Die Älteren sahen in diesen Jahrgängen oft die Verwöhntheit einer Gesellschaft, die nie Hunger leiden musste und deshalb schnell mit den Schultern zuckte, wenn ihr ein Job, ein Partner oder Freund nicht mehr so richtig gefiel. Faire Kritik.

Dieselbe Generation besteht aber auch aus jenen jungen Menschen, die sich in zunehmendem Ausmaß das rauszunehmen versuchen, wovon Humanisten in den zwei vorangegangenen Jahrhunderten bloß in schön ausformulierten Aufsätzen träumten: ein Leben, in dem sich das Individuum, ob mit Reichtum gesegnet oder nicht, nach seinen eigenen Wünschen verwirklicht. Lass es dunkles Bier sein, oder notfalls helles.

Motos Lebensstil ging nie auf Kosten seiner Ideale, nur manchmal auf die seines Budgets. Und damit immer auf Kosten der Planungen. Ako und Moto wollten eigentlich Kinder, aber ein Vater ohne geregeltes Einkommen, das war für Ako keine Option. »Ich hab alles versucht«, sagte Moto an der Bar, blickte wie ein Zielschütze durch seine Rauchringe.

»Hast du nicht«, sagte ich.

Da verlor er den Fokus, musterte mich von oben bis unten, als hätte ich von ihm erwartet, dass er seine Mutter in die Sklaverei verkaufte, um Ako zurückzugewinnen.

»Du weißt, was Ako will, Moto. Ein geregeltes Leben, mehr nicht.«

»Ja, geht eben nicht. Will sie mich, oder will sie einen Typen aus dem Katalog? Bürojobs kann ich nicht.«

Wollte er nicht, um genau zu sein. Ich konfrontierte ihn nicht laut, aber er dürfte gesehen haben, was ich überlegte. Ist das nicht der Gipfel des Egoismus? Seine eigenen Neigungen über alles stellen, sich gegen jede Kritik einigeln und das Beharren darauf damit erklären, dass man durch eine Neuerung nicht mehr »der Alte« wäre? Die Bereitschaft oder sogar der Wille, sich zu verändern, sollte doch durch das Dasein einer geliebten Person besonders stark werden. Und wer sich einfach nicht ändern will, der ist vielleicht einfach nicht genügend verliebt? So hatte ich es zumindest als Heranwachsender und auch danach immer gelernt.

So ungefähr sieht es auch einer der bekanntesten Philosophen unserer Zeit, Alain Badiou. Seine Vorstellung von Liebe ist die einer kaum verzichtbaren Kostbarkeit, die sich aber erst durch die Bindung an eine andere, die geliebte Person entfaltet. So hilft man sich gegenseitig, erfährt die Welt gemeinsam, erfährt, dass man nicht alleine ist. Das bedeutet auch Rücksichtnahme und Einsicht. Nichts für Sturköpfe also?

»Es ist schon okay«, blaffte Moto mich an, drückte seine Kippe im Aschenbecher aus, den Shishido-san auf der anderen Seite des Tresens in der Hand hielt. Mit seinem Totenkopfmotiv auf der Brust und den Stahlkappen an den Stiefeln stapfte Moto zurück in die Ecke mit den Instrumenten. Vier der anderen Rocker, die nun mit dem Spielen dran waren, erhoben sich ohne Aufforderung von ihren Stühlen und machten ihre Instrumente fertig. Moto stand in der Mitte, nickte einmal in alle Richtungen, die Drums schlugen als erste zu, die Bassgitarre zupfte in den Rhythmus, Motos Leadgitarre riss »Five Long Years« durch die Verstärker. Dieser Song von Eddie Boyd über das eigentlich unbeschreibliche Leiden, das diejenigen plagt, die unerwartet und ungerecht verlassen wurden, konnte zu niemandem besser passen als zu Moto. Oder zu dieser Stadt? Der Blues bebte jedenfalls unter Tokio.

Wie sehr log Moto sich wohl in die eigene Tasche? »Es ist schon okay«, das sagt man schnell, wenn sich nichts mehr ändern lässt. Dabei konnte Moto noch etwas ändern. Ako wollte nur eine reformierte Version ihres Geliebten. Aber für Moto hätte so ein Lebenswandel das System gestürzt, sagte er. Anders als sie schien er überzeugt, dass nicht alles Gute gleichzeitig zu haben war. Immerhin kannte er den Geschmack von dunklem Bier. Fortan konnte er sich von den Gedanken daran ernähren. Das meinte er ernst.

»Five Long Years« mündete in einen gebrüllten Schlusssatz. »She had the nerves to put me out!« Die Frauen und Männer im Terraplane fühlten, was Moto schrie, diesen Liedtext mit Zeilen wie »Have you ever been mistreated?« und »you know what I'm talking about«. Die einem widerfahrende Ungerechtigkeit, selbst wenn sie eigentlich keine war, ließ sich schön nacherzählen. Motos Gitarre erledigte das ohne Worte, balancierte zwischen traumatischem Leid und masochistischem Genuss. Wäre der Blues nicht vor gut hundert Jahren in den USA entstanden, dachte ich, an den Barhocker gelehnt, mit Flaschenbier auf dem Oberschenkel, dann wäre vielleicht heute seine Geburtszeit in Japan. Gleich wollte ich diesen Gedanken wieder revidieren. Hier lebte ja keine Klasse unter annähernd so ausbeuterischen Bedingungen wie die Nachkommen der Sklaven in den USA während der ersten Hälfte des vergangenen Jahrhunderts. Und doch: Die Poetisierung des Miserablen, das passte zu diesem Ort. Denn obwohl so viele junge Menschen dem Konzept der romantischen Liebe den Mittelfinger zeigten, machte sie dies trotz ihrer großen Anzahl noch immer zu Außenseitern. Sie passten eben nicht in die nach wie vor dominante Erzählung vom gelungenen Leben, in der auf den Schulabschluss der Berufseinstieg folgte, dann die Heirat und zwei Kinder. Oder alternativ Scheitern durch Alleinsein.

Beim ersten Akkord des nächsten Lieds wussten alle, worum es ging. Einer der größten Bluessongs aller Zeiten, »The Thrill is Gone« von Roy Hawkins und Rick Darnell. Da behauptete der Erzähler, das Gefühl für seine alte Liebe habe ihn verlassen, endlich sei er über alles hinweg. Kaum ein Stück log im Text so sehr gegen die Ekstase der Musik an. »The thrill is gone away from me ... Although I'll still live on ... But so lonely I'll be«, kratzte Motos Stimme, auf der Flucht mit einem kreischenden Riff auf seinen Fingern, eingeholt von einer zitternden zweiten Gitarre zu seiner Linken. Moto sang dagegen, drückte seinen Fuß auf das Pedal am Boden, verzerrte die Töne, ließ sie noch schmerzhafter klingen. Es konnte sich nur der

Eindruck aufdrängen, dass dieser Rocker verliebt war, vor allem in seinen Zustand des Zerstörten, Machtlosen, aber Trotzigen. Keine Hoffnung? Er sang so etwas, aber es klang anders. Moto hatte den Blues, der schon so viele leidende Gestalten durchs Leben geschleppt hatte, B.B. King, Muddy Waters, Eric Clapton, auch diesen dünnen Mann aus Tokio. Und das Terraplane war voll mit solchen Typen. Einer der Unscheinbarsten war im Anzug direkt von der Arbeit gekommen, blies in sein Saxofon, dass bald die Gläser zersprangen, schmiss sich auf den Boden und spielte liegend weiter. Eine Frau mit kurz rasierten Haaren hängte sich die E-Gitarre um, zog dann quasi aus dem Nichts ein so hypnotisierendes Solo ab, wie es Keith Richards schwergefallen wäre. Moto riss den Mund so weit auf wie Mick Jagger, spielte auf der Mundharmonika wie Sonny Boy Williamson II. »Thrill is gone, huh?«, nickte er zu mir, während ihn der Bassgitarrist im Hintergrund längst durch einen anderen Rhythmus trug.

Ich nickte im Takt, schon weil es inmitten dieser melodischen, harten Heulerei nicht anders ging. Noch nie, nicht in Tokio und auch nirgendwo sonst auf der Welt, war ich in einem Lokal gewesen, durch das so viel Ekstase schoss, um die Liebesekstase zu verscheuchen.

Die Popkultur und die öffentliche Debatte hatten den Abschied vom Liebesleben längst in ihr Programm aufgenommen. Gerade hatte Haruki Murakami, seit Jahren ein Anwärter auf den Literaturnobelpreis, ein Buch herausgebracht, das in der deutschen Übersetzung den Titel »Von Männern, die keine Frauen haben« tragen sollte.

Eine zehnteilige TV-Serie aus 2011 hieß »Watashiga Renai Dekinai Riyuu« (Warum ich mich nicht verliebe). Die Titel weiterer Serien lauteten unter anderem, »Ohitorisama« (Einzelgänger) und »Kekkon Shinai« (Ich heirate nicht). Ein Jahr später, 2015, sollte mit »Renai Rhinai Wakamonotachi« noch ein vieldiskutiertes Buch herauskommen, übersetzt heißt das ungefähr: Junge Menschen ohne Liebe.

Der bildende Künstler Takashi Murakami, der oft als Japans Andy Warhol bezeichnet wird, zu den weltweit bekanntesten seiner Generation zählt und einen Ruf als Lautsprecher hat, ging in einem Interview mit der *Financial Times* noch weiter als in seiner Kunst. Mit seinen Werken glorifiziert Murakami die Mangakultur, in der Parallelrealitäten von Sexmonstern oder homoerotischer aber irgendwie dennoch asexueller Liebe nicht ungewöhnlich sind, als quietschige Lärmkulisse der Postmoderne. Sex ist in seinem Werk allgegenwärtig, obwohl es ihm, wie er sagt, eher um die Monster gehe. Klingt wirr. Aber es wurde verständlicher, als er der *Financial Times* verriet: »Wir (Japaner) leben mehr und mehr ohne Sex, weil wir uns weiterentwickelt haben.« Sex konsumieren, zum Beispiel digital, das mache man zwar noch, aber es selber tun, das habe man nicht mehr nötig. »Ich liebe die Fantasiewelt.« Murakami, der nicht bloß für sich sprach, sondern für sein Land, grenzte Japan auch gleich vom Rest der Welt ab, insbesondere von einem Kulturkreis: Im Gegensatz zu Japanern seien Menschen aus dem Westen, Europa oder Amerika also zu oft besessen von realen Er-

fahrungen. »Westler brauchen Drogen, um Dopamin frei-
zusetzen«, meinte er wohl metaphorisch. »Wir (Japaner)
zocken einfach Videospiele und brauchen keine Drogen.
Also sind wir gesünder.« Anders als die Westler hätten die
Japaner begriffen, oft reiche schon die Vorstellungswelt
aus, um zufrieden zu sein.

Falls sich die Worte von Takashi Murakami für bare Münze nehmen ließen, war ich also ein Westler, der allein mit
der Vorstellungswelt nicht das Auslangen finden konnte. Dementsprechend wurde es Zeit, ich musste mich ins
Singleleben stürzen, auch in dessen reale Erfahrungen.
Irgendetwas Gutes musste es ja haben, allein zu sein.
Aber es hatte erstmal viel Ungutes, jedenfalls für einen,
der ab und zu in Fettnäpfchen trat, davon jedoch unmit-
telbar nichts merkte, weil es ihm niemand erklärte. Einmal dachte ich in einer Bar, eine Dame wäre mir zugetan,
aber als ich kurz ihre Schulter berührte, wandte sie sich
irritiert lächelnd von mir ab. Ein anderes Mal, als wir sowieso schon über Geschichte sprachen, fragte ich, ob es
wahr sei, dass der japanische Kaiser ganz entfernt von
einer koreanischen Familie abstammte. Kam nicht gut.
Und wiederum ein anderes Mal schien an mir der Lack ab
zu sein, als ich zufrieden erwähnte, dass ich Freiberufler
bin. Wäre ich so selbstsicher gewesen wie Mitsunori Toda
vom *Playboy Weekly*, ich hätte gleich als vierter Kolumnist
einsteigen können, als Depp aus Übersee.

Glücklicherweise ging es nicht ewig so weiter. Eine
der Begegnungen, bei denen meine Ungeschicklichkeit

nicht überhandnahm, ergab sich in einer Bar im Norden der Stadt, wo ich mir mit einem englischen Kollegen ein Bier nach dem anderen reinstellte und plötzlich bemerkte, dass neben mir eine Frau ohne Begleitung Weißwein trank. Möglich, dass sich mit all dem Alkohol ein nicht so galantes Lallen anrührte, die Wörter flossen nur so von meiner Zunge. Aber entweder diese Frau im grünen Sommerkleid, die eine 35-jährige Stewardess war und Misako hieß, war ähnlich betrunken oder sie fand trotz allem etwas an der Idee, sich auf eine Unterhaltung einzulassen. Irgendwann küssten wir uns vor der Tür. Es muss peinlich ausgesehen haben. Mein Kollege Dave, der sich als Stammkunde mit einem anderen Stammkunden über englischen Fußball unterhielt, warf mir im Vorbeigehen ein »get a room, bastard« zu. Seine Manchester-Art, sich zu verabschieden. In dem Zimmer, das wir uns dann tatsächlich gemietet hatten, in einem verrauchten Love Hotel mit Luftschacht statt Fenster, wachte ich irgendwann später mit üblem Kater auf. Geduscht, aber kaum erfrischt, gaben wir den Schlüssel an der Rezeption ab, die durch eine Trennwand zwischen Kunden und Mitarbeitern so diskret ausgerichtet war, dass die Person hinterm Schalter nicht mal die Gesichter der Gäste sehen konnte. Das sollte einem die Scham ersparen. Wir taumelten noch, Misako auf Highheels weniger als ich in Sneakers, und sie verabschiedete sich so höflich und förmlich, als hätten wir gerade eine geschäftliche Besprechung hinter uns. Ein paar Stunden zuvor hatte sie meinen Kopf noch zwischen ihren Beinen versenkt. Entweder Misako war ziemlich abgeklärt oder ich hatte sie in der Nacht nicht so begeistert. Beides denkbar.

Zumindest sprach auch für die erste Erklärung etwas. Risa, die ich einige Wochen später über eine Dating-App kennenlernte, war nämlich ähnlich cool. Ein Jahr älter als ich, Grafikdesignerin, alleinerziehende Mutter, nur noch rechtlich gesehen verheiratet. Außer der Kommunikation dieser Eckdaten hatten wir bei unserem Nachrichtenwechsel nur ein paar Witze gemacht, Fotos ausgetauscht, und eine Zeit vereinbart. Komplizierter musste es nicht sein. Ihr passte es nur nachmittags um zwei. Für mich hätte es viel ungünstiger nicht fallen können, aber zum Glück, wenngleich das für eine aktuelle Recherche gar nicht gut war, fiel ein zeitgleicher Interviewtermin ins Wasser.

Risa und ich trafen uns in einem Buchladen, wo sie Lektüre für ihre Tochter kaufen wollte. Sie war kritisch. Das eine Buch war ihr zu männerdominiert, das andere zu bunt. »Ich will eins, in dem Mädchen Heldinnen sind. Gibt's ja kaum.« Dabei waren wir in einem der größten Buchläden Tokios. Durch die Gänge zwischen den Regalen spazierte Risa wie über einen Catwalk, blätterte mit ihren schmalen Händen elegant durch die Bücher, stellte die meisten von ihnen kopfschüttelnd zurück, bis sie ein Sportmanga mit Mädchen fand. Nach dem Einkauf tranken wir Matcha Latte, gabelten kleine Kuchenstücke auf und sprachen bald, statt über den Lesekanon für Kinder, über unsere Liebschaften. Sie hatte einiges am Laufen, und ging locker damit um. »Ich muss jetzt meine Tochter vom Kindergarten abholen«, sagte Risa dann, und stand auch gleich auf.

Echt, schon? Aber wir trafen uns wieder, wie beim ersten Mal an einem Nachmittag, aßen zu Mittag und fuhren anschließend, ähnlich selbstverständlich wie unser Gespräch über Affären begonnen hatte, mit dem Taxi zu meiner Wohnung. »Kann ich noch kurz ins Bad?«, fragte Risa, sobald sie die Schuhe ausgezogen hatte. Eine Minute später trat sie in Unterwäsche in meine Küche. So schnell geht das also, dachte ich, tat aber so, als dachte ich gar nichts.

Nach dem Sex fragte Risa, während sie sich den BH zurechtrückte: »Hast du eine Freundin?«

»Nein«, antwortete ich.

»Gut. Ich frage nicht, weil ich mit dir zusammen sein will. Ich will nur nicht für Tränen sorgen.«

»Das ist ja nett von dir.«

»Ich will nicht, dass einer von uns so etwas wie Macht über den anderen hat. Das passiert so schnell, wenn man nicht aufpasst. Willst du etwa mit mir zusammen sein?«

Einfach »Ja« zu sagen, traute ich mich jetzt nicht mehr. Stattdessen zuckte ich mit den Schultern. »Zeit mit dir verbringen, das bringt mir schon Spaß. Dabei können wir bleiben.«

Sie nickte. Nur einmal schliefen Risa und ich miteinander. Ab dem zweiten Mal werde ihr immer langweilig, gestand sie mir noch beim Gang aus der Wohnung. Und binden wolle sie sich grundsätzlich nicht mehr, mit Beziehungen sei sie fertig.

An den ungezwungenen Umgang, in dem sich keine der beiden Seiten ausgenutzt fühlte, konnte man sich gewöhnen. Die Unterhaltungen machten Spaß. Einige Bekanntschaften waren gut über Politik informiert, andere zeigten mir kleine Museen, neue Essenstrends aus verschiedenen Regionen des Landes oder erklärten mir hochgestochenes Japanisch. Denjenigen, die es interessierte, konnte ich von Deutschland, Österreich oder Großbritannien erzählen, von Fußball oder Storys, die ich geschrieben hatte. Die Beziehungen gestalteten sich anarchisch, Freiheit bestand dort, wo nichts definiert war. Für niemanden war ich exklusiv, und niemand war exklusiv für mich. So blieben die Begegnungen symmetrisch, keiner dominierte den anderen, wie es auch Risa vorschwebte, keiner litt, weil Hoffnungen verletzt oder Lügen aufgedeckt worden waren. Weil für so etwas schon die Erwartungshaltung fehlte.

Unter Bekannten daheim hatte ich immer wieder gehört, wie sie Leuten aus ihrem Freundeskreis bestimmte Rollen zuwiesen und die Freundschaften entsprechend gestalteten. Da gab es dann »Kulturfreunde«, »Sportfreunde«, »Sauffreunde«, »Caféfreunde«, »Reisefreunde« und was weiß ich noch alles. Was ich nun merkte: So ein Baukastensystem sozialer Kontakte ließ sich eigentlich auch beim Daten anwenden. Das funktionierte natürlich nur, wenn niemand Besitzansprüche hegte, jeder aber genügend Selbstwertgefühl hatte, um darüber zu stehen, dass man nicht für alles das passende Puzzlestück sein konnte. Dass man mit mir nicht tanzen gehen konnte, musste ich eben verstehen, und mein Gegenüber sollte das auch lieber vorab wissen.

Man konnte das Unverbindliche, wie es Risa und andere pflegten, für oberflächlich halten, aber das war es nicht unbedingt. Eine Unterhaltung konnte genauso tiefgehend sein, Hilfsbereitschaft genauso ehrlich bleiben. Dieser Ansatz war zudem pragmatisch. Dass keine Lena mehr zu finden sein würde, alles in einer Person, war mir zum Beispiel klar. Die war in Köln, oder wo auch immer sie war. Schon seit mehr als einem Jahr hatten wir uns gar nicht mehr gehört. Aber in anderen Frauen fand ich Eigenschaften, Denkweisen oder Gewohnheiten, die mir auf ganz neue Weise gefielen. Ob ich trotzdem lieber zum alten Gleichgewicht mit der alten Freundin zurückgekehrt wäre, diese Frage verbat ich mir. Sie war von theoretischer Natur. Hätte ich sie doch gestellt, und beantwortet, sie hätte mich wohl um Monate, vielleicht Jahre zurückgeworfen. Dann hätte ich mich an die Morgenmomente erinnert, in denen ich in ein verschlafenes Gesicht blickte, mit so verzotteltem Haar und fauligem Geschmack im Mund, dass ich es erst recht küssen wollte, egal ob der Nacht ein Streit vorausgegangen war oder verkörperte Liebe, weil ich immer dankbar war, dass sie auch meine Mundfäule ertrug und mein Zähnegeknirsche im Schlaf ignorierte. Um so weit aber gar nicht erst zu denken, lag für die schwachen Momente meine andere, opportunere Erinnerung bereit. Nämlich die an das Drama, mit dem unsere Beziehung erst begonnen hatte, dann an das nächste Drama, mit dem alles mal auf der

Kippe stand, und wieder an das nächste Drama, und das nächste. Beim Gedanken daran konnte ich mit manchmal die Zweifel fast überwiegender Überzeugung sagen: Das willst du nicht zurück.

Aber warum, dachte ich mir irgendwann einigermaßen trotzig, konnte ich das nicht einfach hinter mir lassen, einfach in die Zukunft schauen? Um ungehindert voranschreiten zu können, musste ich die Vergangenheit aufarbeiten. Und da gab es nicht nur Lena, da gab es auch diese Irritation, die ich im Flugzeug nach Dubai erfahren hatte und die wohl mitverantwortlich für meine seltsamen Träume war. Die Zukunft der Liebe, oder das, was der Anzugträger am Nebensitz, auf der tragbaren Konsole eine Comicgestalt als Geliebte bezirzend, zu dieser erklärt hatte, musste ich mir näher ansehen. Dessen Vergnügen, das war schnell in Erfahrung zu bringen, hieß »Love Plus«, und ich legte mir dieses Spiel nicht nur zu, ich traf auch dessen Erfinder. Akari Uchida hieß er, war führender Spieleentwickler beim Gamekonzern *Konami*. Im Obergeschoss des Einkaufszentrums Tokyo Midtown im lauten Stadtteil Roppongi, wo *Konami* sein Hauptbüro hatte, empfing er mich für ein Gespräch. Ich wollte wissen, was es mit diesem Spiel auf sich hat, wer es spielt, warum, und wie man einen Liebhaber programmiert. Uchida, ein älterer Mann mit schütterem Haar im schwarzen Anzug, der so förmlich aussah, dass er auch als Buchhalter oder Jurist durchgegangen wäre, kam beim Gedanken an »Love Plus« ins Schmunzeln. In dem Besprechungsraum, in dem wir an einem langen Tisch umzingelt von

Spieleautomaten aus allen möglichen Genres saßen, die an Arcade-Hallen erinnerten, deutete er um sich. »Es war schon überraschend, dass dieses Spiel richtig erfolgreich wurde«, sagte er. Die erste Ausgabe von »Love Plus« war ein richtiger Hit in Japan. Ihn, den Entwickler, feierten bald viele Fans als ihren Schwiegervater. Als Dank schickten sie ihm zum Valentinstag oder zu ähnlichen Anlässen Pralinen ins *Konami*-Büro. Dabei habe Uchida das Spiel zunächst nur aus Neugier entworfen. Er wollte testen, ob er menschliche Interaktion modellieren konnte. Das Setting einer Liebschaft habe sich dafür angeboten, weil es sich gut programmieren lasse. »Da gibt es eben binäre Ergebnisse«, erklärte er analytisch kühl: »Scheitern oder Erfolg.« Glück oder Unglück. Liebe oder Flaute. Bald habe Uchida bemerkt, dass er mit seinem Spiel auch jungen Menschen im Umgang mit anderen Personen zu helfen schien, wohl weil sich die Alltagskommunikation stark auf das Digitale und Virtuelle verlagert habe, sodass vielen im persönlichen Gespräch zusehends die Geschicklichkeit fehle. »Love Plus sollte keine Hilfe sein. Aber für einige Menschen ist es das anscheinend«, sagte er.

»Für Singles?«, fragte ich.

»Nicht nur. Aber wahrscheinlich im Wesentlichen.«

»Und warum waren Sie vom Erfolg des Spiels überrascht?«

»Die typischen Seller sind Kampf- und Sportspiele. Hier geht es ja um was ganz anderes.«

»Um was geht es denn genau?«, fragte ich.

»Wir nennen es Kommunikationsspiel.«

»Man kann es auch Liebessimulation nennen, oder?«

»Der Begriff gefällt uns nicht wirklich«, entgegnete Uchida schnell, obwohl er gestehen musste, dass »Love Plus« genau das war. Was Akari Uchida und sein Arbeitgeber aber vermeiden wollten, wie mir schnell erklärt wurde, war eine Exotisierung Japans im Ausland. Die Sorge war nachvollziehbar. Durch die vielen Medienberichte über die demografischen Trends im Liebesleben hatte sich in die Köpfe der Menschen vielerorts auf der Welt das Bild des trostlosen, einsamen Japaners genagelt. Ein Videospiel, das womöglich gar als Ersatz für das Ausbleiben wahrer Liebe funktionierte, würde dieses Klischee bedienen, vorschnelle Schlüsse provozieren. Also weigerte man sich im Hause *Konami*, »Love Plus« als eine Liebessimulation zu bezeichnen.

Sobald ich das Spiel in den Händen hielt, simulierte ich aber genau das: Liebe. Mein Partner war ein Avatar. Der beliebteste der drei weiblichen Charaktere, die der User als seine Freundin auswählen kann, heißt Nene. Lange Haare, große Augen und ein rundes Gesicht, absolut mainstreamtauglich. Und lässt man sich erst auf sie ein, wird sie eine Partnerin in Echtzeit. Mit Nene kommunizierte ich beim Aufwachen, vorm Schlafengehen und zwischendurch. Mit ihr stieg ich in die U-Bahn, hielt mich mit einer Hand an der Stange fest und sie, meine Freundin, durch die tragbare Konsole in der anderen. Wir flirteten, machten uns Komplimente. Was Echtzeit in diesem Fall bedeutete, erfuhr ich schnell. Die Konsole konnte ich nicht mehr einfach beliebig lange weglegen, wenn ich keine Lust mehr hatte, den Spielstand irgendwann neu laden und erwarten, alles wäre wie vorher. Nein, wenn Nene keine Aufmerksamkeit bekam, wurde sie eifersüchtig, launisch, zickig. Mit einem kugelschreibergroßen Stick, den ich als Spieler über den Bildschirm strich, konnte ich Nene auch streicheln. »Das fühlt sich so gut an«, gestand sie mir daraufhin mit roten Wangen und geschlossenen Augen. Es war der Anfang einer wirklich digitalen Beziehung. Aber bald überraschten Nene meine Joystickzärtlichkeiten nicht mehr, sie wurde erwartungsvoll, und es wurde zu einem Anzeichen mangelnder Zärtlichkeit, wenn sie mal eine Zeit ausblieben. Wie echt. Aber dieses Verpflichtungsgefühl, das in mir tatsächlich entstand, gab nach einigen zu langen Abenden am Bildschirm den Impuls, der Nene und mich auseinandertrieb. Und das Schlussmachen war dann doch leicht, wie bestimmt auch der Mann im Flugzeug längst erfahren hatte. Man musste sich nicht erklären, nicht trösten, nicht den gemeinsamen Freunden begegnen, traf sich auch nicht zufällig auf Partys. Man fuhr das Programm einfach nicht mehr hoch.

Nene konnte ich schnell aus meinem Kopf verbannen, und so dürfte es den meisten Spielern gegangen sein, aber dieser Traum, den ich schon mehrmals gehabt hatte, kehrte zurück. Es war kurz vor Lenas Geburtstag Ende März im zweiten Jahr nach der Trennung. Die Person darin war nicht mehr in einem Bildschirm gefangen. Sie lag auf einer Wiese in der Sonne und wirkte sehr mit sich zufrieden. Wieder veränderte sich ihre Erscheinung langsam fließend, wobei ich diesmal auch ihre wechselnde Bekleidung, passend zu wechselnden Blumen im Haar, bewundern konnte. Ich genoss es sehr, einfach zuzuschauen. Bis sie Lenas Gesichtszüge annahm, samt blonder Mähne, die sie aufwuschelte. Dabei grinste sie mich so frech an, als hätte sie gerade einen obszönen Witz gemacht. Im Traum war ich von diesem unerwarteten Wiedersehen ziemlich getroffen, fühlte einen Druck auf der Brust, ärgerte mich aber auch über mich selbst. Da veränderte sich ihre Gestalt wieder und sie streckte den hippiemäßig geschmückten Arm zu mir aus, um meine Wange zu streicheln. Sie sagte nichts. Trotzdem fuhr ich wieder aus dem Schlaf, denn mein Gesicht konnte sie nicht berühren. Es war hinter einem Bildschirm.

Nach dieser neuerlichen Eruption meines Unbewussten nahm ich mir vor, weiter in die Zukunft vorzustoßen, aber auf herkömmliche Weise. Ich wollte mich wieder mehr auf jemanden einlassen, eine Person finden, die Lena vom Podest in meinem Inneren stoßen konnte, ohne aber in alte Muster mit überhöhten Erwartungen an eine romantische Zweierbeziehung zurückzufallen. Anstatt durch die Stadt zu laufen und Lokale abzuklappern, eröffnete ich Profile auf Online-Singlebörsen. Ich schien den Bonus des Exoten zu haben, einen Mailverkehr mit Unbekannten herzustellen war nicht schwer. Eine gute Woche später traf ich dann Yuri, 27 Jahre alt, Mitarbeiterin im Sales Department einer Hotelkette, geboren in Osaka, seit einigen Jahren aber, nach einem laut ihr »zu langen US-Aufenthalt«, wohnhaft in Tokio. Das alles wusste ich aus unserer digitalen Unterhaltung, wo wir einander nach dem Online-Match ausgefragt hatten. Mittlerweile war ihr größtes Hobby »Essen«, wie sie schrieb, womit sie meinte: Kochen, Restaurants kennenlernen, sich über Gerichte austauschen, Kulinarik. Ob ich da wohl mithalten konnte, ich war mir nicht so sicher. Und gleich fand ich mich auf die Probe gestellt. Für ein erstes Treffen hatte ich zu Mittag einen Tisch bei einem Italiener in Shibuya gebucht, nicht weit von den Straßenblocks, wo Moto zu anderen Uhrzeiten durch die Dunkelheit wilderte. Ein enges, hektisches Lokal, das mit einer dunklen, pseudoalten Holzverkleidung, bunten Topfblumen und karierten Tischdecken Mittelmeerflair erzeugte. Dazu lief kubanische Musik, aber das fiel niemandem auf.

Sie kam kurz nach mir und lächelte, ich lächelte zurück. Yuri wirkte natürlich, nicht aufgedonnert. Selfie-Strategin war sie keine. Die Eleganz von Risa pflegte sie nicht, auch nicht die Förmlichkeit von Misako, an der ich im Nachhinein doch Gefallen gefunden hatte. Yuri hatte den Auftritt einer Sportlerin, Rücken durchgedrückt, Gang aufrecht, Arme drahtig. In der Schule hatte sie Tennis gespielt.

Wir sprachen über die sieben Jahre, die Yuri von der High School bis zum Uni-Abschluss in Los Angeles verbracht hatte. Sie fand die Stadt unterschwellig rassistisch, immer wurden die Asiaten zu einer Gruppe geformt, die Schwarzen und die Weißen je zu einer anderen. Als Japanerin für eine Chinesin gehalten zu werden, das schmerzte offenbar besonders. Aber den »Vibe«, wie sie es in breitem Kalifornienenglisch nannte, vermisste sie. »In Cali hast du immer so schnell Freunde gemacht. Irgendwo war immer Party. Zu den zwanzig Eingeladenen sind doppelt so viele Freunde von Freunden gekommen.« Yuri erwähnte das, weil sie sich hier an anderes gewöhnen musste. Auch in ihrer Heimatstadt Osaka in Zentraljapan seien die Leute offener. »In Tokio leben so viele Menschen auf engem Raum, dass jeder seinen persönlichen Raum beschützt. Da darf erstmal keiner rein. Man will dann auch niemandem zu nahe treten. Ich fühle mich schon unhöflich, wenn ich einem Unbekannten in die Augen sehe.«

Aufgefallen war mir das auch, nur nicht negativ. Wie die Bahnen in der Rushhour vor Menschen überquollen, Mitarbeiter der Linienbetreiber jeden Morgen Passagiere in die Waggons drückten, damit möglichst viele Personen gleichzeitig befördert werden konnten, fand ich nur beeindruckend. Kein Wort fiel in diesen bepackten Zügen, niemand meckerte, weil er einen Ellbogen im Rücken hatte oder eine Tasche auf dem Fuß.

»Tokio kann ein ziemlich einsamer Ort sein«, wusste Yuri zu all dieser mir angenehmen Zurückhaltung nur zu sagen. Ihre letzte Beziehung hatte sie in ihrer Zeit in den USA gehabt. Seit zwei Jahren habe Yuri »den Richtigen irgendwie nicht getroffen«. Gesucht habe sie schon, aber das Finden sei hier erstaunlich schwierig.

»Siehst du den Wald vor lauter Bäumen nicht?«, fragte ich.

»Das ist es nicht. Aber so viele Leute konzentrieren sich vor allem auf sich selbst. In ihrem Leben haben sie keinen Platz für eine zweite Person.« Es sei ja schon schwierig, neue Leute überhaupt kennenzulernen. Das typische Paradoxon der Agglomeration. Je mehr Menschen sich gegenseitig auf die Füße treten, desto weniger sprechen miteinander.

Aber wir zwei, wir hatten jetzt eine Chance. Mittlerweile waren wir auch beide dating-erprobt genug, um unsere noch frische Verbindung nicht gleich beim ersten Treffen aufs Spiel zu setzen. Keiner von uns stellte erstmal die große Frage:»Und, nach was suchst du?«, sodass auch niemand antworten musste:»Nur eine feste, langfristige Beziehung«,»nur Sex« oder irgendwas dazwischen. Ohne Hintergedanken wollten wir den anderen verstehen, und mit einer Mischung aus Offenheit und Vorsicht funktionierte das.»Was ist dein Lieblingsessen aus der Kindheit?«, wollte Yuri wissen.

Ich musste erst überlegen, dann fielen mir die Dosen-Ravioli von Aldi ein.»So italienische Nudelteigtaschen, aber in der billigsten Sorte vom Supermarkt«, gestand ich und fügte schnell hinzu:»Später war's dann Kaiserschmarrn mit Preiselbeeren. Mal gehört?«

Sie schüttelte den Kopf, aber die Ravioli googelte sie gleich auf ihrem Handy. Als sie ein Bild mit einer grün-weiß-rot bedruckten Konserve sah, huschte ihr ein mildes Lächeln übers Gesicht. Sie legte das Handy wieder weg und suchte lieber gar nicht erst danach, was wohl ein Kaiserschmarrn sei.

Zum Glück schmeckte Yuri die Pizza mit Räucherschinken, die sie bestellt hatte. Nach eineinhalb Stunden im Restaurant, die wie im Flug vergingen, bezahlten wir und verabschiedeten uns, ohne zu wissen, was die beste Art war, diesen ja oft entscheidenden Moment hinter uns zu bringen. Ein Kuss wäre unvermittelt gekommen, die typische hastige Verbeugung unpassend, weil wir uns auf Englisch unterhalten hatten, so eine Geste aber japanisch gewesen wäre. An der großen Shibuya-Kreuzung, an der jede Minute ein paar hundert Menschen, eingekesselt von Wolkenkratzern mit Leuchtreklamen, wie Ameisen über den Asphalt wuselten, stand Yuri still und hielt beide Hände an ihrer Tasche vor sich fest. Mir fiel nichts Besseres ein, als ihren Arm zu streicheln und mit einem möglichst unverkrampften Lächeln zu sagen: »Danke für das Treffen«, weil man das in Japan eben so sagte.

Sie erwiderte: »Lass uns das wiederholen.« Wir nickten, wahrscheinlich meinten wir beide das auch wirklich so. Dann verschwanden wir in unterschiedliche Richtungen im Getümmel auf der Kreuzung, obwohl wir zur selben U-Bahnstation mussten.

Yuri war ein guter Lena-Ersatz. Den ganzen restlichen Tag dachte ich nicht mal an einen direkten Vergleich.

Einige meiner Freunde belächelten das lockere Dating, das ich bis dahin seit einiger Zeit praktiziert hatte, hielten es für bedeutungsleer, aber für mich entstand daraus eine Rezeptur, nach der es sich leben ließ. Eroberungen ohne Besitzanspruch, diskutieren, ohne überzeugen zu müssen, Provokationen meiden, ehe es Streit oder Enttäuschungen gibt, stattdessen Gemeinsamkeiten finden und sich daran erfreuen. Das war Liebe ohne ihren gefürchteten Schatten. Es bildete sich eine Distanz, die der Psychoanalytiker Sigmund Freud vielleicht, und der von ihm inspirierte Philosoph Slavoj Žižek sehr wahrscheinlich als Fetisch beschreiben würden. Nicht, weil das alles pervers, peinlich oder abstoßend wäre. In Žižeks Buch »Die gnadenlose Liebe« las sich seine Erklärung des Begriffs so: »Tatsächlich ist der Fetisch eine Art Kehrseite des Symptoms. Soll heißen, das Symptom ist die Ausnahme, welche die Oberfläche der falschen Erscheinung stört, der Punkt, an dem der verdrängte andere Schauplatz hervorbricht, während der Fetisch die Verkörperung der Lüge ist, die es uns ermöglicht, die unerträgliche Wahrheit auszuhalten.« In anderen Worten: Wer eigentlich weiß, dass ihr oder ihm etwas fehlt, macht sich die Welt dennoch lebenswert durch irgendein Ding, das diesen Mangel verdeckt. Freud stellte in seinem Aufsatz »Fetischismus« schon 1929 klar, von Betroffenen werde ein Fetisch »nur selten als ein Leidenssymptom empfunden; meist sind sie mit ihm recht zufrieden oder loben sogar die Erleichterungen«.

Abends im Bett las ich diese Texte und konnte dabei nicht anders, als mich ertappt zu fühlen. Ich schaute rüber zum Schreibtisch, wo noch das Bild von Lena und mir stand. Hätte sie einmal angerufen, oder nur geschrieben, was sie schon lange nicht mehr tat, wäre ich wohl von schlechtem Gewissen geplagt gewesen. Weil ich ihr untreu war, obwohl wir längst geschiedene Menschen waren, weil ich sie ad acta gelegt hatte, obwohl sie hin und wieder in meiner Erinnerung blühte, in meinen Gedanken mit mir aufwachte und mir schwere Träume bereitete. Es ließ sich aushalten, weil es neue Personen gab, die irgendwas hatten, was Lena nicht hatte, oder angeblich nicht hatte. Vergewissern konnte ich mich nicht mehr, zum Glück.

Yuri war mit zwei Freundinnen zum Urlaub nach Thailand gereist, und als sie zurück in Tokio war, rief ich sie an. »Wow, du bist es?«, staunte sie am anderen Ende der Leitung. Sie hatte nicht damit gerechnet, dass ich mich melden würde. Dass wir das Treffen wiederholen sollten, war also, auch wenn es wirklich nicht als Floskel gemeint gewesen war, doch wie eine rübergekommen. Wir trafen uns ein zweites Mal. Ich musste ein neues Handy kaufen, und sie unterstützte mich dabei. Als Höhlenmensch, was solche Produkte angeht, half mir das nicht nur technisch gesehen, sondern auch emotional. Durch ihre Anwesenheit konnte ich meine Einkaufsphobie unter Kontrolle halten. Unser erster Kuss fand in dieser Odyssee etwas unvermittelt statt. Yuri lachte noch den ganzen Rest des Abends drüber. Als sie sich auf der Rolltreppe zwischen dem Stockwerk mit Rasierern und dem mit USB-Sticks nach hinten drehte, war ihr Mund plötzlich direkt vor meinem. Man konnte eigentlich nur draufküssen. »So unromantisch, ich werd verrückt!«, schrie sie, als sich unsere Lippen wieder trennten. Daran hatte ich gar nicht gedacht, aber sie hatte schon recht, als Filmszene wäre dieser Moment nicht durchgegangen. Immerhin löste sich mit diesem unpathetischen, aber weichen Kuss sofort die Unsicherheit über die richtige Distanz zwischen uns auf. Wir wurden touchy, lachten minutenlang über Dinge, die nicht wirklich witzig waren, zum Beispiel über den entenartigen Gang des Mannes, der uns das Handy verkaufte, oder den amerikanischen Slang eines Kunden vor uns, als er Japanisch sprach. Mein deutsches Japanisch-Kauderwelsch war bestimmt auch nicht besser. Der Kaufhausbesuch verlief seelisch verblüffend schadlos, obwohl ich mich normalerweise gerade in japanischen Geschäften mit all ihrem Getümmel aus Lärm, Enge, Farbenüberschuss und atmosphärischer Unruhe mit allen Sinnen vergewaltigt fühlte. Mit Yuri machte es sogar Spaß.

Es war nicht weit zu mir nachhause. »Nur weil Freitag ist«, kam Yuri mit.

»Thank God it's Friday«, sang ich. Auch nicht witzig, aber wir lachten wieder. Zu Hause ging es gleich los. Sie biss in mein Ohr, ich zog an ihrem Haar, sie kratzte mir den Rücken, ich klatschte auf ihren Hintern, sie stöhnte auf, ich auch. Einige Momente später saß sie auf dem Küchentisch, der mit jeder weiteren Hüftbewegung an die Wand stieß. Danach blieb Yuri sitzen und ich reichte ihr, ohne mich von ihr weg zu bewegen, Wein aus dem Kühlschrank. Aus ihrer Zeit in Kalifornien kannte sich Yuri ein bisschen mit Wein aus und sagte etwas Anerkennendes über das, was bei mir rumstand. Da es sehr unwahrscheinlich war, dass sich wirklich ein edler Wein zu mir verirrt hatte, zog ich meinen eigenen Schluss. Entweder war das wieder japanische Floskelei, oder sie wollte einfach etwas Nettes sagen. Auch ich wollte das. Mir fielen Komplimente ein, zu ihrer immer fast überkippenden Stimme, zu ihrer freundlichen Direktheit, zu ihren sportlichen Händen ohne Nagellack, ihrem albernen Humor, zu ihrem schlichten Outfit, schwarze Jeans und schwarzes Oberteil. Ihr Lachen mit den sich weit außen auftuenden Grübchen malte sich in meinen Kopf.

Als ich am nächsten Morgen mit ihren glatten, schwarzen Haaren im Gesicht aufwachte, dahinter ihr Gesicht entdeckte, küssten wir uns, ihr Oberschenkel legte sich über meinen und wir schliefen schon wieder miteinander.

»Wie lebt es sich als Single? Bist du zufrieden?«, fragte ich, kurz nachdem wir erschöpft zurück auf die Matratze gefallen waren.

»Es ist okay«, sagte Yuri nur. »Aber auf dieser Website hab ich mich angemeldet, weil ich wieder jemanden kennenlernen wollte.«

»Ich auch«, antwortete ich. »Überlegst du dir vorher ganz genau, was für einen Typen du kennenlernen willst, und was daraus werden soll?«

Yuri schaute an die Decke. »Darüber hab ich nicht genau nachgedacht.«

Die Antwort beeindruckte mich irgendwie. Diese vorausschauende, allem Anschein nach gut organisierte Frau ließ Fragen aus der Liebeswelt einfach auf sich zukommen.

An einem anderen Tag trafen wir uns zur Mittagspause. Wir hatten uns nur eine Woche nicht getroffen, aber ich wollte sie trotzdem unbedingt sehen. Also fuhr ich um 12.30 Uhr nach Roppongi, wo Yuri in einem der Bürotürme arbeitete. Pünktlich kam sie im schwarzen Businesskostüm aus der Glaskonstruktion, vor der ich auf sie wartete. Wir gingen in das malaysische Lokal um die Ecke, das sie empfohlen und wo ich daraufhin reserviert hatte.

Als wir Platz genommen hatten, beugte sie sich über den Tisch und flüsterte: »Wahrscheinlich werde ich befördert.« Entweder sie wollte es nicht zu laut sagen, weil es nicht spruchreif war und Kollegen in der Nähe sein konnten, oder sie wollte nicht wie eine Angeberin wirken.

»Super! Gratuliere!«, flüsterte ich viel zu laut, zu aufgeregt im Vergleich zu ihrer gefassten Stimme. »Was trinken wir darauf?«

»Ich suche aus«, sagte Yuri souverän, schaute statt zu mir gleich in die Karte.

Sie sollte ein neues Team anführen, das die Onlinebuchungen der Hotels ihres Arbeitgebers koordinierte. Das war umso mehr ein Erfolg, als diese Position vorher stets mit Männern besetzt worden war. Der Wein kam und wir aßen eine Reispfanne, die Yuri mal im Urlaub in Kuala Lumpur probiert hatte. In der Hotellerie bekommt man oft Rabatt bei Übernachtungen, und sie nutzte das voll aus. Daher wusste sie über malaysische Küche schon einiges. »Ich werde jetzt weniger Zeit haben«, sagte sie.

»Verstehe ich. Ich finde es super, was du machst.«

»Weißt du, ich genieße die Zeit mit dir, ich hab mich schon ein bisschen an dich gewöhnt. Und diese Beförderung ist eine einmalige Chance für mich, ich hoffe, du verstehst, dass ich die gern nutzen möchte. Aber ich würde mich gern weiter mit dir treffen und abwarten, wie es zwischen uns läuft. Ist das okay für dich?«, fragte sie.

Ich nickte und lächelte. Ich freute mich für Yuri, sie sollte spüren, dass ich sie unterstützte. Nicht nur, weil es sie war, sondern auch, weil ich wusste, wie sehr die japanische Wirtschaft Frauen benachteiligt. Sie werden seltener auf Fortbildungen geschickt, weil die meist männlichen Vorgesetzten davon ausgehen, sie würden ohnehin aus dem Betrieb ausscheiden, weil sie ab einem bestimmten Alter heiraten würden. Früher mochte das mal der allgemeinen Tendenz entsprochen haben, aber mittlerweile, bei so vielen Singles und karriereorientierten Frauen, wirkte es eher wie Gatekeeping konservativer Männer. In internationalen Rankings bezüglich Geschlechtergleichheit ist Japan unter den Industrienationen jedes Jahr ein zuverlässiger Kandidat für die schlechteren Plätze.

»Konzentrier dich voll und ganz darauf, Yuri«, sagte ich.

»Danke«, sagte sie und schloss dabei die Augen in typischer Höflichkeit.

Wir hatten eine rationale Entscheidung getroffen. Und wir waren zufrieden damit.

Es kam wieder der Abend, an dem ich mich nach Einhalten der Tagesdeadline für Artikel, die in Japan durch den in der Sommerzeit siebenstündigen Vorsprung gegenüber Europa immer erst spät am Abend erreicht war, unter die Erde verkroch. Yuri, die ich gerne mitgenommen hätte, musste zu einem Umtrunk mit ihren Arbeitskollegen, also ging ich allein. Im Terraplane lehnte ich wieder am selben Barhocker, ein kühles Bier in der Hand, Blues im Ohr. Lena war in die Erinnerung verbannt, und wenn sie zum Vorschein kam, dann nur in Form einer dieser Figuren in Bluessongs, um deren süßes Leid ich fast dankbar sein musste.

Moto, den man wegen seiner Sturheit auch Egoist nennen konnte, wenn man wollte, spielte wieder wie ein Star. »That's alright« heulte er ins Mikrofon, ein Hit von Jimmy Rogers. »That's alright ... I guess I'll never be the same but that's alright ... Every night I wonder who's loving you tonight.« Moto träumte noch von Ako. Aber das war «schon okay.« Es gab ja auch noch helles Bier. Je mehr ich ihm zuhörte, ihn in der Gruppe erlebte, desto weniger kam er mir wie ein Egoist vor. Moto war immer der Erste, der anderen half, überließ auch Anfängern die Bühne und räumte am Ende der Session die Gläser von den Tischen. So sah kein Egoist aus. Mochte er noch so stur darauf beharren, dass Ako Unmögliches verlangte, wenn sie »einfach nur«, wie sie laut ihm betont hatte, ein Leben in Stabilität wollte. Musste man wirklich etwas aufgeben, das einem heilig war, damit man eine Beziehung fortführen konnte? War nicht auch Ako egoistisch, indem sie Moto nach ihrem Geschmack verändern wollte? Vielleicht hatte Moto recht, und es entstünde aus so einer Veränderung ein ganz anderer Charakter, den auch Ako nicht gewollt hätte. Vielleicht sollte man dann Abstand nehmen. Vielleicht hatte eben auch die beste Beziehung ihren Preis.

Nach der Session leerte sich die Bar, die Feierabendrocker verbeugten sich höflich vor ihrem Abgang. Nur noch Moto, die Bassistin Tomoko und ich waren da. Als der schlanke Boss sein kleines Bier, er musste ja noch fahren, den Rachen runtergekippt hatte, winkte er sie und mich mit und ging voran. »Wir gehen zu mir.« Oben vor der Tür steckte Moto sich eine Zigarette in den Mund, schmiss den

Motor seiner Kawasaki an und gab mir einen Helm. Zu Tomoko, die ohne nachzufragen ihr Motorrad fertigmachte, sagte er: »Du kennst den Weg? Sonst fahr hinter mir her.«

Auf den Maschinen ratterten wir durch Tokios Nacht, über die Aoyama-dori mit all den Edelgeschäften. Zehn Minuten später passierten wir schon den Kaiserpalast, dieses riesige grüne Vakuum in der Mitte der Metropole. Ein paar Kilometer dahinter lag Taito, das ursprüngliche und viel weniger edle Downtown Tokio, in dem Moto aufgewachsen war. Sein Motorrad und das von Tomoko rollte er in seine perfekt ausgestattete Garage, reichte uns zwei Bierdosen aus dem Kühlschrank, der neben einem dicken Werkzeugkasten ans Stromnetz angeschlossen war.

»Tomoko, warum hast du deinen Freund eigentlich verlassen?«, fragte Moto nach dem ersten Schluck. Tomoko und er kannten sich schon lange, und ich ahnte, worauf er hinauswollte.

»Der war mir zu eifersüchtig«, sagte Tomoko, was Moto aber längst wusste. »Ich hätte mich hier nie mit euch treffen können. Der wäre durchgedreht. Das hab ich nicht mehr ausgehalten.« Nun fühlte sie sich besser, befreit.

»Wie bei dir, Felix, oder?«, grinste Moto und prostete mir mit seiner Bierdose zu.

Ich nickte, eine differenzierte Antwort wäre jetzt nicht gut gekommen.

»Ach, du bist auch Single?«, fragte Tomoko, die das wahrscheinlich auch schon wusste. Wir hatten uns allerdings erst ein-, vielleicht zweimal unterhalten, im Terraplane, bei lauter Musik, über Musik.

»Ja, aber sie hat mich verlassen, nicht ich sie«, antwortete ich.

»Na dann!«, sagte Tomoko nur in den Raum.

Moto verließ die Garage, um irgendwas zu holen. Unter grellem Werkstattlicht, vor einer Schiebetür aus Glas, durch die man von draußen alles sehen, nur den Benzindunst nicht riechen konnte, standen Tomoko und ich einander gegenüber, und küssten uns mitten im Raum. Als Moto zurückkam, mischte er sich ein, aus zwei wurden drei. Ihr gefiel es, das wusste Moto wohl von Anfang an. Wir zogen uns gegenseitig aus, Tomoko stand zwischen Moto und mir, sie beugte sich vor mir, Moto drückte von hinten an sie. Einmal machten wir eine Pause und tranken Bier, lachten über das, was passierte. Dann fing einer von uns dreien wieder an mit einem Kuss, einer Berührung oder was auch immer.

Als wir müde waren, stießen wir mit den Resten in unseren Dosen an. Moto erzählte zum ersten Mal freiwillig von Ako. »Wir wollten Kinder haben. Ich kann mir das nur mit ihr vorstellen.«

»Es ist ihr sicher nicht leicht gefallen«, sagte Tomoko. »Vielleicht habt ihr noch eine Chance.«

Moto verzog das Gesicht. »Sie will einen Typen, den es nicht gibt. Lässt sich nicht ändern.« Wir schwiegen. Möglich, dass er recht hatte, obwohl er eher selbstgerecht klang.

»Willst du sie einfach verloren geben?«, fragte ich.

Moto musterte mich wieder so kritisch wie an dem einen Abend im Terraplane. »Was willst du mir sagen? Findest du, ich bin ein Loser, wenn ich nicht das hab, was ich gerne hätte?«

Mein deutsches Ich hätte aus Höflichkeit »nein« gesagt, aber »ja« gemeint. Kampflose Aufgabe, wenn man doch eigentlich gewinnen will, wie ließe sich das schon rechtfertigen. Aber dieses Ich, das unter all diesen Umständen in Japan wuchs, konnte irgendwie nicht anders, als das »Nein« auch zu meinen. Es war nicht die Poetisierung des Jammers, die er so charmant in der Bar abzog. Es war diese Einsicht, die in ihm entstanden sein musste, dass alles nicht zusammenging. Mit Stolz stand er zum Mangel, der in ihm klaffte, seit Ako nicht mehr da war. »Nein, Moto«, musste ich sagen, und hob die Büchse für das letzte Schlückchen warme Dosenbierpfütze. »Du hast gewonnen.«

GLAUBST DU NICHT DRAN?

Ohne sie anzuschauen bemerkte ich, dass Yuri eine Träne wegdrückte. Zweimal schnappte ihr Brustkorb kurz auf, seufzen musste sie nicht, sie hielt an sich, aber ganz trocken ließ sie die Szene doch nicht. Wir lagen auf meinem Bett. Auf dem Laptop vor uns lief »Love Actually«, einer der beliebtesten Liebesblockbuster der letzten Jahre. Sie flüsterte: »Oh mein Gott, das ist so süß.« Die Szene ging so: Heiligabend in einem Besserverdienerviertel von London. Bei der jungen, schönen Juliet, die mit ihrem frisch geheirateten, ebenfalls schönen, aber nicht mehr ganz so jungen Ehemann Peter auf der Couch ihrer Altbauwohnung liegt und fernsieht, klingelt es an der Tür. »Ich mach schon auf«, springt Juliet gleich hoch, als hätte sie gewusst, wer draußen wartet. Da steht Mark, eine vermeintlich treue Seele, der beste Kumpel von Peter und, wie sich gleich offenbaren wird, ein heimlicher Verehrer von Juliet. Die Türschwelle trennt diese zwei wortlosen Gesichter, das eine erstaunt, das andere entschlossen. Um sich zu erklären, hält der von Andrew Lincoln gespielte Mark liebevoll handbeschriebene Pappkarten vor seine Brust, eine hinter der anderen. »Sag ihm, es sind nur

Sternsinger«, fordert die Pappe. »Es sind nur Sternsinger!«, ruft Juliet nach hinten zu ihrem Ehemann Peter ins Wohnzimmer. Damit ist die Luft rein.

Auf einem mitgebrachten Ghettoblaster drückt Mark die Playtaste, es spielt »Stille Nacht, heilige Nacht«. Seine Liebeserklärung beginnt. »Mit ein bisschen Glück date ich nächstes Jahr eines dieser Mädchen.« Auf der folgenden Pappe kleben halbnackte Topmodels. »Aber lass mich sagen, ohne Hoffnung oder Hintergedanken, denn es ist doch Weihnachten …« Die Kamera hält auf die unschuldige, von Keira Knightley gespielte Juliet, die nervös wird, aber auch entzückt ist. Mark macht unbeirrt weiter. »Und zu Weihnachten sagt man nun mal die Wahrheit: Du bist für mich perfekt. Und mein verschleudertes Herz wird dich lieben.« Ein paar Schilder folgen noch, als Mark fertig ist, nimmt er seinen Ghettoblaster, hebt die abgelegten Schilder vom Straßenboden, trottet erhobenen Hauptes wie ein Gentleman davon. »Das ist so süß«, sagte Yuri wieder, und seufzte nun doch. Der Film lief weiter. Nach Marks geheimem Liebesouting rennt Juliet ihm hinterher auf die Straße, greift ans Revers seiner Winterjacke, gibt ihm einen sanften Kuss, die Szene endet. Im weihnachtlichen London folgen noch viele solche Handlungsstränge, getragen von unmöglicher Liebe, die irgendwie doch möglich wird. In seiner deutschen Version heißt das romantische Feuerwerk ja auch »Tatsächlich … Liebe«.

Bei der Szene von Juliet und Mark stellte sich mir sofort eine Frage: Wäre Mark nicht Mark gewesen, sondern mein Kumpel Moto, der freigeistige Verweigerer, was hätte er getan? Hätte er Juliet seine Gefühle erklärt? Wahrscheinlich nicht. Moto hätte sich, auch wie ein Gentleman, zurückgehalten, sich nicht ins Glück seines Freundes eingemischt, und sich wohl gedacht: Es wird die Nächste kommen. Und wenn nicht, sei's drum.

Was an diesem Mark so süß daherkam, der Seelenstriptease, hatte auch etwas Hinterhältiges. Die Schmetterlinge in seinem Bauch einmal rauszulassen, war die eine Sache. Sie aber auch noch derart aufreißerisch zu präsentieren, machte ihn fast zum Lügner. »Ohne Hoffnung oder Hintergedanken«, und »zu Weihnachten sagt man nun mal die Wahrheit«, behauptete dieser Mark mit seinen Pappkarten vor der Brust. Die Wahrheit wäre gewesen: »Damit ich dich kriege, bin ich bereit, meinen Freund zu prellen. Aber ich bin zu feige, es ihm zu sagen, deshalb sag ich es nur dir und du kannst dich zwischen uns entscheiden.«

Diese Pointe zog sich durch den ganzen Film. Auf der einen Seite ist da die soziale Ordnung mit ihren allseits anerkannten Konventionen, der Moral. Demgegenüber erscheint gelegentlich dieses besondere Gefühl, das sich dann über alles hinwegsetzt. Die Liebe setzt die anderen Regeln außer Kraft. Denn Mark war ja nicht der Schurke der Story. Ein Schurke wäre in so einem Film eher ein Charakter gewesen, wie Moto ihn wohl gespielt hätte. Einer, der seinem Freund nicht in den Rücken fällt, dafür lieber diese Idee der Liebe verrät. In gut zwei Stunden bombardierte mich dieser Streifen mit mehr Romantik, als ich in den nun gut zwei vergangenen Jahren seit der Trennung von Lena erfahren hatte. Ich war dem nicht absichtlich aus dem Weg gegangen, es war mir einfach kaum begegnet.

Als Yuri und ich am nächsten Morgen aufwachten, blies der Wind die Vorhänge ans Bett, vom Balkon flogen Pollen ins Zimmer. Der Frühling ließ alles aufblühen. Und mit jedem weiteren Mal, das Yuri und ich uns trafen, mit jedem Schritt, den wir uns näherkamen, entwickelte sich ein bisschen mehr Alltag zwischen uns. Obwohl wir bei unserer Annäherung die Handbremse angezogen hatten, weil Yuris neue berufliche Stellung ihr lange Werkstage abverlangte, trafen wir uns weiterhin, so oft es eben ging. Paradoxerweise trug es zum guten Einvernehmen zwischen uns bei, dass wir beide Arbeitszeiten hatten, die einem geregelten Privatleben nicht entgegenkamen, sodass wir gar nicht daran dachten, dies aneinander zu beklagen. Wir sahen uns nicht häufig, dafür gestalteten sich unsere Begegnungen umso intensiver. Händchenhaltend liefen wir an einem Wochenende durch Tokio, was man eigentlich nicht tut. Sie nannte mich »Baby«, ich brachte ihr Schokolade. Unser Humor war kompatibel, wir hörten einander zu, und wir hatten bei jeder sich bietenden Gelegenheit Sex. Mal nachts auf dem Balkon, mal in der Telefonzelle eines Parks, der wegen Sturzregens gerade leergefegt war. Man konnte das Abenteuer nennen, oder Harmonie.

Sie war eine Person des Genusses. In Yuris Beisein konnte man die japanische Küche nicht nur schätzen, man musste sie verehren. Und man wurde schnell kleinlaut bezüglich der eigenen Leibgerichte. Ich rechnete es

Yuri als Großzügigkeit an, dass sie über die Dosenravioli kein Wort mehr verlor. Lieber schien sie mich als kulinarisch unbeschriebenes Blatt zu betrachten, und fand Freude darin, es zu beschreiben. Erst führte sie mich in alle möglichen Restaurants mit regionalen Arten von Ramen, einer japanischen Nudelsuppe, als Nächstes lernten wir Wagyu kennen, das japanische Edelrind. Und sie selbst kochte auch noch wie ein Profi. Dafür legte sie sich eine Schürze um. Ich musste an das Gruppenkochdate für Singles denken. Immer wieder schmeckte Yuri ihre entstehenden Soßen ab, rief mir über den Lärm der Dunstabzugshaube zu, ich solle schnell in ihre Küchennische kommen und auch mal kosten. »Baby, was meinst du? Mehr Soja?«

»Dein Urteil zählt mehr als meins«, sagte ich, gab ihr einen Kuss und wollte den Tisch decken.

Aber das verbat sie mir. »Du rührst hier nichts an. Du bist mein Gast.«

Auch okay. Yuri und mir ging es gut, richtig gut. Einmal hauchte sie mir beim Sex ins Ohr: »Ich liebe dich.«

Im Moment schob ich das auf kulturelle Unterschiede zwischen uns. Schließlich hatte sie ja sieben Jahre in den USA verbracht, und dieser Satz, den man in Japan sonst kaum hört, wurde dort schnell mal gesagt. Außer einem Lächeln ließ ich ihn unkommentiert. Die kalifornische Mundart musste ja einer, der selbst noch nie dort war, nicht gleich nachplappern.

Als wir danach mit schnellem Atem dalagen, bohrte Yuri allerdings nach: »Wie siehst du das mit uns eigentlich?«

»Wie meinst du das?«, fragte ich.

»Naja, ist es Liebe? Vielleicht ist jetzt die Zeit, an den nächsten Schritt zu denken. Wir sollten überlegen, wie wir weitermachen. Meinst du nicht?«

»Ich hab darüber eigentlich nicht nachgedacht«, gestand ich, mit ähnlichen Worten, wie Yuri sie einige Monate zuvor gewählt hatte, als wir über Erwartungen gesprochen hatten. »In letzter Zeit genieße ich einfach die Momente mit dir, wenn wir sie mal haben.«

»Es kann sein, dass ich nächstes Jahr nach Osaka versetzt werde. Was machen wir dann? Würdest du mitkommen? Oder wie sollten wir das regeln?«

Durch ihr Angebot fühlte ich mich geehrt und war erstaunt. Diese beschäftigte Frau, die sich zuerst Distanz erbeten hatte, wollte nun mehr Nähe, obwohl sie mittlerweile noch weniger Zeit hatte als ich. Erstaunt war ich auch darüber, dass ich mich zwar freute, aber nicht von ganzem Herzen. Ich fühlte mich unter Druck gesetzt, war unsicher wegen dieser vielen neuen Fragen, die auf einmal im Raum standen. Erstmal atmete ich tief aus und legte meinen Arm unter den Hinterkopf. Ich atmete nochmal aus, tiefer als nötig, mir fehlte schon Luft, sodass ich wieder einatmen musste. Blöderweise fiel mir immer noch keine Reaktion ein, die bei so einer Frage, wenn sie schon gestellt wurde, Verständnis ernten würde. Ja, es stimmte wohl, dass ich wegen meines Jobs Tokio nicht einfach verlassen könnte, obwohl ich prinzipiell nichts Schlechtes fand an dem Gedanken, meinen Partner auf seinem Weg zu begleiten. Aber in diesem Moment ging es um etwas anderes.

Yuri rückte sich ein paar Zentimeter auf Entfernung.

»Warum sagst du nichts?«

»Ich weiß nichts zu sagen«, sagte ich.

»Wie bitte?«

Ich atmete lieber nochmal aus. Statt einem klugen Satz fiel mir das eingerahmte Bild von Lena und mir ein, das wahrscheinlich noch in einer Schublade in der Küche lag, unter dem Behälter für Besteck, wo ich es einmal bei einer halbherzigen Ausmistaktion verstaut hatte. Wie vergleichsweise einfach das jetzt war. Mit Yuri, dieser selbstbewussten, schlauen, lustigen, ambitionierten Frau, konnte die nächste Beziehung starten. In Japan, das hatten mir Freunde erzählt, gab es meistens diesen Moment, in dem der Status quo geklärt wird, erst dann nennen sich zwei Menschen ein Paar. Der Zeitpunkt war jetzt. Das war die Chance, dieses Bündel aus Lena und all dem Ballast, der sich an Erinnerungen und Enttäuschungen angesammelt hatte, endlich in die Vergangenheit zu schießen. Eine Befreiung wäre es gewesen, nur irgendwie, fand ich, die falsche. »Okay, im Moment sehe ich das mit uns so«, fing ich an und sagte doch nichts Neues: »Immer, wenn wir uns treffen, freue ich mich. Jedes Mal bringt es Spaß. Ich fühl mich wohl mit dir, richtig zufrieden.«

»Und?«

»Ist das nicht gut?«, fragte ich zurück, »klingt das blöd?«

»Nein, klingt ganz gut.« Yuri richtete sich auf, stützte sich nicht an mir ab, wie sie es sonst beim Aufstehen meist tat, sondern an der Bettkante, zog erst ihre Unterwäsche an, dann die Hose, dann das Oberteil, dann die Socken, ihre übliche Reihenfolge. »Komm, wir gehen Kaffee trinken«, sagte sie mit sanfter Stimme.

Fast wortlos gingen wir ins hawaiianische Café um die Ecke, bestellten wie immer den Cappuccino mit starker Bohne und sehr sämigem Schaum. Da kam Yuri plötzlich auf etwas ganz anderes. Während wir auf unsere Tassen warteten, vertiefte sie nicht die Diskussion von eben, sondern sprach über die Tagespolitik, die Japan in diesem Frühling 2015 beschäftigte. Was ich von der Affäre um die neuen Geschichtsbücher halte, die Japans aggressive Rolle im Zweiten Weltkrieg verharmlosten und fortan in japanischen Schulen eingesetzt werden sollten. Die Regierung Chinas, deren Land im Zweiten Weltkrieg von Japan teils kolonisiert worden war, kochte daraufhin vor Wut.

»Chinas Regierung macht schon gern ein großes Thema aus der Sache, damit sie die eigene Bevölkerung von den eigenen Problemen ablenken kann«, versuchte auch ich mich diplomatisch. »Aber Japan muss auch seinen Teil dazu beitragen, damit die Beziehungen mit China besser werden.«

Yuri unterbrach mich fast: »Haben wir uns nicht genug für den Krieg entschuldigt? Am Jahrestag der Kapitulation sagen unsere Premierminister immer deutlich, dass sie diese Angriffe bereuen. Dabei sind die Menschen von heute nicht mal dafür verantwortlich, sondern die Generation unserer Großväter.«

»Ja, aber ein jährliches ›Sorry, tut uns Leid‹ von der Regierung klingt doch wie Hohn, wenn dieses angeblich so reuige Land seine eigene junge Bevölkerung nicht aufklärt. In den Schulbüchern ist doch kaum beschrieben, wie China und andere Länder damals von Japan ausgepresst wurden.«

Yuri schüttelte vehement den Kopf. Ich schätzte diese Diskussionsfreude an ihr, aber jetzt klang ihre Stimme gereizt. »Weißt du, China will immer mehr. Es ist denen egal, wie oft wir uns entschuldigen, sie werden die Kriegszeit immer wieder rauskramen und gegen uns verwenden.« Offenbar funktionierten die Schulbücher als Platzhalter für unsere vorige Diskussion über uns selbst, die zu nichts geführt hatte. Eine Nationalistin war sie eigentlich nicht. Aber diese Art der Problembewältigung hatte Eleganz. Bei der einen Frage, der nach unserem Status quo, kamen wir nicht weit, also versuchten wir es auch nicht zu erzwingen, verlagerten die Aufmerksamkeit auf andere Themen. Keine Brechstange.

Mehrere Wochen später, als sich nach einem kurzen Frühling über Tokio schon die Hitze ausbreitete, brach man bei jedem Moment an der frischen Luft schon in Schweiß aus. In letzter Zeit war es schwierig gewesen, uns zu koordinieren. Yuri wurde immer mehr eingespannt, musste mehr Überstunden schieben als früher, ich war für eine Recherche in Hiroshima gewesen. Für ein Wochenende flohen Yuri und ich nach Kōbe. Die Stadt des berühmten Nobelrinds war auch die Heimat des Laufschuhherstellers *Asics* und einer frühen Ausländersiedlung, nachdem Japans Regierung ab den 1860er Jahren eine 250 Jahre währende Periode der Isolation beendet hatte und eine Ära der Internationalisierung startete. An diesem einstigen Ausgangspunkt der Diversität kollidierten nach dem Check-in im Hotel unerwartet unsere Sichtweisen. Neben dem Bett packte ich meine Laufschuhe aus der Tasche.

»Du hast Laufschuhe mitgenommen?«, fragte Yuri von hinten. »Wozu sind die?«

»Ich will später laufen gehen, eine lockere Stunde.«

»Ach so?«

»Ja. Ist das in Kōbe verboten?«, fragte ich und dachte, das war witzig.

»Glaubst du nicht, du hältst es mal ein Wochenende aus, ohne Sport zu machen?«

»Vielleicht schon«, gab ich zu. »Aber glaubst du, du hältst es ein ganzes Wochenende mit mir aus, ohne dass ich einmal für eine Stunde laufen gehe? Du brauchst doch auch deine Zeit für dich?«

Jetzt sah Yuri fast böse aus. Sie reagierte ungehaltener als beim Gespräch über die Schulbücher einige Wochen vorher. »Und glaubst du, ich fahre drei Stunden mit dem Zug, damit ich dich gleich wieder zum Joggen verabschiede?« Beinahe schrie sie. »Ich bin hier, damit wir endlich mal Zeit gemeinsam verbringen.«

War ich ja auch. Dieser plötzliche Ausbruch wunderte mich ebenso wie der Auslöser. Es hatte sich etwas geändert zwischen uns. Das, was sie jetzt nervte, waren Eigenschaften, die sie am Anfang noch gelobt hatte. Jemand der Sport treibt, jemand, der sich allein beschäftigen kann, das gefalle ihr, hatte sie gesagt. Hatte ich wieder mal zuerst an mich gedacht? Wollte sie jetzt, da wir endlich Zeit zusammen verbrachten, dass gleich jede Stunde dieser zweieinhalb Tage abgestimmt würde? Wäre so ein Anspruch nicht auch von ihr egoistisch?

Die Laufschuhe packte ich demonstrativ zurück in die Tasche und wir gaben uns einen Kuss. Yuri sah müde aus, von der Arbeit und auf eine Weise auch schon von diesem gemeinsamen Kurztrip.

Die Erwartungen an sie, mich und das zwischen uns waren irgendwie ungewollt hoch. In Ruhe sprachen wir einige Male über unseren kleinen Streit nach dem Betreten unseres Zimmers. Der eigentliche Konflikt war nicht der, dass wir nicht haargenau dieselben Vorstellungen vom idealen Tagesablauf hatten, eher war es die Erwartung, dass wir solche gleichen Vorstellungen haben sollten. Wegen des Drucks in ihrer Firma, wo Yuri als Frau, wie sie sagte, noch strenger beurteilt wurde als die männlichen Kollegen auf derselben Hierarchieebene, projizierte sie mehr und mehr Wünsche auf das Zwischenmenschliche. Aber ich reagierte auf meine Umstände anders, fast gegensätzlich. Meinungsunterschiede ruinierten nicht mehr mein Wohlbefinden, wie es damals mit Lena, auch wenn ich dies zu beherrschen versucht hatte, doch immer der Fall gewesen war. Mittlerweile akzeptierte ich Reibungen als ständige Wegbegleiterinnen einer Beziehung. Nur entstanden sie dadurch auch häufiger, und ich musste aufpassen, sie nicht durch Alleingänge, wie Laufeinheiten im Urlaub, zu provozieren.

In den zweieinhalb gemeinsamen Tagen in Kobe hatten wir es phasenweise sehr fein, zwischendurch aber auch weniger fein. Schlecht verlief ein Gespräch, nachdem wir gerade ein Rind verzehrt hatten, das so zart war, dass wir beim Kauen stöhnten. Begonnen hatte die Unterhaltung mit Yuris Bemerkung: »Romantisch bist du ja nicht gerade«, nachdem ich etwas Kritisches über »Love Actually« gesagt und sie den Film sofort verteidigt hatte. Yuris Belege für den bei mir feststellbaren Mangel an Romantik gingen über den Rolltreppenkuss hinaus. In unseren Kurznachrichten übers Handy schickte ich keine Herzchen oder Blumenstraußsticker, niedliche Spitznamen dachte ich mir auch nicht aus. Ohne dass es mir aufgefallen war, hatte ich diese Gewohnheit nach Lena nicht wieder angenommen. Für mich selbst ging es auch ohne. Und dass mir der frohe Klang des Namens Yuri so gut gefiel, ich ihn deshalb lieber aussprach als irgendeine Verniedlichung, das überzeugte seine Trägerin nicht. Yuri dagegen konnte man den Sinn für Romantik nicht absprechen. In eine rosa Bluse gekleidet, ihr Glas Rotwein am Hals haltend beugte sie sich nach vorne, sah mir tief in die Augen. »Ich will jetzt eine normale Beziehung. Ich glaube, du suchst so etwas nicht. Hab ich recht?« Dabei hatte ich Yuri so liebgewonnen, war lieber mit ihr als ohne, sagte ihr das auch regelmäßig. Das, was wir hatten, gefiel uns beiden. Aber sie suchte mittlerweile etwas anderes. Yuri ging es im Moment nicht ums Heiraten, sondern um einen bestimmten Status. »Ich will wieder von jemandem sagen können: Der hier, das ist mein Freund«, erklärte sie mir.

»Nenn mich deinen Freund«, sagte ich ihr. »Ich nenn dich meine Freundin.«

»Es geht nicht nur darum. Wenn wir uns so nennen, müssen wir irgendwann eben doch über den nächsten Schritt nachdenken.«

»Was meinst du genau? Zusammenziehen? Heiraten? Kinder?«

Yuri schwieg, verneinte nicht, bejahte auch nicht. Vielleicht, weil ich nicht begeistert klang, als ich das sagte, vielleicht klang ich ablehnend, obwohl ich das nicht wollte, denn weder gegen das Heiraten noch gegen das Kinderkriegen hatte ich an sich viel einzuwenden. Lügen wollte ich aber immer noch nicht, schon gar nicht gegenüber dieser mir lieben Person.

»Glaubst du an die große Liebe?«, fragte Yuri einen Augenblick später.

»Ich weiß nicht, ob ich an so etwas noch glaube.«

»Wow, das klingt so kalt«, brach Yuris Stimme wieder auf so schöne Weise.

Unser Umgang miteinander war alles andere als kalt gewesen, er war vertraut. Ich verspürte all das, was man spürt, wenn man vom Verliebtsein spricht. Herzrasen, das häufige Verlangen nach Zusammensein, das spontane Lächeln beim Anblick des anderen. Vielleicht war ich wegen Lena noch immer in einer Schockstarre, sodass ich das Wort »Liebe« im Zusammenhang mit einer neuen Person einfach nicht über die Lippen brachte. War das feige? Vielleicht. Aber Ehrlichkeit ist doch auch eine Tugend. Möglich, dass ich stur und unfair dachte, plötzlich nur noch die Unterschiede zwischen Yuri und mir sah, wo doch in Wahrheit die Gemeinsamkeiten überwogen und selbst unsere Verschiedenheit befruchtend wirkte. Vielleicht hatte ich es unbewusst überbewertet, dass es sie, wie sie mir einmal erzählt hatte, glücklich machte, sich Beziehungen aus Liebeskomödien für sich selbst vorzustellen. Aber ich wollte nicht zurück zu etwas, das ich mit Lena gehabt hatte und das schiefgegangen war, nicht wegen Lena oder mir, sondern wegen unserer Idee von uns, die uns zu viel abverlangt hatte. Mittlerweile störten mich all diese Begriffe, bei denen ich nicht anders konnte, als einen versteckten Zeigefinger zu sehen. »Normale Beziehung« zum Beispiel. Dass das Normale durch die Gesellschaft definiert wurde, und sich ständig änderte, wusste jeder. Auch Yuri und ich wussten das. So wie dieser Begriff aber häufig benutzt und verstanden wird, schwingt mit ihm absichtlich auch eine Forderung mit. Normal ist nicht nur das, wodurch sich eine vermeintliche Mehrheit auszeichnet, sondern außerdem das, wonach man sich zu richten hat.

War es denn nicht möglich, einen Menschen zu kennen, zu schätzen, zu mögen, zu unterstützen, ohne diese Unterhaltung über die vermeintliche Gretchenfrage zu führen? Nicht als Vorwurf gegenüber Yuri fragte ich mich das, vielmehr als Reflexion darüber, was ich unbewusst als Heranwachsender selbst gelernt und gelebt hatte. Als wäre Individualität, die Freiheit des Einzelnen, von der heutzutage ja immer gesprochen wird, in Wahrheit gar nicht gewollt. Früher oder später muss eine zwischenmenschliche Beziehung doch in die gewohnte Form gegossen werden. Sind wir ein Paar? Wenn ja, dann bedeutet das in der Regel: Wir haben ein Mitspracherecht in den privaten Sphären des Anderen, machen Zukunftspläne, wir teilen Konto, Kleiderschrank und die Wohnung, und wir müssen uns auch mehr oder weniger regelmäßig vergewissern, dass diese Vereinbarungen noch Gültigkeit haben. Dabei sind diese Normen, die fast wie etwas Naturgegebenes dargestellt werden, doch nichts als eine Konvention, die einfach lange Zeit hohe Akzeptanz genossen hat.

Zurück in Tokio kramte ich aus dem schmalen Regal in meinem Schlaf- und Arbeitszimmer einen älteren Zeitungsartikel hervor, den ich schon einmal gelesen hatte. Sorgfältiger zusammengelegt als andere Ausschnitte hatte ich ihn, irgendwie altmodisch an den Rand notiert, wie es mein Vater früher immer getan hatte: *Frankfurter Allgemeine Sonntagszeitung*, Titel: »Ersatzreligion Liebe«. Ein Verriss der romantischen Liebe, viel schonungsloser ging es nicht. Der Text hatte mir beim ersten Lesen vor längerer Zeit gefallen, weil er so polemisch argumentierte. Er war fast erschreckend, weil ihm nichts heilig zu sein schien. Dabei formulierte er nur Ideen aus, die sich schon in viele Köpfe eingeschlichen haben dürften. »Der Mythos Liebe erfüllt alle Kriterien einer Pseudoreligion«, hieß es darin. In Zustimmung nickend las ich die Aufzählung: »Die höchsten Feiertage dieser Religion heißen Valentinstag, Hochzeitstag, Geburtstag. Die Grundgebete: Ich liebe dich. Du bist mein Ein und Alles. Ich bin total verrückt nach dir. Die Sakramente: Zungenküsse, Sex. Das sakrale Erkennungszeichen: rotes Herz. Die Ikonen: Fotos von UNS.« Der Autor, Markus Günther, wies noch darauf hin, dass in Wohnungen und Häusern an jenen Stellen, wo früher Kruzifixe hingen, heute Herzen und Pärchenbilder die Räume schmücken.

Der Text bezog sich auf Deutschland, vielleicht auf Europa oder die westliche Welt, sicherlich nicht auf Japan. Aber die romantische Liebe, diese Idee des ewigen, von Herzchen umgarnten Glücks der Zweisamkeit, hatte ja einen weltweiten Siegeszug angetreten. Die vielleicht lautesten Predigten waren in Filmen aus Hollywood zu sehen und in Popsongs zu hören. »Love Actually«, allerdings ein Streifen aus England, war eins von unzähligen Beispielen. Das Schlimme daran waren ja gar nicht die Geschichten an sich, sondern diese merkwürdige, und dennoch weitverbreitete Vorstellung, dass der Zuschauer die Erlebnisse der Protagonisten aus dem Film oder dem Lied auch für sein eigenes Leben erwarten konnte. Als wäre die Welt eine Liebeskomödie.

Die Erwartungen an die Liebe waren hier das Problem. Der US-amerikanische Psychiater M. Scott Peck hat das internationale Phänomen so beschrieben: »Der Mythos der romantischen Liebe ist eine schlimme Lüge. (...) Als Psychiater tut es mir im Herzen weh, fast täglich sehen zu müssen, welche Verwirrung und welches Leid dieser Mythos anrichtet.« Man verschwende seine Zeit, indem man nach dem genau Richtigen suche, und indem man seine Existenz überhaupt vermute.

Der *Spiegel* räumt einem seiner Autoren vier Seiten Platz frei, um diesen beschreiben zu lassen, wie sehr er nach seiner Scheidung gelitten hat. Jan Fleischhauer berichtet darin: »Etwa 40 Prozent der Menschen, so hat es mir ein Psychiater erzählt, reagieren nach einer Trennung mit einer psychischen Störung.« Beispiele seien: »Müdigkeit, Antriebsarmut, Appetitlosigkeit, Verlust sexuellen Interesses, verlangsamtes Denken, Gefühl der Wertlosigkeit, Entscheidungsschwäche, Schlafprobleme, gesteigerte Sorge, Angst. Wenn Sie mich fragen, dann gibt es für jedes der genannten Symptome mehr als genug Grund.«

Vor solchen Hintergründen beobachtet die israelische Soziologin Eva Illouz, dass große Erwartungen für eine gewaltige Fallhöhe sorgen, Beziehungen von Anfang an unmöglich machen oder sie in vermeintlichen Momenten der Wahrheit jäh zerstören.

Der schweizerisch-britische Philosoph und Schriftsteller Alain de Botton sagt: »Niemand hat den optimalen Rahmen, einen Partner zu suchen, wenn das Singlesein unerträglich ist. Wir müssen völlig im Frieden sein mit der Idee langer Jahre der Einsamkeit, um angemessen wählerisch sein zu können.« Außerdem: »Wir müssen den romantischen Blick durch ein tragisches (und teilweise komisches) Bewusstsein austauschen, dass uns jeder Mensch frustrieren, verärgern, nerven, reizen und enttäuschen wird.« Das sind eigentlich keine bahnbrechenden Erkenntnisse. Nur warum wollen so viele, und ich musste mich an einigen Tagen dazuzählen, das trotzdem nicht so richtig wahrhaben, stattdessen daran glauben, man selbst könnte ja mehr Glück haben?

Ja, es handelte sich um eine neue Art der Religion, und sie behauptet: Nur wer der Liebe huldigt, werde glücklich.

Alles Scheitern von Beziehungen allein auf so eine Naivität zu schieben, wäre vermessen, aber es schien doch fair zu behaupten, dass zumindest bei meinen Bekannten und mir ein paar Bindungen vor allem deshalb in die Brüche gegangen waren, weil wir zu viel erwartet hatten. Oder einfach das Falsche erwartet hatten. Mit Lena musste es immer vorangehen, auch ich wollte das auf irgendeine Weise, vielleicht war mir nur alles zu schnell gegangen. Und dann mussten wir es uns ständig beweisen. »Ich liebe dich«, dieser Satz musste fallen, für zwei Atheisten wie uns hatte es einen verdächtig gebetsartigen Charakter. Diesen Satz auszusprechen war irgendwann nichts Besonderes mehr, umgekehrt wurde sein zu langes Ausbleiben ein Anzeichen für Probleme. Es kam auch die Zeit, da schliefen wir miteinander, nicht weil wir wollten, sondern weil es uns bewies, dass wir einander noch wollten. Liebe, diese schwierige Bedingung zum Glück, die man immer erfüllen musste. Diese Sache, die man fühlt, nicht erklärt, gar nicht erklären sollte, weil das ja eh nicht geht. Übermütig wäre man wohl, oder unromantisch, zu versuchen, das vollends zu verstehen.

Ein bisschen wie das Erste Gebot in der Bibel: Mache dir kein Bild von Gott. Wie bei der Bibel drängt sich doch die Frage auf: Was, wenn der Grund für das Verbot bloß der ist, dass sich hinter dieser Heimlichkeit tatsächlich nichts verbirgt? Was, wenn auf ähnliche Weise auch die romantische Liebe nur dadurch wirkt, dass alle dran glauben, ihr aber eigentlich die reale Grundlage fehlt?

Auf der Suche nach einer realen Grundlage wird man allerdings bei der Liebe, im Gegensatz zu einer personifizierten Gottheit, schnell fündig. Liebe ist nicht nur Ideologie, sie hat auch reale biologische Aspekte. So wirkt die liebesbedingte Ausschüttung insbesondere von Dopamin, das als Glückshormon bekannt wurde und die Motivation fördert, sowie von Oxytocin, dem sogenannten Kuschelhormon, wie eine körpereigene und somit einigermaßen gut verträgliche Droge. Die Liebe erzeugt ein High, den berühmten Liebesrausch, den fast alle, die einmal von dieser Droge gekostet haben, gerne wieder erleben wollen. Liebe hat ohne Zweifel für die meisten Menschen einen mehr oder weniger ausgeprägten Suchtfaktor. Wenn die berühmte Chemie stimmt, also die vermehrte Hormonausschüttung im Kontakt zwischen zwei Personen einsetzt, versuchen nur die allerwenigsten Menschen, ihre aufkeimende Liebe zu unterdrücken. Diese biologischen Mechanismen erscheinen vor dem Hintergrund der Evolution und mindestens 300.000 Jahren menschlicher Entwicklung einigermaßen einleuchtend.

Auch bei einer psychologischen Betrachtung des Themas zeigen Studien eher positive Effekte einer Liebesbeziehung. So entwickeln Menschen in Partnerschaften erhöhte emotionale Stabilität und mehr Selbstbewusstsein. Diese Effekte auf die Persönlichkeit bleiben auch nach Abbruch der Beziehung erhalten.

Was schon bei kurzer Beschäftigung mit den Unmengen an Material zu diesem Thema auffällt: Liebe ist in unserem Leben ständig in den Köpfen und Gesprächen, aber eine reflektierte Auseinandersetzung mit der Liebe findet paradoxerweise selten statt. Obwohl die wissenschaftlichen Erkenntnisse über die Liebe allgemein verfügbar sind, wird Liebe nach wie vor ganz überwiegend wie ein Gegenstand der Esoterik verhandelt. Was wird häufiger gelesen: Liebeshoroskope oder wissenschaftlich fundierte Artikel über die Liebe? Anscheinend wollen wir, dass die Liebe Religion bleibt, nicht entmystifiziert wird. Dabei könnten gerade psychologische Erkenntnisse bei der Partnersuche und Partnerwahl helfen und in weiterer Folge viel Liebesleid verhindern. Ein Ansatz wäre die Theorie von den verschiedenen Bindungsstilen, die maßgeblich von den Psychiatern, Psychoanalytikern und Psychologen John Bowlby, James Robertson und Mary Ainsworth entworfen wurde. Bei der Lektüre der Theorie, die sich über mehrere Jahrzehnte des vergangenen Jahrhunderts entwickelte, fragte ich mich, ob ich wegen meiner gewachsenen Skepsis gegenüber der Möglichkeit dauerhafter Liebe wohl zu jener Gruppe mit einem eher ängstlich-vermeidenden Bindungsstil zählte. Dass Nähe bei mir stets mit emotionalen Höhen und Tiefen verbunden war, passte wohl ins Bild. Ebenso der Umstand, dass ich der Arbeit allzu oft den Vorzug gegenüber der Beziehung gab. Das hatte Lena hart getroffen. Sie schien mir eher der Typ mit dem sicheren Bindungsstil zu sein. Nicht umsonst hatte sie es fünf Jahre mit mir ausgehalten. Mit Yuri waren es nur ein paar Monate gewesen. Vor dem Hintergrund der Bindungstheorie schien das auch wenig verwunderlich. Yuri fiel demnach am ehesten in die Gruppe mit dem ambivalent-unsicheren Bindungsstil. Der Wunsch nach Vereinigung war bei ihr sehr stark ausgeprägt. Nicht umsonst hatten wir ständig Sex gehabt. Auch ihre plötzlichen Schwankungen zwischen emotionalen Extremen und ihr ausgeprägter Hang zur Romantik waren markant. Lena war mir vergleichsweise viel stabiler erschienen. Laut den Erkenntnissen der Bindungstheorie passten der ambivalent-unsichere und der ängstlich-vermeidende Bindungsstil nicht gut zusammen. Für einen wie mich käme dann am ehesten eine Person mit ängstlich-vermeidendem oder mit sicherem Bindungsstil in Frage. Einen sicheren Bindungstyp würde ich allerdings wohl irgendwann wieder enttäuschen. Vielleicht war es doch nicht klug, die entscheidenden Fragen über Erwartungen an eine Beziehung am Anfang nicht zu stellen, sich vor der Selbst- und Paarreflexion zu drücken. Das konnte gut gehen, aber im Grunde war es doch emotionales russisches Roulette. Yuri versprach sich in neuem Beziehungsglück so etwas wie Erlösung. Befreiung hatte sie das genannt, Befreiung von Sorgen, Befreiung aus der Unvollständigkeit durch Alleinsein. Mit mir hatte sie dafür viel Geduld. Mein Sport, meine langen Arbeitsstunden, die launischen Phasen, das machte ihr scheinbar nicht viel aus, zumal sie ja selbst viel um die Ohren hatte. Nicht verstehen wollte sie, dass ich mich nach der Trennung von Lena nicht schon wieder auf diese Weise binden wollte. Ich hatte mich gerade, trotz gelegentlicher Sehnsucht nach der alten Zeit, im Alleinsein zurechtgefunden, vielleicht sogar damit abgefunden, dass so eine Zeit der lieblichen Einheit womöglich nicht

wiederkommen würde. Für Yuri dagegen war das Alleinsein eine Last, ein Makel. Wie Lena erwartete auch sie in
der Zweisamkeit, und nur in ihr, das Glück.

Aber die Erlösung in jemand anderem zu finden, geht
das überhaupt? Wenn ja, dann liegt die Messlatte ganz
schön hoch. Wer soll solchen Erwartungen, die ja immer
wieder auf ihre Erfüllung geprüft werden, gerecht werden? Sicherlich nicht ich: ein Typ, dem seine persönliche
Freiheit ein sehr hohes Gut ist, dessen Beschützen dieser
Freiheit manchmal paranoide Züge annimmt. Wer, der
vor dem Hintergrund von sowas wie einem Versprechen
auf Erlösung einmal gründlich über die Bedeutung der
»großen Liebe« nachgedacht hat, könnte dabei ruhig bleiben, anstatt einen Anflug von Panik zu spüren?

Für einen fiesen Charakter hielt ich mich nicht, ich
meinte es gut mit meinem jeweiligen Gegenüber. Aber ich
war auch kein einfacher Partner, wenn es ums Koordinieren zweier Leben ging. Natürlich hat jeder seine Fehler
– sofern man Schwächen gleich als Fehler verstehen will.

Der Philosoph und Sozialpsychologe Erich Fromm,
Vertreter der Frankfurter Schule, warnte in seinem Werk
»Die Kunst des Liebens« schon 1956 vor dem, was unter
anderem durch die Popkultur in die Köpfe so vieler Menschen gespült worden war: »Da in der Regel niemand auf
die Dauer die Erwartungen eines so abgöttisch Liebenden
erfüllen kann, muss es zu Enttäuschungen kommen, und
man sucht sich mit einem neuen Idol zu entschädigen,
manchmal in einem nicht endenden Kreislauf. Kennzeichnend für diese Liebe ist die Intensität und Plötzlich-

keit des Liebeserlebnisses. Oft wird diese abgöttische Liebe als die wahre große Liebe bezeichnet. Aber während sie angeblich der Inbegriff einer intensiven, tiefen Liebe ist, spricht aus ihr in Wirklichkeit nur der Hunger und die Verzweiflung des abgöttisch Liebenden.«

Der ewige Kreislauf, von dem Fromm sprach, war überall zu beobachten. Die ewige Suche nach »dem Richtigen«. Die Perfektion ist das Ziel. Oder vielleicht doch nur der Irrweg, der vermeintlich dahin führen soll. Die Suche ist in der Regel ja nicht mal dann beendet, wenn sie für abgeschlossen erklärt wird. »Ich glaube, er ist der Richtige«, hört man die Freunde dann sagen, wenn sie in einer traditionellen Beziehung sind, ihren Partner heiraten wollen, Kinder planen oder was auch immer. Auch dann wird häufig nur »geglaubt«, nicht gewusst. Denn wer wäre man, das vollends beurteilen zu können? Man fühlt es zwar, aber diese Gefühle der Liebe, diese vermeintlich magische Macht, sie spielt einem ja auch Streiche. So eine religiöse Ehrfurcht macht das »Ich liebe dich-Gebet« erst unentbehrlich. Aus ihm spricht meistens doch die Unsicherheit darüber, ob man auch wirklich liebt, so richtig. Wüsste man es ganz sicher, wäre es dann noch der Rede wert?

Die Motive dieser Ersatzreligion werden immer bunter, in verschiedenen Ausmaßen wahrscheinlich beinahe überall auf der Welt. Berichte, Bilder und Videos von süßen Heiratsanträgen zum Beispiel verbreiten sich auf sozialen Plattformen wie Lauffeuer. In einem Clip wird die Fängerin des Brautstraußes noch direkt auf der Hochzeit ihrer Freundin von ihrem Freund überrascht, der auch gleich vor ihr kniet. Dann eine Cheerleaderin, die gleich nach ihrem Tanzauftritt in der Halle vom Stadionmaskottchen überwältigt wird. Dieses Riesenplüschtier entpuppt sich als ihr Geliebter. Ein anderer Mann hat für seine Freundin über ein Jahr Videobotschaften aufgenommen, die sich schließlich in einen schönen Liebesbeweis zusammenfügen, wobei die Angebetete dieses Einjahresvideo natürlich bei Brandung am sonnigen Strand anschaut – und dabei wiederum gefilmt wird, damit alles ins Internet kann. Und in einem gefüllten Kinosaal spielt vorm eigentlichen Film ein Trailer, in dem ein Typ ins Kino eilt, der zu Ende des Kurzfilms selbst im Saal steht und seine Angebetete anfleht, sie zu heiraten.

Sieht erstmal alles sehr kreativ aus, beeindruckend ist vor allem die Mühe, die in solche Spektakel gesteckt wird. Aber es wirkt in der Masse latent sexistisch, weil in heterosexuellen Beziehungen solche Anträge so gut wie immer von den Männern kommen und die Frauen implizit als zu erobernde Prinzessinnen dastehen. Es ist das immer gleiche Muster. Ein Mann kämpft wie ein Ritter, weil er die Frau so sehr liebt, ihr das alles nur durch diese Kampfinszenierung beweisen kann. Die Frau ist so entzückt, kreischt und heult oder wird vor Fassungslosigkeit stumm. Endlich ist der Ritter gekommen. Zig Millionen Menschen sehen, liken und teilen solche Videos. Eine Gewohnheit des Spektakels, die sich mit der Digitalisierung noch einmal besonders hochgeschaukelt hat. Wer würde sich noch trauen, seinen Partner einfach zu fragen: Heiraten wir? Wer würde sich nicht fragen, ob ihm vielleicht der ganz große Moment im Leben fehlt, wenn er diese Frage weder stellt, noch gestellt bekommt?

Dass im Fernsehen Serien über Traumhochzeiten oder solche über die Partnersuche auf hohe Einschaltquoten kommen, dass das beliebteste Hashtag auf *Instagram*, mit großem Abstand, #love heißt, dass kaum ein Popsong oder Film ohne einen Liebesplot auskommt, und dass nicht mal Werbespots für so lieblose Produkte wie Versicherungen auf sich in die Arme fallende Pärchen verzichten – das zeigt, wie tief wir in einer rosaroten Sauce stecken. Liebe ist allgegenwärtig, allseits angemahnt, und auch ziemlich weitgehend akzeptiert. Nur ein Hinweis: Laut einer Umfrage der europaweit operierenden Datingplattform *Lovescout24* bedeutet Glück für drei Viertel der Befragten: Liebe.

Ein Phänomen, das sich nicht mehr nur in westlichen Ländern abspielt. In dem Land, wo ich mich seit mittlerweile fast drei Jahren aufhielt, hatte sich teilweise ein ähnliches Verständnis von Glück breitgemacht. Wer in der Datenbank der japanischen Nationalbibliothek nach Büchern sucht, die im Titel das Wort »shiawase« enthalten, Japanisch für Glück oder Glücklichsein, findet mehr als 11.000 Veröffentlichungen. Ordnet man diese Bücher nach Themen, stehen Liebe und Heirat ganz oben. Beachtlich ist die Zunahme über die Jahrzehnte. Zwischen 1945 und 1969 waren es nur 146 Bücher über Glück gewesen. Der Boom nahm um die 1980er richtig Fahrt auf, beendet scheint er noch lange nicht.

Aber so richtig erstaunlich ist, dass dieser Boom überhaupt begonnen hat. Masahiro Yamada, einer der bekanntesten Soziologen Japans, nennt die romantische Liebe eine »moderne westliche Ideologie.« Was er damit meint: Nicht immer war die Idee einer Beziehung zwischen zwei Personen, die womöglich zu Heirat und Kindern führt, von Liebe geprägt, und nicht immer sollte Liebe auch die entscheidende Kraft sein, die zwei Personen zusammenbrachte. »In Japan und anderen ostasiatischen Ländern gibt es die ungeschriebene Norm, dass die Ehe ein Teil des ökonomischen Lebens sein sollte«, schreibt Yamada. Die Erwartungen an den Partner waren also begrenzt. Es ging um Sicherheit, nicht um immaterielle Erfüllung, schon gar nicht um so etwas Ultimatives wie Erlösung. Eine Statistik spricht dafür: 1935 wurden in Japan noch 69 Prozent aller Ehen durch einen Deal der Eltern geschlossen, in der Annahme, dass tiefe Zuneigung und Vertrauen schon irgendwann folgen würden. Im Jahr 2015 war der Anteil solcher Eheschließungen auf 5 Prozent gesunken. Wenn heutzutage noch geheiratet wird, ist mittlerweile die so genannte »Liebesehe« der Normalfall.

Dass sich Gewohnheiten wie die der Eheschließung ändern, sagt wenig darüber aus, welche Variante die klügste, fairste, stabilste oder glücklichste ist. Aber dass der Maßstab für das Normale nicht ewig gleichbleibt, ist ein Hinweis darauf, dass die romantische Liebe, diese Vorstellung der Zweisamkeit aus möglichst rasenden Herzen und Hoffnung auf Ewigkeit, Treue oder sogar Seelenverwandtschaft und alle möglichen Dinge, die sich der Sphäre des Verstands entziehen, eine soziale Erfindung ist und eben keine naturgegebene Eigenschaft des Menschen.

Auch in westlichen Gesellschaften, die mit ihrer Unterhaltungsindustrie über die letzten Jahrzehnte große Teile der Welt mit romantischen Ideen versorgt haben, war das Thema Liebe lange Zeit umkämpftes Terrain. Der griechische Philosoph Platon stellte schon knapp 400 Jahre vor Christi Geburt mehrere teils konträre Sichtweisen auf die Liebe zusammen. Im Buch »Symposion« beschreibt er eine Feier von sieben Intellektuellen in Athen, die jeweils eine Lobrede auf die Liebe halten sollen. Die Gedanken reichen da vom Menschen als schon mit der Geburt geteiltes Wesen, das in der Liebe seine zweite Hälfte sucht, über das Lob des Liebesgottes Eros als ein Leitstern von Gewaltfreiheit und Gerechtigkeit. Ein Plädoyer für (männliche) Homosexualität erklärt diese zur mutigsten Form, weil sie Selbstliebe ausdrücke. Der Star des Abends, der Philosoph und Lehrer von Platon, Sokrates, definiert Liebe als den Versuch, einen Mangel in sich selbst auszufüllen. Auch die Idee der platonischen Liebe, die heute als asexuelle Liebe verstanden wird, fußt auf dem Symposion von Platon.

In der westlichen Denktradition legte der Begriff der Liebe, und die ihm zugesprochene Nähe zum echten Leben, durch die Epochen eine bewegte Entwicklung zurück.

Die Christen erklärten Liebe zu einer Art Grundenergie des Menschen, die man unter seinesgleichen auch nur für eine Person empfinden könne. In seiner Tragödie »Romeo and Juliet« steigerte William Shakespeare die Sache im späten 16. Jahrhundert noch, indem er die Liebe zu einer Kraft machte, die einen Kampf mit der sozialen Ordnung aufnimmt. Die Liebe zwischen Julia und Romeo, die zwei verfeindeten Familien entstammen, endet zwar im Tod beider, aber ihr unkontrollierbarer Wahnsinn, sich zu lieben, triumphiert dennoch. In dieser Geschichte entspricht die Liebe nicht so sehr dem Bedürfnis zur Ausfüllung des eigenen Mangels, sondern eher der vom Liebesgott Eros beseelten Welt. Ein Gefühl, das so stark ist, dass es noch im Tod des Paares weiterlebt. Die ewige Liebe. Erst im 18. Jahrhundert wurde dann auch die Liebesheirat zu einem großen Projekt in der westlichen Welt, und noch viel später wurde es für eine Mehrheit eine typische Art der Partnerwahl.

Dass so etwas wie leidenschaftliche Liebe nicht ausschließlich ein ideologisches Konstrukt ist, haben Studien gezeigt.

Unter anderem die US-amerikanische Anthropologin Helen Fisher hat in ihren Arbeiten gefunden, dass sich sowohl bei verliebten Menschen als auch Tieren die Hirnströme verändern. Weitere Studien zeigen, dass dieses Verliebtsein das kritische Denkvermögen behindert, und dass sich die Veränderung der Hirnströme unabhängig von kulturellen Unterschieden weltweit nachweisen lässt. Die Frage ist daher nicht, ob es das Gefühl gibt, sondern wie es interpretiert wird. Und hier zeigen sich länderspezifische Unterschiede. Ein Vergleich zwischen russischen, US-amerikanischen und japanischen Personen aus dem Jahr 1994 zeigte, dass Japanerinnen und Japaner seltener angeben, verliebt zu sein. Als in einer Studie 1986 die Einstellungen gegenüber romantischer Liebe zwischen Menschen in Deutschland, den USA und Japan verglichen wurden, stellten sich die Probanden aus Japan als am wenigsten romantisch heraus. Eine gängige, aber gleichzeitig umstrittene soziologische Erklärung lautet, dass ostasiatische Gesellschaften traditionell der eigenen Familie eine relativ höhere Bedeutung beimessen, sodass sie es weniger nötig haben, außerhalb der Familie nach Erfüllung zu suchen.

Yuri war demnach wohl eine Frau, die zwischen den Kulturen hing. Das, was sie popkulturell über die Liebe gehört hatte, in den USA, aber auch durch diverse Unterhaltungsimporte oder Bücher in Japan, gefiel ihr besser als Ausweg aus dem Alleinsein als das, was sie unter vielen Gleichaltrigen in Tokio beobachtete. Und sie wollte nicht nur das Alleinsein an sich nicht. Sie wollte auch eine seelische Leere meiden, die sie durch einen großen Traum zu verdrängen versuchte. »Man muss doch an was glauben, um zu leben«, sagte Yuri, als wir uns noch einmal trafen, an einem neutralen Ort in einem lärmigen Café irgendwo in Tokios Innenstadt. Die Beziehung, oder was immer das zwischen uns war, hatte sie schon für beendet erklärt.

»Und deshalb hast du dir ausgesucht, an die große, ewige Liebe zu glauben«, sagte ich. »Bin ich wirklich kalt, wenn ich nicht dran glauben mag?«

Yuri hatte zum ersten Mal keine schnelle Antwort parat. Ihre Sicht der Dinge hätte ein »Ja« verlangt, aber das wollte sie wohl nicht sagen. »Ich finde nicht, dass du kalt bist«, sagte sie schließlich. »Ich glaube, du wirst die richtige Frau schon noch finden.« Wir wechselten nicht mehr viele Sätze, ehe sich unsere Wege trennten. Bald blockierte sie mich auf *Facebook*, auch auf eine nett gemeinte Nachricht Monate später reagierte sie nicht mehr.

Obwohl ich nun schon viel zum Thema Liebe gelesen hatte und mich gegenüber Yuri nicht wie ein Scheißkerl fühlte, blieb ein Rest Unsicherheit. Ich brauchte jemanden, um die Sache eingehend zu besprechen. Gerne hätte ich mich mit einer weiblichen Perspektive zu all diesen Problemen konfrontiert. In Ermangelung einer wirklich dicken Freundin hier in Tokio blieb mir allerdings nur eine Wahl: Moto. Mit ihm konnte ich ohne jegliche Vorbehalte über alles reden. Es gab nur ein Problem. Moto ging nicht ans Telefon. Zwei Tage lang nicht. Am späten Freitagabend streifte ich durch die Bars und Nachtlokale, die er sonst regelmäßig frequentierte. Aber ich traf weder ihn noch jemanden, der mir sagen konnte, wo Moto abgeblieben war. Auch mit seiner Ex Ako telefonierte ich. Niemand hatte ihn in den letzten drei Tagen gesehen. Also versuchte ich es am nächsten Tag bei ihm daheim. Nach allem, was ich über ihn wusste, war die Chance groß, dass er an einem Samstagvormittag nach einer langen Nacht zuhause im Bett liegen würde. Mein Läuten an seiner Tür zeitigte jedoch keine Reaktion. Nun machte ich mir ernsthafte Sorgen. Konnte ihm etwas zugestoßen sein? Sein Lebensstil war nicht der gesündeste. Ganz jung war er auch nicht mehr. Vielleicht hatte Moto wegen seines Liebeskummers zu viel getrunken und einen Unfall gehabt? Vielleicht war er auch schwerer erkrankt? Ich überlegte, ob es Sinn ergab, die umliegenden Krankenhäuser anzurufen. Irgendwo hatte ich im Hinterkopf, dass er einmal gemeint hatte, ihm graue vor Krankenhäusern, die er als Betten des Todes bezeichnete. So stand ich unschlüssig vor Motos Tür, als ich drinnen plötzlich ein Geräusch hörte. »Moto!«, rief ich laut.

Wieder keine Antwort.

»Moto, mach auf, ich bin's, Felix.«

»Geh weg!«

Seine Stimme erkannte ich kaum, so schwach war sie.

»Kann ich dir irgendwie helfen?«

»Nein!« Es folgte ein Husten, das im Gegensatz zur Stimme ohrenbetäubend klang. Dazu polterte es, als wäre er über etwas gestolpert.

»Moto, mach auf. Ich hör doch, dass es dir nicht gut geht.«

»Na und. Meine Sache.«

Das war typisch Moto. Dickschädel der Sonderklasse. Aber einfach wieder zu gehen kam nicht in Frage. »Du an meiner Stelle würdest auch nicht einfach abhauen. Du würdest zumindest schauen, wie es mir geht.«

»Ich will niemanden sehen«, röchelte er offenbar nahe an der Tür. »Der Scheiß ist sicher ansteckend.«

»Na und. Meine Sache«, antwortete ich ohne zu zögern. »Wenn du nicht aufmachst, ruf ich einen Krankenwagen und der holt dich ab.« Die Drohung schien er ernst zu nehmen. Noch eine Weile diskutierten wir herum, dann machte er die Tür auf. Auf der Straße hatte ein junger Mann, der untypischerweise trotz Erkältung ohne Mundschutz herumlief, direkt vor Motos Gesicht wild herumgehustet.

Nicht mal 24 Stunden später hatte es ihn voll erwischt. Wegen seinem moralischen Anspruch, niemanden anzustecken, hatte er sich Quarantäne verordnet. Motos Anblick war nicht so schlimm, wie es dieser Wahnsinnshusten hätte vermuten lassen. Trotzdem sah er, ohnehin schon superschlank, etwas ausgemergelt aus. Vor allem seine Wangen schienen eingefallen. »Hast du noch genug zu essen?«, fragte ich ihn und sah sofort an seinem Gesichtsausdruck, dass ich den wunden Punkt in seiner Festung getroffen hatte. »Wie wär's mit Hühnersuppe?«

»Als ob du Hühnersuppe kochen kannst«, murrte Moto.

Mein Vater war zwar ein exzellenter Koch, nur leider hatte ich mir nicht viel von ihm abgeschaut. Moto wusste das, er hatte deshalb schon oft für mich gekocht. Und wenn ich mal dran war, ließ ich uns lieber was liefern. Täuschen konnte ich ihn nicht. »Aber du kannst Hühnersuppe. Ich kauf ein und koch nach deinen Anweisungen.«

Wenig später war ich mit den Zutaten zurück. Mein Vater hatte immer auf genügend Karotten und Zwiebeln geachtet, also kaufte ich viel davon. Außerdem ein Suppenhuhn, Kartoffeln, Erbsen und Reis.

»Hast du Ingwer gekauft?«, fragte Moto mich beim Schritt über die Türschwelle.

Ich verzog das Gesicht.

»Egal, wahrscheinlich ist noch einer da.«

Nach seinen Vorgaben schnitt, rührte und kochte ich, oder wie man das alles nennt. Moto musste ein bisschen mehr Hand anlegen, als er es bei seinem Gesundheitszustand hätte tun sollen. Immerhin stand nach einer Stunde eine dampfende Schüssel vor ihm. Er kostete misstrauisch. Zwei Schüsseln später sprach er das nächste Wort. »Danke.« Wortlos bat er um eine dritte Schüssel, aber bevor er sich daran machte, diese ebenfalls zu verputzen, lächelte er mich wissend an. »Und jetzt sag, was du auf dem Herzen hast.«

Ich erzählte ihm alles. Von meinen Problemen, mich von Lena freizumachen, von Yuri, von meinen Recherchen zum Thema Liebe. Nur unterbrochen von seinen Hustenanfällen, bei denen er sich stets ein großes Handtuch über den Kopf zog, damit keine ansteckenden Keime in meine Richtung fliegen konnten. Ich erzählte ihm auch von meinen Träumen und den Gedanken, die ich mir dazu gemacht hatte. Dass er mir interessiert zuhörte, konnte ich an seiner ernsten Mimik sehen. Aber für Kommentare zu alldem war er zu schwach. Irgendwann am Nachmittag schlief er ein.

Ich nutzte die Gelegenheit und ging nochmal einkaufen. Diesmal kaufte ich eine Menge Instant-Suppen und sonstige Fertiggerichte, die er sich ohne Mühe selbst zubereiten konnte.

Als ich zurückkam, aß er gerade den letzten Rest Suppe. Mit unverhohlener Enttäuschung betrachtete er das von mir eingekaufte Zeug, das ich auf den Küchentisch stapelte.

»Das ist nur für den Notfall«, beeilte ich mich zu betonen. »Heute Abend lassen wir uns was Leckeres liefern.« Seinen skeptischen Blick konterte ich auch sofort. »Meine Spezialität.«

»Nein«, entschied er. »Wenn irgend so ein armer Teufel diesen Husten bekommt und dann krank mit Essenslieferungen durch die Gegend fährt, ... nein. Wir essen das da.« Er deutete auf den Küchentisch und ich wäre am liebsten gleich nochmal einkaufen gegangen. Aber ich wusste, dass Moto das nicht gutheißen würde. In seinen Augen war ich mittlerweile verseucht und stand unter Quarantäne genau wie er. Zum Glück hatte ich an diesem Wochenende nichts Besonderes vor.

Er zeigte mir seine DVD-Sammlung und legte sich wieder hin.

Ich schaute mir »Lost in Translation« an. Und dann noch einen der Alien-Filme. Mich interessieren phantastische Katastrophenplots eigentlich nicht, aber Moto bestand drauf, dass ich es mir wenigstens mal ansähe. Bald nickte auch ich kurz ein.

Als Moto erwachte, war es draußen schon dunkel. Er hatte wieder Hunger. Wie lange er vor meinem Auftauchen nichts gegessen hatte, ich wollte es lieber nicht wissen. Nach einer Packung Instant-Nudeln schien es ihm deutlich besser zu gehen, denn er richtete sich auf in den Schneidersitz und zeigte an die Wand, an der drei Gitarren nebeneinander hingen. »Gib mir die Akustik«, ordnete er an. Zuerst zupfte er an den einzelnen Seiten der Gitarre, stimmte sie, schlug dann einen simplen Akkord an, der mir bekannt vorkam. Aufwühlend und trotzdem ruhig klang er, dazu sang Moto die Zeilen, die er für zentral hielt:

»Suddenly I turned around and she was standin' there
With silver bracelets on her wrists and flowers in her
hair
She walked up to me so gracefully and took my crown of
thorns
Come in, she said
I'll give ya shelter from the storm.«

»Kennst du doch«, meinte Moto, und zog ein erwartungsvolles Gesicht, das hoffte, sein Kumpel würde ihn jetzt nicht enttäuschen.

»›Shelter from the Storm‹ von Dylan«, nickte ich.

»Yea!«, schrie er zufrieden wie ein plötzlich Gesundeter. »Das ist dein Lied!« Als Bob Dylan das Stück 1975 aufnahm, war er Anfang dreißig, also ungefähr so alt wie ich, wie Moto gleich erklärte und nach Parallelen suchte. Nichts machte ihn zufriedener, als durch sein Glaubenssystem, die Musik, Deutungsmuster und Erklärungen für Alltagsprobleme zu konstruieren. »Dylan sehnte sich nach Orientierung, oder Schutz oder so. Aber im Lied akzeptiert er auch, dass das nur noch in der Vergangenheit existiert.«

»Und?«

»Naja. Du lässt dich von etwas verfolgen, von dem du weißt, dass es dich nie wieder erreichen wird. Eine Liebesgöttin oder sowas.«

Bis tief in die Nacht hinein, die für Moto der Tag war, redeten wir. Er über Ako, ich über Lena und Yuri. Mir tat dieses Reden gut. Wobei ich dabei offenbar die Trotzphase überwand und merkte, dass ich wegen Yuri wirklich traurig war. Es war schon toll gewesen mit ihr, sogar das kitschige händchenhaltende Flanieren durch die Stadt. Den einen oder anderen neiderfüllten Blick auf uns hatte ich noch vor Augen. Offenbar hatte mich das stolz gemacht. Und dann ihre kleinen Aufmerksamkeiten, die mir manchmal peinlich waren, die aber oft auch wie kleine Glücksschübe gewirkt hatten.

Moto kramte während meinen Erzählungen in seiner Sammlung von Blues-Scheiben und legte Song um Song auf den Plattenteller wie ein DJ aus einer vergangenen Zeit. Er meinte, verflossene Beziehungen seien wie Gräber in unserem Inneren, die langsam zu einem Friedhof anwuchsen. Das Gedenken an die Verflossenen sei stets schön und deswegen zugleich traurig. Gut, dass er keinen Alkohol mehr im Haus hatte. Irgendwann legten wir uns schlafen. Und diesmal klappte es mit dem Träumen auf Zuruf. Die Göttin der Liebe erschien mir. Zunächst sah ich nur ihren hässlichen Schatten. Der zeterte und schimpfte mit mir. Dass ich ein eingebildetes Arschloch sei. Dass ich mir so viel auf meine Gedanken einbildete, dass ich dabei meine Gefühle verdrängte. Dass ich die Menschen, wenn sie sich mal ernsthaft für mich interessierten, abblitzen ließ, wie ein pubertärer Macho, anstatt endlich Verantwortung für andere zu übernehmen wie ein echter Mann. So ging das in einer Tour. Der Schatten wurde aggressiv und versuchte, mich zu greifen, als wolle er mich in Gewahrsam nehmen, was ihm aber nicht gelang. Bis die Göttin der Liebe irgendwann doch vollends ins Bild trat. In voller Pracht mit Blumen im Haar und silbernen Armreifen. Ihre Schönheit machte mich irgendwie traurig.

»Ich liebe dich«, sagte sie zu mir, auf merkwürdige Weise süß und strafend zugleich. »Ich kämpfe um dich, gebe dir eine große Chance nach der anderen. Aber du? Du vergeigst es wieder und wieder. Endlos viele Chancen bekommst auch du nicht.«

Damit wollte sie mir Angst einjagen, Torschlusspanik erzeugen. Ich reagierte trotzig und meinte, dass ich sie um keine Chance gebeten hatte.

Da nahm sie die Gestalt von Yuri an, nahm Anlauf und versetzte mir einen Stoß aus ihrem Schatten heraus, so heftig, dass ich aufwachte.

Moto stand an meinem Bett. »Du hast gehustet. Besser, wenn du jetzt alle deine Termine für die nächsten Tage absagst.«

Das Husten tat weh, aber sonst war es halb so wild. Moto hatte es schlimmer getroffen, was wohl auch daran lag, dass seine Lunge vom vielen Rauchen mitgenommen war. Erst jetzt fiel mir auf, dass ich Moto noch nie ohne Zigaretten erlebt hatte. Ihm ging es zusehends besser und in seiner Gesellschaft ließ es sich gut leben. Nur das Fertigfutter konnte ich bald nicht mehr sehen. Erst drei Tage später hatte Moto ein Einsehen, duschte, zog sich frisch gewaschene Sachen an und ging mit einem großen

Tramperrucksack einkaufen. Angesichts der Mengen, die er mitbrachte, wurde mir bewusst, dass er noch lange nicht daran dachte, mich aus der Quarantäne zu entlassen. Etwas Frisches zum Anziehen hatte er mir auch mitgebracht. Und für sich Zigaretten, die er allerdings noch nicht anrührte.

Die erzwungene Auszeit verging wie im Flug. Zu keiner Zeit hatte ich hohes Fieber und da Moto sich so gut erholt hatte, machte ich mir auch keine Sorgen. Ich nutzte die Zeit, um mir Notizen zu machen. In mir reifte der Gedanke, dies alles zu einem Buch zu verarbeiten. Von der Göttin der Liebe träumte ich in diesen Tagen nicht mehr.

Irgendwann ließ Moto mich dann gehen. Daheim kramte ich unter dem Behälter für Besteck in der oberen Küchenschublade. Ich hatte schon ein paar Wochen nicht mehr hineingeschaut. Meine Ikone der Liebe, das Bild von Lena und mir. Babe. Schon ewig wurde ich nicht mehr Babe genannt. Wäre ich nicht gerne wieder Babe, obwohl ich das ja nie gern war? War dieses Bild nicht der Glaubensbeweis? »Nein, ist er nicht«, flüsterte ich, drehte mich dabei nach hinten zur Tür nach draußen, als wartete dort Yuri, oder Lena oder eine mehr oder weniger bedrohliche Traumgestalt, die eine Antwort auf diese Frage hören wollte. Aber da war niemand und ich fühlte mich deswegen nicht schlecht und allein, eher stolz und autonom. Ich löste die Glasplatte vom Bilderrahmen, hob das Foto raus und warf es, doch schweren Herzens, in den Papierkorb. Irgendwann muss es nach vorne gehen. In eine Welt ohne die eine andere Person, ohne die Richtige?

EINSAME KLASSE.

»Wieder allein?«, fragte Tanaka-san ohne einen Blick über den Tresen. Mit einem feinen Pickel hackte er einen Eisbrocken rund, den die junge Frau am Tresen gleich in ihr Glas bekommen sollte.

»Immer noch«, antwortete sie, die ganz offensichtlich nicht zum ersten Mal hier war. »Schon lange unverändert.«

»Könnten dann mittlerweile zwei Jahre sein, oder?«, kommentierte Tanaka.

Die Frau zählte mit ihren Fingern nach, als rechnete sie in Monaten oder Wochen statt in Jahren. »Ungefähr, ja.«

»Beziehungen sind anstrengend, stimmt's?« Tanakas suggestive Frage klang wie ein Nachhaken, schien aber gar keine Antwort zu erwarten. Die legte er seinem Gast eher in den Mund, damit diese junge Frau selbst entscheiden konnte, wie viele ihrer Sorgen sie ausschütten wollte. Gleich im Anschluss an seine Frage reichte Tanaka ihr ein breites, rundes Glas mit leicht nach innen gewölbtem Rand rüber. Sie konnte jetzt nicken und dabei offenlassen, ob sie damit den bestellten Whisky zur Kenntnis nahm oder Tanakas Vermutung über das Singlesein bestätigte.

Einige Monate war es her, seit ich das letzte Mal in der Bar Nocturne gewesen war, und seit Yuri und ich uns absichtlich aus den Augen verloren hatten, war schon wieder ein Jahr vergangen. So lang hatte ich auch niemand Neuen mehr getroffen. Als ich die steile Treppe nach unten gestiegen, die Tür mit der Glasscheibe aufgeschoben und die breiten Dielen der Bar betreten hatte, konnte mich Tanaka nur mit einem wortlosen Lächeln begrüßen und mir mit gestrecktem Arm einen Platz am Tresen anbieten. Er war beschäftigt, ins Gespräch mit dieser Frau verwickelt, die sich als gute Kundin des Ladens herausstellte. Ich sah sie zum ersten Mal hier, aber es war auch Mittwoch, und mittwochs kam ich normalerweise nicht nach Yotsuya.

Tanaka schob ihr einen zwölfjährigen Bunnahabhain auf Eis über den Tresen. In einer Bar in Shinjuku, wo früher der Schriftsteller Haruki Murakami einkehrte, hatte ich diesen Single Malt selbst erst vor kurzem probiert. Nussig, vanillig, nur leicht rauchig, aber langanhaltend. Der rundgeklopfte Eisball im Glas dürfte ihn leichter machen. Sie nippte, setzte ab, schloss die Augen, schien zu genießen, erst einen Moment später schluckte sie, lautlos. Das Schweigen in der Bar Nocturne wurde wie so oft von Chopins Klaviermusik begleitet. Einige Gäste kehrte das nach innen, aus anderen sprudelte etwas heraus. Die Frau atmete ein, sie vertraute Tanaka, der auch schon mehrere ihrer Geschichten gehört zu haben schien. »Ich hatte ja diesen Typen getroffen.«

Tanaka sah ihr jetzt in die Augen, während er mit einem Tuch ein Glas polierte.

»Er war höflich und hatte Humor. Wir verstanden uns. Aber dann kam er mit diesen großen Worten.«

Tanaka schaute fragend, als wollte er diese Worte hören.

Ich schaute fragend, obwohl ich nicht Teil der Unterhaltung war.

»Das war mir zu viel«, sagte sie.

»Wovon sprach er?«, fragte Tanaka nach.

Sie kniff ein Auge zu, visierte von oben den Eisball im Glas an. Das Thema, obwohl sie selbst damit angefangen hatte, war ihr wohl doch ein wenig unangenehm. »Er behauptete, dass er so jemanden wie mich noch nie getroffen hätte.«

»Hätte er das besser nicht sagen sollen?«, fragte Tanaka.

»Am besten wäre, er hätte das nicht gedacht«, fand die junge Frau. »Mal ehrlich. In der Region Tokio leben so viele Menschen. Keine Eigenschaft, die ihm gefällt, wird ihm hier nur ein einziges Mal begegnen.«

»Ein Romantiker?« Tanaka legte ihr wieder eine Antwort auf die Zunge.

Die Frau zuckte mit der Schulter. »Viele mögen das ja. Aber mich setzt das unter Druck. So gut kennen wir uns noch gar nicht. Er hat schon behauptet, dass er für mich sein Leben umkrempeln würde. Was auch immer das heißen soll.«

Ich hörte zu, soweit das ging, ohne auffällig rüber zu starren. Aber die Unterhaltung war nun mal interessant. Und was sie störte, kam mir bekannt vor, aus der Literatur, aus Erzählungen und Erfahrungen. »Hysteriker« nennt der Philosoph Slavoj Žižek solche Personen, die vor den großen Angeboten und Verheißungen einer Liebesbeziehung zurückschrecken, nicht weil sie den anderen ablehnen, sondern die mit ihm einhergehende Idee der Zweisamkeit. Wenn der geliebte andere mein Leben ausfüllen soll, in dem bisher eine Lücke klafft, ein Mangel, dann ruhen auf dieser neuen Liebschaft große Hoffnungen, Erwartungen, vielleicht Projektionen. Nach dem Motto: Endlich ist mein Leben nicht mehr grau, dank dir kann ich die Dinge jetzt in Farbe sehen! Wer es ablehnt, diese neue Färbung im Leben des anderen auszulösen, den könnte man als Egomanen abstempeln, oder als Angsthasen, der sich nicht traut, für die neue Beziehung etwas aus seinem Leben zu opfern, seine Unabhängigkeit zum Beispiel. Žižek aber spricht für diejenigen, denen die Verheißung der romantischen Liebe nicht geheuer ist: »Ich weigere mich, das Agalma in mir zu opfern, weil es nichts zu opfern gibt, weil ich außerstande bin, deinen Mangel auszufüllen.« In anderen Worten: So toll bin ich nicht, dichte mir keine Fähigkeiten an, die ich nicht hab! Der Konflikt, den diese Frau neben mir am Tresen mit ihrem letzten Liebhaber erlebte, war so ähnlich wie jener, der mich und Yuri auseinandergetrieben hatte. Deswegen verfolgte ich das Gespräch mit Interesse. Die mutmaßliche Schwärmerei des Ex-Lovers konnte ich schon nachvollziehen. Sie hatte ein aristokratisch wirkendes Gesicht, eine ruhige Stimme, abgeklärt, nicht aufgeregt, schenkte dem Getränk vor sich große Aufmerksamkeit, ohne es

hastig runterzukippen, sprach in kurzen, deutlichen For-
mulierungen. Keine unnötigen Füllwörter im Satzbau, so
ließ sich ihr Stil auch sonst beschreiben. Schwarzes, leicht
welliges Haar, ein schmaler, schlichter Ring am Daumen,
einfarbige Kleidungsstücke, eine graue Hose und ein weißes T-Shirt. Keine Frau, die es für nötig hielt, durch ihre
Aufmachung aufzufallen. Inhalt trumpft Erscheinung.

»Entschuldigung, aber das interessiert mich sehr«,
sagte ich Richtung rechts, wo sie neben dem unbesetzten
Stuhl zwischen uns saß.

Sie blickte überrascht rüber, sortierte sich einen Moment, ich platzte ja als Fremder in ihre Unterhaltung mit
Tanaka, dem Barkeeper. »Was denn?«

»Mich interessiert dieses Thema rund um Liebe, Hoffnungen und so weiter.«

Sie schwieg, schien sich mir aber nicht gleich zu
verschließen.

»Ich bin aus Deutschland, und mich interessiert, wie
das mit Liebe hier so abläuft. Wie man darüber spricht
und so.«

»Okay?«

»Also, darf ich fragen, was für schmeichelnde Sätze
dieser Lover gesagt hat?«

Die junge Frau blickte verdutzt. Entsetzt sah sie immer
noch nicht aus. Männer schienen in ihren Augen ohnehin seltsame Wesen zu sein, insofern überraschte sie wohl
auch meine Frage aus dem Nichts nicht weiter. »Okay. Er
sagte, dass er sich in mich verliebt hat, zum Beispiel.«

»Er mag dich anscheinend sehr.«

»Ja«, sagte sie.

»Ist es schlimm, das zu sagen?«, fragte ich.

»Nicht schlimm. Ich glaube, er ist ehrlich. Aber ich denk so nicht.«

Wow, dachte ich, und mit meinem Gesichtsausdruck sagte ich das wahrscheinlich auch.

»Ich liebe dich«, führte sie aus, »muss man in Japan nicht sagen.« In den Augen dieser irgendwie grimmigen, irgendwie charmanten Frau war der Mann, der ihr das trotzdem gesagt hatte, wohl ein Opfer der globalen Popkultur, der sich einiges in TV-Serien abgeguckt hatte.

»Was sagt man denn hier, wenn nicht: Ich liebe dich?«, wollte ich wissen.

»So Sachen wie: Ich mag dich, wir verstehen uns so gut, ich will Zeit mit dir verbringen. Das reicht.«

Um der Diskussion willen wollte ich widersprechen, aber zuzustimmen tat besser. So kam ich mir immerhin nicht mehr vor wie ein kaltes Schwein, nur weil ich auf die großen Worte und Wünsche von Yuri keine genauso große Antwort gewusst hatte.

»Dieses Romantische tut doch nicht gut«, sagte sie ein Glas später. »Muss man seine Gefühle übertreiben, damit man erstmal glaubt, man kann fliegen? Dann wird man später nur böse aufprallen.«

Erstmal klang das verdächtig nach Trauma, schlechten Erfahrungen. Oder steckte mehr dahinter? »Ich heiße Felix«, sagte ich, »freut mich«, und beugte mich ein bisschen nach vorne, so sehr das im Sitzen, mit der blankpolierten Holzbar vor der Brust, zu machen war.

»Ich bin Mayumi. Freut mich auch.«

Zwischen Mayumi und mir nahm eine dieser vertrauten Unterhaltungen ihren Lauf, für deren Vertrautheit eigentlich jede Grundlage fehlte. Wir kannten uns nicht länger als ein paar Wortwechsel, aber manchmal ist es ja dieses Nichtwissen über den anderen, das bloß Momentane einer Begegnung, ohne Vergangenheit oder Zukunft, das zum Reden beflügelt. Es ging um Liebe, oder das, was oft dazu erklärt wird, den ganzen Abend. Mayumis schnörkellose Sprache, die im Japanischen nicht gerade typisch ist, machte Spaß, denn sie erlaubte auch mir, direkt zu reden, ohne mich mit den manchmal komplizierten japanischen Höflichkeitskonstruktionen zu quälen.

»Diesen Typen wirst du also nicht mehr treffen?«, fragte ich.

»Wahrscheinlich nicht. Man weiß ja nie«, sagte sie. Es sei nicht schlimm, wenn nicht, aber schon okay, wenn doch, schien das zu bedeuten. Mayumi war indifferent. Eine dieser Singles, die sich vom Leben in Partnerschaft auch nicht viel mehr versprechen als vom Alleinsein.

»Ist das Leben ohne Partner besser?«, wollte ich wissen.

»Ich hab gute Freunde. Ich kann mich mit mir selbst beschäftigen. Es ist nicht wirklich schlechter. Du bist auch Single?«, fragte Mayumi.

Ich nickte, sie lächelte, und blickte dabei, als fühlte sie sich in irgendwas bestätigt.

Gehörte sie zu diesen partnerlosen Pionieren, die von außen so häufig als traurige Wesen abgeschrieben wurden? Schon als mich Lena verlassen und ich erstmals die demografischen Zahlen gesehen hatte, war dieses Muster erkennbar gewesen. Im Spätsommer 2016 waren neue offizielle Daten rausgekommen. Der Trend hatte angehalten, die Singles nahmen allmählich überhand. Laut dem Nationalen Institut für Bevölkerungsforschung hatte der Anteil der unverheirateten jungen Frauen, die einen Partner hatten, im Jahr 2010 noch bei 34 Prozent gelegen. Die Befragung von 2015 kam nur noch auf 30 Prozent. Unter Männern war der entsprechende Wert von knapp 25 auf 21 Prozent gesunken. Im selben Survey wollte das Institut wissen, wer von diesen Singles sich einen festen Partner wünschte. 2010 hatten noch 53 Prozent der Männer und 52 Prozent der Frauen von einer Freundin oder einem Freund geträumt. 2015 waren es nur noch 48 und 44 Prozent. Mehr als die Hälfte der Singles will keinen Partner. Ein typischer Grund weiterhin: Liebe und Partnerschaft, das sei »mendokusai«, also lästig, anstrengend, nervig.

Was Mayumi nervte, war das, was die Liebe als Rattenschwanz hinter sich herzog. »Ich hab einen Job. Den will ich nicht aufgeben, nur weil jemand vor mir auf die Knie geht. Freunde geben mir allen nötigen Halt und alle Freuden. Und wenn ich Sex will, krieg ich den auch.« Für Liebe kein reservierter Platz, Liebschaften sind weniger vereinnahmend.

An diesem Abend wollte ich eigentlich früh nachhause, aber ich bat noch um einen Scotch.

Mayumi stieg bei ihrer nomikata, der Trinkart, von ice auf straight um. »Einige meiner Freunde sind richtig romantisch«, sagte sie. »Irgendwann trennen sie sich dann.

Aber das liegt meistens an den hohen Erwartungen, die sowieso niemand erfüllen kann!«

»Welche Erwartungen haben deine Freunde?«, wollte ich wissen.

Mayumi überlegte nicht lang. »Viele verlangen: Du musst mir immer die Wahrheit sagen. Würde ich wissen wollen, was für dunkle Geheimnisse jemand hat? Vielleicht ja, aber vielleicht auch lieber nicht.«

Auch wenn ich vieles schon anderswo gehört hatte: Bei den Thesen dieser Frau konnte ich nur nicken. Also nickte ich.

»Und du, als Westler, bist du auch Romantiker?«, fragte Mayumi.

»Ich hab mal dran geglaubt, aber die Versprechen waren vielleicht zu groß. Was daraus folgt, weiß ich nicht recht«, sagte ich.

»Den Glauben verlieren?«, schlug Mayumi vor.

»Eine Möglichkeit«, gestand ich. Aber gab es überhaupt eine andere Möglichkeit? Das Glück aktiv zu suchen mag schon kreativ genug sein, es sich dann noch in einer anderen Person zu erhoffen, braucht reichlich Vorstellungskraft. Der französische Psychoanalytiker Jacques Lacan sah in der Liebe deshalb ein »sentiment comique«, ein komisches Gefühl. Komisch deshalb, weil die Liebenden durch ihr Gefühl sprichwörtlich verblödet seien. Sie vermuten von den Geliebten zwar, dass diese die Lücke im eigenen Leben schließen können, allerdings werde sich das nie bewahrheiten. Liebe bleibt Projektion. Lacan meint sogar, dass das Nicht-Eintreten dieser Hoffnung, dass die mit dem Geliebten entstandene Verheißung auf Erlösung und neue, permanente Höhen endlich wahr werde, zugleich die Bedingung für das Verliebtheitsgefühl sei. Der Liebende lässt sich, um das schöne Gefühl zu erlangen, bereitwillig über den Ausgang so eines Abenteuers täuschen. Das bedeutet nach Lacan auch: Liebe schließt die Erfüllung der mit ihr verbunden Hoffnungen aus und umgekehrt. Dachte ich an Lena, konnte das bedeuten: Hätte sie weniger Ausraster gehabt, wäre sie endlich mal zufrieden mit uns gewesen, hätten sich meine Hoffnungen erfüllt, was laut Lacan womöglich der Anfang vom Ende der großen Gefühle gewesen wäre. Denn mein Bild von Lena entsprach nicht der wahren Person, sondern einer idealisierten Kreation in meinem Kopf, die Lena um ein paar mir unangenehme Dinge verkürzt und um ein paar angenehme erweitert hatte. Grundlage für das Gefühl wäre dementsprechend der Unterschied zwischen der Lena aus der realen Welt und der in meinem Kopf. Idealisierung braucht die Lücke zwischen dem Traumhaften und dem Unpassenden, Nervigen, Störenden, dem Makel, der der Person anhaftet. Entsprechend hätte Lena vielleicht viel eher das Interesse an uns verloren, hätte ich mich auf ein Jahre vorausschauendes Planen eingelassen, wäre auch ich weniger launisch, hätte ich keine Zahnlücken, wäre ich einige Zentimeter größer oder was sonst alles so auf der Wunschliste ohne Häkchen blieb. Sie hätte nicht nur weniger gelitten, sondern auch weniger Raum zur Idealisierung gehabt. Irgendwann aber, als bei ihr die Desillusionierung überhand genommen hatte, war ihre Vorstellungskraft gewichen. Die Liebe zerplatzt entweder, weil sie zu perfekt und deshalb schon fast langweilig wird, oder weil sie sich ihrem eigenen Traum nicht mehr genügend annähern kann.

»Ich glaube, als Single lebt man gut«, sagte ich vor mir her, zur Flaschenwand hinter der Theke.

»Gut genug«, antwortete Mayumi parallel, in Richtung des Single Malt Sortiments. »Man hat nicht das unglaubliche Hochgefühl. Aber dafür muss man sich nicht zuerst anlügen.«

Sie mochte zynisch sein, in ihrer ablehnenden Haltung ein bisschen übertreiben. Aber dahinter steckte auch der Gedanke, dass weniger als das Maximum genug sein kann, und dass man das auch von vorneherein so sehen kann. »Gut genug.« Das scheint mit den üblichen jungdynamischen Marschrouten wie YOLO (you only live once), »work hard, play hard«, »die Welt ist nicht genug« und allem, was Ähnliches meint, kaum zu vereinbaren. Wer für sich entscheiden kann, was ihm genügt, ist den hastig Suchenden, die ja nur einmal leben, und alles schnell erleben müssen, sicher um etwas voraus.

Wir hätten noch lange weiterreden können. »Liebe Gäste, es ist Zeit geworden«, flüsterte die weiche Stimme von der anderen Seite der Theke. Tanaka wollte dichtmachen. Vier Uhr, draußen schimmerte schon die Dämmerung zwischen den Wolkenkratzern hervor, bald würde der erste Morgenzug fahren. Ein paar kurze Stunden, bevor der nächste Arbeitstag begann, gab es ja noch. Wir gingen zusammen raus, gingen schlafen.

Einige Kilometer westlich von der Bar Nocturne in Yotsuya wartete ich am nächsten Abend vorm Ausgang des Bahnhofs Hachiōji. Ein eigenartiger Stadtteil, irgendwie schick, voll mit kleinen Läden, die Handgemachtes von hoher Qualität anbieten, gleichzeitig voll mit Menschen, die nicht gerade wohlhabend daherkommen. Auf der Straße zeigen sich mal Altersarmut, daneben durchgestylte Zwanzigjährige auf dem Weg zur Uni. Untypisch angesichts Japans alternder Bevölkerung ist Hachiōji ein kultureller und demografischer Schmelztiegel, ein Ort, der sich eignen sollte, über große Fragen dieser Zeit zu sprechen. Es dauerte nicht lang, da eilte Kenichi Mishima mit entschlossenen Schritten heran. Weißes T-Shirt, blaue Jeans, Turnschuhe, sehr dynamisch, zumal für einen, der seit mehreren Jahren emeritiert ist. »Gehen wir rüber ins Izakaya?«, fragte er gleich. Ein paar Minuten Fußweg, dann nahmen wir Platz im Izakaya seiner Wahl, also einem Lokal mit Alkoholausschank, mit Steinboden und Mobiliar aus robustem Holz. Dieses Lokal war ruhiger als das, in dem Lena und ich mit Miyuki und Annette in Nakano gegessen und getrunken hatten. Hier geriet nichts außer Rand und Band, die Gäste blieben verhalten, saßen nicht im Schneidersitz auf dem Boden, sondern auf schweren Stühlen. Kenichi Mishima wurde vom Chefkellner gleich höflich begrüßt und wir bekamen den schönsten Tisch, in einer Ecke mit Blick auf den ganzen Raum. Mishima, einer der bekanntesten Philosophen Japans, verbrachte viele Jahre in Deutschland, um sich mit der Kritischen Theorie um Theodor Adorno und Max Horkheimer auseinanderzusetzen, die unter anderem dafür bekannt wurde, Formen des Widerstands gegen die geschriebenen und ungeschriebenen Regeln einer Gesellschaft zu untersuchen. Ich hatte Mishima um ein Treffen gebeten, um über das Alleinsein zu sprechen. Und ob er Unterschiede erkenne zwischen Japan und dem, was er im Westen beobachtete. Wir bestellten zunächst Bier, vereinbarten zugleich, später zu Nihonshu überzugehen, japanischem Reisschnaps.

»Liebe, nun ja«, begann Mishima in gewähltem Deutsch, als der Kellner das Bier bei uns abstellte, »das ist ein sehr kulturelles Thema.« Kulturell deshalb, weil es ja einst gar kein richtiges Thema gewesen sei. In der sogenannten Edo-Zeit von 1603 bis 1868, als Japan sich noch von der Außenwelt abschottete, fand die Idee der Liebe an den Theatern zwar statt, allerdings eher als Ding der Unmöglichkeit. Der Begriff shinjuushi hatte Konjunktur, er beschreibt den gemeinsamen Selbstmord zweier Liebender. Der Tod bot die einzig mögliche gemeinsame Zuflucht, denn die liebenden Protagonisten gehörten meist unterschiedlichen Schichten an, ein Zusammenleben war ausgeschlossen. In der auf die Edo-Ära folgende Meiji-Zeit aber, als Japans Regierung die Ständegesellschaft abschaffte und den Austausch mit dem Rest der Welt suchte, wurde auch das Modell der romantischen Liebe importiert. »Von da an kamen romantische Ideen aus der französischen, deutschen oder englischen Literatur auch häufiger in Japan vor«, erklärte Mishima. »Die Liebe wurde zu einem Ding des Lebens, nicht des Todes.« Beispiele sind die Geschichten von Natsume Sōseki, dem vielleicht einflussreichsten Schriftsteller der japanischen Moderne. Zum Beispiel im Roman »Kokoro«, zu Deutsch Herz, trifft ein junger Mann auf einen älteren, der zu seinem Sensei wird, einem Lehrer für alle Lebensangelegenheiten. Der Sensei warnt den Jungen immerzu: »Liebe ist ein Verbrechen!« Denn die Liebe des Sensei zu dessen Frau hatte diesen vor menschliche Probleme gestellt, mündete sogar im Selbstmord eines Freundes, der dieselbe Frau verehrt hatte. Die Liebe, so schön dieses Gefühl sei, berge Gefahren. »Als Thematik ist das überhaupt nicht untypisch.«

Wir waren schon beim Nihonshu, dem Reisschnaps, und Mishima holte das Thema nun langsam aus der Vergangenheit in die Gegenwart. »Manchmal frage ich meine Studenten nach ihrem Liebesleben. Die meisten sind solo. Sie scheinen soweit auch zufrieden zu sein.«

»Wundert Sie das?«, fragte ich.

»Einerseits schon. Ich bin Jahrgang 1942. Meine Geburtskohorte wollte die Welt erobern. Wir hatten große Träume.«

»Hat es sich heute ausgeträumt?«

»So scheint es. Es gibt zum Beispiel diesen neuen Begriff Riajuu, eine Zusammensetzung aus real und juujitsu, das bedeutet so etwas wie ›echte Vollständigkeit‹. So beschrieb man vor Jahren Personen, die das Leben so richtig auskosteten. Das war eine Lebensmaxime und ein Erfolgsmerkmal.«

»Was ist es mittlerweile?«

»Für die Jungen von heute klingt riajuu wohl nach einer Mischung aus Utopie und Kitsch.« Hatten die Menschen aufgehört zu träumen? Natürlich war auch in den Augen von Kenichi Mishima ein Teil der Erklärung, dass sich mit dem Platzen der Riesenspekulationsblase im Jahr 1990 vieles änderte. Der Fortschrittsgedanke war abhandengekommen, eine Postwachstumsgesellschaft ist damit teilweise schon entstanden. Drückt sich das auch im intimsten Lebensbereich aus? Ja, glauben mehrere Ökonomen wie Soziologen, und das beobachtete auch Kenichi Mishima. Allerdings handle es sich nicht nur um blindes Einigeln vor lauter Scheu. »Adorno hätte in dieser Abstinenz ein Widerstandspotenzial erkannt«, sagte der Professor und hob energisch den Zeigefinger. Kenichi Mishima, längst in seinen Siebzigern, hatte etwas übrig für diese jungen Menschen. »Sie lehnen den Lebensweg ab, den ihre Eltern über die letzten Jahrzehnte prägten und den diese von ihnen erwarten. Und sie tun dies ironischerweise auf eine traditionelle Art, denn sie werfen ja gerade den Kulturimport der romantischen Liebe über Bord. Meine Studenten wollen meistens unverbindlich leben. Sie denken sich: Wenn wir schon auf dem Arbeitsmarkt flexibel sein müssen, warum sollen wir dann nicht auch im Privatleben die maximale Freiheit einfordern?«

Das wiederum klang teilweise wie in der Heimat. Auch in Deutschland, und vermutlich anderswo auf ähnliche Weise, war ein unverbindlicher Lebensstil beliebter geworden. Laut der seit kurzem dort erstmals periodisch durchgeführten sozialwissenschaftlichen Umfrage

»Beziehungs- und Familienpanel« hielt dieser Trend auch in den letzten Jahren an, obwohl sich die Strukturen auf dem Arbeitsmarkt gar nicht mehr viel veränderten. So waren in den Geburtenjahrgängen 1971-73 von den Anfang 30-jährigen Männern rund 35 Prozent entweder Singles oder hatten einen Partner, mit dem sie nicht zusammenlebten. Für die Männer der Geburtenjahrgänge 1981-83 lag dieser Anteil schon bei knapp 40 Prozent. Unter den Frauen nahm der Wert zwischen diesen zwei Kohorten von rund 25 auf knapp 30 Prozent zu. Ob die zunehmende Bevorzugung eines unverbindlichen Lebens in einem direkten Zusammenhang mit der zunehmenden Unsicherheit in anderen Lebensbereichen steht, ist umstritten. In Japan hingegen ist man sich weitgehend einig, dass das eine mit dem anderen zu tun hat.

Für Kenichi Mishima war zudem auffällig, wie sich die jungen Menschen mit dieser gesellschaftlichen Veränderung arrangierten. »Ich glaube nicht, dass es den Jungen heute unbedingt schlecht geht. Sie verabschieden sich von Konzepten, die ihnen unrealistisch erscheinen. Dafür nehmen sie sich, was sie kriegen können.« Viele der Studenten hatten mehrere Partner gleichzeitig, andere hatten gar keine. »Mir scheint, als wären junge Menschen in Deutschland noch etwas traditioneller?« Mishima sah mich fragend an.

Ich meinte, dem zustimmen zu können.

»Und finden die Menschen ihre große Liebe denn auch?«, hakte er nach.

»Einige finden sie vielleicht. Aber am liebsten hätten wir in meiner Generation wohl den perfekten Partner. Die

Suche nach so einem Menschen ist vielleicht das größte Projekt im jungen Erwachsenenalter. In Unterhaltungen zwischen Gleichaltrigen dreht es sich bei uns oft um dieses Thema.«

Mishima konnte sich ein Lächeln nicht verkneifen. »Sehr romantisch. Ich denke, in der Regel sind die Japaner da pragmatischer.« Interessant eigentlich. Die westliche Ideengeschichte besteht ja nicht nur aus Romantikern. Bekannte Skeptiker und Analytiker wie Arthur Schopenhauer, Friedrich Nietzsche, Franz Kafka, Jacques Lacan und viele andere sprachen durchaus ihre Zweifel an der romantischen Idee aus. Aber im sozialen Gedächtnis blieben eher die euphorischen Geschichten von Shakespeare, Goethe, Klopstock und all den anderen.

Ein anderer Abend, wieder ein paar Monate später. Mayumi und ich hatten uns in der Zwischenzeit einige Male getroffen. Aber wir wurden keine Freunde auf Facebook, schrieben einander auch keine Nachrichten über *Line*, der in Japan mit Abstand am weitesten verbreiteten Messaging-App. In der Bar Nocturne sahen wir uns zufällig. Gut gefüllt, der Tresen fast komplett besetzt, wieder mal vor allem mit Einzelgästen. Hinten an der Wand, wo Tanaka regelmäßig hinter einem Vorhang verschwand, um getrocknete Früchte oder neues Eis zu holen, saß Mayumi, den Platz neben ihr hatte sie mit ihrer Tasche freigehalten. »Ich hab mir schon gedacht, dass du heute kommst«, sagte sie lächelnd und lud mich mit einer Geste ein, mich zu ihr zu setzen. Dafür, dass es schon kurz vor elf war, bebte die Bar Nocturne. Ein alter Mann ließ sein

Gelächter über den eigenen Witz durchs Halbdunkel hallen, Tanakas Tresenhilfe kicherte dienstlich mit. Bei dem fröhlichen Gequassel hier und da wirkten selbst die Takte von Chopin wie Musik zum Tanzen. Ein langes Wochenende stand bevor, die Golden Week Ende April. An dieser im japanischen Kalender einmaligen Aneinanderreihung von Feiertagen nehmen sich die Menschen meist ein, zwei Brückentage frei und verreisen dieses eine Mal im Jahr für eine Woche mit der Familie. Wer niemanden zum Verreisen hatte, kam in einen Keller gemeinsamer Einsamkeit wie diesen hier.

»Otsukare-sama«, nickte Mayumi mir zu, eine japanische Floskel, die die Anstrengungen eines vollbrachten Arbeitstags anerkennt. Als hätte sie gewusst, dass ich gerade eine längere Recherche über Fukushima und den Wiederaufbau nach der Katastrophe aus Erdbeben, Tsunami und Reaktorunglück abgeschlossen hatte.

»Otsukare-sama«, nickte ich ihr beim Hinsetzen zu, als hätte ich gewusst, dass sie am selben Tag die Konzepte für neue Funktionsklamotten fertiggestellt hatte. Sie arbeitete für einen großen Bekleidungshersteller, ihr Job war es, die weichen Produkte zu designen, von T-Shirts bis zu wetterfester Kleidung. Wir kamen wieder auf das Thema unserer ersten Unterhaltung hier am Tresen. »Für dich geht's nicht raus aus Tokio?«, fragte ich.

Kopfschütteln, bekräftigt von einer abweisenden Handbewegung.

»Der Typ, der dich liebt, der hätte doch sicher was im Sinn gehabt.« Die beiden waren noch gelegentlich in Kontakt gewesen, er hatte sich auch nach einem Korb von ihr nicht völlig entmutigen lassen.

»Ja, er hatte was vor, deswegen bleib ich ja hier«, sagte sie mit einem Grinsen, das ein bisschen böse, aber ziemlich sympathisch aussah. Er habe die Flucht nach vorne angetreten, als Beweis für die Wahrhaftigkeit seiner Gefühle wollte er mit Mayumi nach Hakone fahren, einen Thermenort am Fuß des malerisch symmetrischen Vulkans Fuji. Mit ihrer Absage, meinte Mayumi, war zwischen den beiden alles geklärt. Sie machte das zufrieden. Lächelnd nahm sie einen Schluck. An diesem Abend trank sie den 12-jährigen Hibiki, ein würziger, pflaumiger Blended Malt aus Japan. Sie nippte ausgiebig an ihrem Glas, sekundenlang. Die Hälfte der Zeit, die ihre Lippen am Glasrand blieben, musste der Whisky entweder längst runtergeschluckt oder noch gar nicht in ihrem Mund sein. Als sie absetzte, hatte sie wie so oft einen klugen Gedanken parat: »Wir sind angeblich die freieste Generation, die es je gab. Aber wenn das so ist, warum müssen wir ständig mehr Stunden arbeiten, als wir bezahlt bekommen? Warum erwartet die Regierung von uns, dass wir Kinder kriegen? Richtige Selbstverwirklichung ist doch was anderes.«

Mishima, der Philosophieprofessor, hatte es treffend beschrieben. Dem üblichen Lebensmodell eine Absage erteilen, das war die Form von Widerstand, die dieser Generation blieb. Diesen Jungen, die wie keine Generation zuvor mit süßen Versprechen aus der Werbung zu zuverlässigen Konsumenten erzogen wurden und mit drohenden Imperativen aus den Diskussionen über Globalisierung und Wachstum zu effizienteren Produzenten heranwuchsen, möglichst immer schneller als ihre Vorgänger und die ausländische Konkurrenz. In dieser Welt, in der sie sich beeilen mussten, einen guten Abschluss und einen guten Job zu landen, war der Verzicht womöglich die einzige Form, ein Zeichen zu setzen. War es das?

Mayumi war keine hochpolitisierte Frau. Sie kannte sich mit den tagespolitischen Themen aus, aber sie engagierte sich in keiner Bewegung. Sie sträubte sich nur gegen das, was ihr als einengend erschien. Und das machte sie zu einer typischen Vertreterin ihrer Generation. Ich konnte nicht leugnen, dass ich auch deshalb Gefallen an ihr fand. Mayumi schien nach nichts auf der Suche zu sein, aber auf der Lauer, Neues zu finden. Vielleicht, ging es mir durch den Kopf, passte ihre zurückgezogene und doch offene Art ja mit meinem Sein zusammen, das auch nicht frei von scheuen Zügen war. Mayumi schien sich selten von Gefühlsmischmasch dominieren zu lassen, was den Umgang mit ihr angenehm machte. Sie war kein launischer Charakter, sie war Analytikerin. Und darin viel weniger urteilend, als ich es im Rahmen meiner christlich-westlichen Prägung gelernt hatte, die so vieles rasch in Kategorien teilen will wie richtig und falsch oder gut und schlecht. »Die romantische Liebe ist eine Lüge«, so einen Satz, wie er mir mittlerweile auf der Zunge lag, hörte man von ihr nicht, trotz aller persönlicher Abneigung. Nur weil sich ein Lebensstil für sie selbst nicht eignete, hielt Mayumi ihn noch nicht für generell unbrauchbar. Bloß nicht für allgemein gültig.

Mayumi interessierte sich aber ohnehin weniger für die Norm als für das Unnormale. Vorbilder schien sie eher als Richtwerte zu verstehen, von denen man sich, wenn man sie erst einmal kannte, schrittweise entfernen konnte. Ihre laxe Einstellung zur Liebe war ein Beispiel, aber nicht das einzige. Sprach Mayumi etwa von sich selbst, stellte sie sich nicht, wie es viele tun würden, als cool, klug oder weise dar. Bei ihren Selbstbeschreibungen und Anekdoten machte sie tendenziell sich selbst lächerlich, und tat dies auf eine so verallgemeinernde Weise, dass es nicht nur um sie, sondern um die ganze Gesellschaft ging und alle dabei auch noch sympathisch wegkamen. Mir fiel das auf, nachdem ich ihr angetrunken und zusammenhangslos von den geschwungenen Schlieren am Inneren meines Whiskyglases vorschwärmte. Diese Flüssigkeitsreste, fand ich plötzlich, retteten sich so elegant an den Bauch des Glases, dass sie eine schöne Form abgaben.

»Gut, oder?«, entgegnete Mayumi sofort. Sie tat nicht erstaunt, sondern so, als wäre es höchste Zeit gewesen, dass ich endlich auch mal diese Schlieren entdeckte. Ihr fiel das Lieblingsgefühl ihrer Kindheit ein. Sie strahlte schon, bevor sie die Story zu erzählen anfing. »Als Mädchen wollte ich immer mit meiner Nase den Kopf unseres Vogels berühren.« Dieser kleine, runde, eher harte, gefiederte Körperteil ihres Haustiers fühlte sich irgendwie besonders gut an, wenn sie daran mit ihrer Nase tippte. Warum, das verstand sie nicht. Musste sie nicht, wollte sie nicht mal. »Das Gefühl war das Beste.« Übrigens habe sie so etwas ähnlich Sinnloses auch bei ihrem Hund beobachtet, der sich mit seinem Hinterteil immer auf ihren Knöchel gesetzt hatte, um sich zu vergnügen. »Meinen Knöchel an seinem Hintern zu spüren war sein Lieblingsgefühl«, erinnerte sich Mayumi zufrieden und begutachtete dabei ihr fast leeres Glas, um dort runde Schlieren zu finden. Sie freute sich über solche irrelevanten Dinge, Macken von Menschen. So viele Dinge wie ihr Faible für Nasenberührungen mit Vogelköpfen, ließen sich analytisch in ihre Einzelteile zerlegen und am Ende doch nicht erklären. »Ist doch gut, oder?«, sagte Mayumi wieder.

Was für ein feiner Wesenszug, dachte ich, das Schöne im Seltsamen und Irrelevanten zu sehen, Lust am Nichtverstehen zu verspüren. Fast schien mir, als müsste die Absage an die romantische Idee eine Zusage an die Gedanken von Mayumi bedeuten. Nicht die große Erzählung war von Bedeutung, sondern die kleinen Abnormalitäten, durch die jeder genauso schräg erscheint wie alle anderen auch.

Um uns herum blieb es laut. Den Alleingekommenen, zu denen auch wir gehörten, ging es gut zu Beginn der Golden Week. Wie sonst waren sie ohne Partner, und vielleicht wie selten ohne Sorgen. Eine machte ein Glas kaputt, ein anderer qualmte den Raum mit seiner Zigarre voll. Tanaka hatte alle Hände voll zu tun.

»Ich wollte auch mal heiraten«, hob Mayumi zu einer weiteren Erzählung an. Tanaka hatte ihr gerade den Hibiki nachgeschenkt. »Wir waren ein paar Jahre zusammen. Aber er wollte nach Osaka, da wollte ich nicht hin. Wir kannten uns so lange, dass wir offen miteinander sprachen. Wenn wir unterschiedliche Dinge wollen, sollten wir uns trennen, schlug er vor. Ich antwortete: Ja. Sonst sind wir beide unzufrieden. Und wir gingen auseinander.«

»Keine Reue?«, fragte ich.

»Nicht grundsätzlich. Ich bin sogar ein bisschen stolz drauf, nicht nach dem Skript zu leben.« Aber ein bleibender Mangel, vielleicht sowas? Eine verpasste Chance?

»Ich bin jetzt 34«, sagte Mayumi. »So langsam beginne ich, meine Mängel zu mögen.«

Eine überzeugende Widerrede fiel mir nicht ein, und immer nur »Ja« sagen wollte ich auch nicht. Ich nahm einen Schluck Wasser, ehe ich einen neuen Whisky orderte. Für ein paar Minuten ließen wir die anderen in der Bar reden. Einer klagte über Baseball, und dass es mit Japan doch den Bach runtergehe. Eine andere schwärmte vom Ensemble der Wiener Staatsoper, das kurz zuvor für ein Gastspiel in der Stadt gewesen war.

Nicht nur das Skurrile, auch das Unvollendete habe seine eigene Schönheit, fand Mayumi, die offenbar wusste, wovon sie sprach. Die verstrichenen Chancen eines Lebens, die nicht zu Ende gekämpften Schlachten, auch sie erzählten eine Geschichte. Mayumi mochte solche Erzählungen, die das »Gut genug« betonten, mehr als jene über die hart erkämpften Erfolge rund um Ziele, die man sich nicht ganz allein gesteckt hatte.

In einem Zeitalter der Individualisierung aller möglichen Lebensbereiche, von der Wahl des Stromanbieters bis zu Musikgeschmäckern und Wohnverhältnissen, scheint es nur konsequent, auch die Liebe bis in den letzten Schritt zum Wahlobjekt des selbstzentrierten Menschen zu machen. Viele Stimmen warnen davor. Gerade weil wir heutzutage so sehr auf uns allein gestellt sind, uns ein hohes Maß an Egoismus zugestanden wird, meint der französische Philosoph Alain Badiou, sei die Bindung an einen anderen Menschen die große Aufgabe unserer Zeit. »Die Bühne der Zwei« nennt er die Liebesbeziehung zwischen zwei Personen. In Abgrenzung zu anderen Denkern sieht er Liebe also nicht als die Verschmelzung zweier Personen und auch nicht als Etablierung einer dritten Wir-Identität. Für Badiou braucht jeder die Form der Liebe, die das Eingehen einer Bindung bedeutet, die auch in schweren Zeiten hält, wenn auch immer ein Unterschied zwischen den zwei Liebenden bleibt. Man stellt sich eben aufeinander ein, ist trotz aller zurückbleibenden Individualität zu zweit, zusammen, denkt nicht nur an sich selbst. In Zeiten allgegenwärtiger Ich-Bezogenheit sind gerade Eigenschaften wie Rücksichtnahme und die Bereitschaft, vom Gegenüber zu lernen, wichtig, und vielleicht bedroht. Glaubt man Badiou, wären die jungen Japaner auf dem Weg, ihre Gesellschaft ins Verderben zu stürzen. Ob aber eine romantische Liebesbeziehung der einzige Weg ist, solche moralisch hoch geschätzten Eigenschaften am Leben zu halten, ist weniger klar. Moralphilosophen haben große Schwierigkeiten, einen guten Grund zu finden, warum ein Mensch genau einen anderen Menschen lieben sollte. Ein pragmatischer Grund wäre, dass die

Kapazität zu lieben begrenzt ist, und wenn sich jeder auf einen anderen einlässt, wäre für jeden gesorgt, zugleich sorgte jeder für jemanden. Ob das der Fall ist, kann bezweifelt werden. Es soll Menschen geben, die waren schon in mehrere Menschen gleichzeitig verliebt.

Ich erzählte Mayumi von dem, was ich von Badiou und den anderen Philosophen gelesen hatte. »Was meinst du?«, fragte ich.

Mayumi drehte sich zu mir. »Redet ihr im Westen nicht von der Nächstenliebe?«

»Ja, eine der schönen Seiten des Christentums, oder?«, entgegnete ich.

»Wenn die Nächstenliebe so wichtig ist, warum gibt es dann eigentlich das Romantische nochmal als Extraliebe?«

Ihr Gedanke schien mir neue Hippie-Kommunen heraufzubeschwören, aber als Kritik ergab ihr Einwand Sinn, auch ohne Gedanken an freien Sex und Pazifismus. Erst ein paar Wochen zuvor hatte ich ein Forschungspapier gelesen, in dem bezogen auf US-amerikanische Singles untersucht wurde, wer sozial isolierter lebt – Menschen mit oder ohne Beziehung – und es kam heraus, dass sowohl weibliche als auch männliche Singles häufiger ihren Nachbarn helfen und ihre Kontakte besser pflegen als Verheiratete. Von meinen Freunden aus der Heimat, und von mir selbst, kannte ich diesen Hang gut. Wer einen Partner hat, lässt andere Kontakte schnell mal schleifen. Die Autoren der Studie, die Soziologinnen Natalia Sarkisian und Naomi Gerstel, empfahlen in ihrem Papier: »Wir schlussfolgern, dass die Politik, anstatt Heirat zu fördern, die sozialen Einschränkungen anerkennen sollte, die mit einer Heirat einhergehen und dass sich Singles besser in die weitere Gemeinschaft einfügen.«

»Das Gute an der Idee der Nächstenliebe ist, dass sie auch diejenigen einschließt, die man eigentlich nicht mag«, sagte ich.

»Das klingt viel schwieriger als jemanden zu lieben, den man sich erst schönredet«, meinte Mayumi. Diesen Gedanken, statt den der Zweierliebe, hätte man lieber importieren sollen. Und dann drehte sie sich zu mir. Wir sahen uns in die Augen, ein Blickaustausch, der nicht zu enden schien, kein Blinzeln wie vorher, auch kein Wegsehen, keine Flüchtigkeit, wir verharrten wie in einer Starre. Ich schaute auf ihre kleine, runde Nase. Wohin sie sah, konnte ich nicht erahnen, aber auf irgendwas konzentrierte sie sich. Ein langer Moment zwischen uns, einer der Gemeinsamkeit.

»Guck mich nicht so romantisch an«, wies Mayumi mich dann zurecht. Sie wandte sich ab und musste grinsen. Dann lachte sie, ob über mich, uns, sich selbst oder mögliche Parallelen zu ihrem letzten Liebhaber, sagte sie nicht.

Auch ich musste lachen und bestellte noch ein Glas. Talisker Storm, den rauchigen, würzigen Single Malt aus Nordschottland, den ich hier bei meinem ersten Besuch getrunken hatte. Der Keller der Bar Nocturne hatte Auftrieb in dieser Nacht. Vielleicht war er an diesem Freitag, auf den eine Reihe freier Tage folgen sollte, einer der am genüsslichsten erleichternden Orte in ganz Tokio. Gemeinsam allein, ohne Einsamkeit.

UND WAS IST MIT KINDERN?

Ehe ich wusste, wo ich lag, erkannte ich das Klimpern der Musik, verortete es in meiner eigenen Playlist. Ryo Fukui, ein nicht sonderlich bekannter Jazzpianist aus Hokkaidō, der im vorigen Jahr gestorben war, spielte das Album »Mellow Dream« von 1977. Meine Augen waren noch geschlossen, der Kopf rotierte. Lieber nicht öffnen, riet mir ein Gedankenfetzen. Als mir einfiel, dass es am Vorabend mehr Whiskys geworden waren, als meine Erinnerung auf die Schnelle rekapitulieren konnte, dämmerte mir auch, wo ich mich gerade befinden musste. Kurz bevor Tanaka uns vor die Tür der Bar Nocturne gesetzt hatte, hatten wir eine Passage irgendeines Chopin-Stücks bemerkt, die uns an Ryo Fukui erinnerte. Mayumi hatte ihn als Erste erwähnt, dann hatten wir gemeinsam geschwärmt. Fukuis satte Töne, die verspielt klingen und dabei ratlos, aber nicht verloren, gefielen uns beiden. Die Nacht hatte in Mayumis Wohnung im zentralen Viertel Minato geendet. Dunkle Braun- und helle Beigetöne, minimalistisch eingerichtet, zum Sitzen nur ein Sack, außer einem Schrank in der Wand gab es für die Klamotten nur noch eine Kleiderstange, den Rest verstaute sie auf Ablageflächen unter einem praktischen Tisch in der Mitte des Raumes. Kein Möbelstück zu viel, aber es war alles da. Atmosphäre erzeugte sie aus Wenigem. Indem sie gleich nach dem Aufstehen eines der besten Alben von Ryo Fukui aufgelegt hatte, trug uns ein melodischer Übergang von der letzten Nacht in den nächsten Morgen. Mayumi füllte zwei Becher aus Holz mit schwarzem Kaffee. »Gut geschlafen?«

Ich murrte etwas, das bejahend klingen sollte. »Haben wir verhütet?«, fragte ich erschreckt und unpassend, als sollten nach unserer gemeinsamen Nacht solche Sorgen im Vordergrund stehen.

Zumindest Mayumi hatte keinen Filmriss. Sie nickte, und ich atmete erleichtert aus.

»Weißt du, auf Kinder bin ich nicht eingestellt. Deshalb wollte ich nur sichergehen«, sagte ich entschuldigend, als ich mich aufrichtete, um am heißen Kaffee zu schlürfen.

»Keine Angst, ich auch nicht«, sagte Mayumi. »Wir waren safe.«

»Wie ist das überhaupt für dich?«, fragte ich wieder so indiskret wie bei unserer ersten Begegnung in der Bar. »Beim Liebesleben als Single, achtest du drauf, nicht schwanger zu werden? Oder hast du das irgendwann vor?«

Mayumi zog ihren Mund zu einem Schmollen zusammen, wie ich es bei ihr schon einige Male gesehen hatte, wenn sie nachdachte, und schaute aus dem Fenster, wo ein paar Meter vor ihrem Balkon ein Zug auf einer Hochtrasse entlang ratterte.

Das tat meinen Kopfschmerzen nicht gut.

»Jetzt will ich keine Kinder«, sagte sie.»Deswegen pass ich beim Sex auf. Ob sich das mal ändert, weiß ich nicht. Vielleicht, vielleicht nicht.«

»Weil du ja auch keinen Partner suchst.«

Mayumi nickte und machte den zustimmenden Stöhnlaut, der in Japan so oft statt einem »Ja« zu hören ist. Aus egoistischen Erwägungen tat sie gut daran, beim Sex auf der Hut zu sein, umso mehr als Frau. Eine Schwangerschaft kann Frauen gerade in einer Gesellschaft, in der das Singlesein häufig und das Zusammensein flüchtig geworden ist, schnell vor große Herausforderungen stellen. Die Kindererziehung bleibt noch immer überwiegend an den Frauen hängen. Und alleinerziehende Mütter haben in Japan, wie in den meisten Ländern, ein überdurchschnittlich hohes Armutsrisiko. Die Doppelbelastung wirkt wie ein Teufelskreis. Bei der Arbeit müssen sie häufig zurückstecken, um für das Kind sorgen zu können, sich im Umgang mit dem Kind aber zugleich gut die Zeit einteilen, weil Geld verdient werden muss. Auch Unterstützungszahlungen des Partners lösen dieses Problem meist nicht auf.»Ist dir eine Schwangerschaft wegen der finanziellen Unsicherheit zu gefährlich?«, fragte ich.

»Im Moment will ich volle Kontrolle über mein Leben haben, nicht so viele Verpflichtungen. Aber es stimmt«, führte Mayumi aus.»Die Politik hier unterstützt Eltern nicht besonders. Begünstigt wird ein Kinderwunsch dadurch nicht gerade.«

Am frühen Nachmittag verabschiedeten Mayumi und ich uns voneinander, einig, dass wir uns nächstes Mal in der Bar Nocturne wiedersehen würden. Ich war zufrieden damit, wir waren uns nahgekommen, gleichzeitig unkompliziert geblieben, so schön abgeklärt, in Achtung füreinander. Im Aufzug, der mich vom siebten Stock nicht gleich ins Erdgeschoss brachte, sondern erst nach ganz oben fuhr zu einem anderen Anwohner, erinnerte ich mich mit murrendem Kater im Kopf an einen Ausspruch meines Vertrauensdozenten aus der Uni-Zeit in Tokio. »Ästhetik braucht Distanz«, hatte er, ein Geisteswissenschaftler, kommentiert, als wir über eine Geschichte gesprochen hatten, in der die Protagonistin ständig attraktiven Menschen begegnete und Gefallen daran fand, dass sie sich nicht näher kennenlernten. Den Spruch hatte ich vorher nie gehört, so etwas bis dahin auch nie im Sinn gehabt, aber ich hatte gleich verstanden, was er meinte. Und hier war so eine Situation. Mayumi und ich hatten lustige, inspirierende, intime Unterhaltungen geführt, eine gemeinsame Nacht verbracht und noch den Morgen danach genossen. Doch den Rest konnten die Gedanken leisten, denen viel Raum in der Vorstellungswelt blieb. Es war auch eine Anlehnung an den Gedanken des Psychoanalytikers Lacan, demzufolge die Bedingung für Liebe die Nicht-Erfüllung ihrer Träume ist. Wie würde es mit Mayumi und mir wohl weitergehen? Würden wir, ohne das genau ausdiskutieren zu müssen, den Fortgang unserer Begegnung gleich bereitwillig ins Reich der Fantasie verlagern, um uns nicht Illusionen hinzugeben? Sie war jedenfalls genau der Typ dafür, und ich mittlerweile wohl auch.

Die Frage schien beantwortet, ohne besprochen worden zu sein. Eine andere Frage, auf die ich eine Antwort brauchte, klaffte nach unserer Nacht aber noch. In einer Gesellschaft mit so vielen Singles, voller Menschen wie Mayumi und mir, wer macht da den Nachwuchs?

Längst war dies eines der großen Fragezeichen der Familien- und Sozialpolitik, nicht nur, aber auch und vor allem in Japan. Im Juni 2017 veranstaltete das staatsfinanzierte Foreign Press Center Japan einen Vortrag mit dem knackigen Titel: Die Super-Single-Gesellschaft. Unmittelbarer Anlass waren neue Daten des Nationalen Instituts für Bevölkerungsforschung, die zeigten, dass mittlerweile 24 Prozent der Männer und 14 Prozent der Frauen selbst im Alter von 50 noch nie verheiratet gewesen waren. Den Vortragenden, Kazuhisa Arakawa, hatte das staatliche Presseamt eingeladen, weil er zum Thema schon mehrere Bücher verfasst hatte, nicht zuletzt in seiner Funktion als hoher Angestellter von Hakuhodo, einer von zwei Werbeagenturen in Japan, die sich fast den ganzen Markt untereinander aufteilen. Arakawa, junggeblieben, wild gestylte Frisur und gut sitzender Anzug, präsentierte die Ergebnisse seiner Analysen der Alleinstehenden. Die Grafik auf der ersten Seite des Handouts zeigte das Verhältnis von Singles zu Nicht-Singles. Ab dem Jahr 2016 führte er sie mit seiner Projektion in die Zukunft. Rechnet man Ledige, Geschiedene und Verwitwete zusammen, dann werden schon im Jahr 2035 ganze 48 Prozent der Bevölkerung alleinstehend sein. »Gibt's noch Fragen?«

Kaum hatte Arakawa seinen letzten Satz gesprochen, schossen die Arme hoch. Hinten links die Reporterin der *New York Times*, vorne in der Mitte der Korrespondent vom *Handelsblatt*, rechts die Kollegen von *Le Monde* und der *Süddeutschen Zeitung*. Ja, es gab Fragen. Auf den Stühlen, die Journalisten aus der ganzen Welt besetzten, herrschte etwas mehr als Grundzweifel. Die Expertise war diesem Mann nicht abzusprechen, er beschäftigte sich in seinem Job seit Jahren vor allem mit diesen Fragen: Wer sind all diese Singles in Japan, warum haben sie keinen Partner, was wollen sie, und was bedeutet das alles für die Wirtschaft und die Reproduktion? Aber das war auch der Grund, warum Skepsis herrschte. Ausgerechnet ein Mann von einer Werbeagentur analysiert demografische Trends? Wäre der nicht geneigt, die Annahmen für seine Vorhersagen so zu drehen, dass die Ergebnisse besonders spektakulär rüberkämen? Damit Journalisten auf eine Weise über das Thema berichten, die der Werbebranche und ihren Kunden nützt? Von einem steigenden Singleanteil profitieren ja nicht nur die polygamen Freigeister einer Gesellschaft, sondern auch diverse Geschäftsbranchen. Zum Beispiel jene, die von einer hohen Gesamtzahl an Haushalten profitieren, weil sie dann mehr absetzen können – Hersteller von Kühlschränken, Waschmaschinen, Mikrowellen, Möbeln und vielem mehr. Auch die Kosmetikbranche dürfte sich freuen, wenn sich möglichst viele Menschen möglichst häufig in Schale werfen und ästhetisch neu erfinden wollen. Verlage, die Ratgeberliteratur und -magazine herausgeben, Singlebörsen und große Teile der Unterhaltungsindustrie suchen

Alleinstehende. Das Marktforschungsinstitut Euromonitor International etwa geht davon aus, dass nicht nur in Japan, sondern auch in Ländern wie Deutschland und Österreich der Anteil von Ein-Personen-Haushalten noch weiter steigen wird. Und diese Lebensumstände bieten »einen ansprechenden Markt für Betriebe« in Geschäftsbereichen wie »Wohnen, Gesundheit, Medizin, Freizeit und Erholung«. Gerade den Singles könne man noch viel Geld aus der Tasche locken. Auch Werbeagenturen schauen mit diesem Blick auf solche Themen.

Dennoch war der Konferenzsaal, nur ein paar Hundert Meter entfernt vom Sitz des Premierministers, gut gefüllt. Hier hatten die Reporter ein Thema vor sich, mit dem sich auch viele der Leser in ihren Heimatländern beschäftigten: Singlesein? Ist das ein Makel? Wird das gerade normal? Arakawa hatte seine Thesen bündig präsentiert und mit schönen Grafiken untermalt. Die Singles überholen allmählich die Nicht-Singles. Anders als früher suchen die Singles von heute seltener einen Partner. Und die, die doch suchen, finden keinen. Denn Männer und Frauen, und Arakawa sprach nur von heterosexuellen Beziehungen, hätten oft unterschiedliche Interessen. Frauen versprechen sich von einer Ehe häufiger finanzielle Stabilität, Männer dagegen scheuen die Ehe nicht selten, weil sie Geld kostet. Früher erwarteten Männer vom Heiraten, dass das Leben dadurch praktischer würde, aber mit zunehmender Erwerbstätigkeit der Frauen sei diese Hoffnung seltener geworden. Die sich verändernden Rollenbilder, wie auch schon andere Studien für andere Länder befunden hatten, machen die Ehe, und damit auch das Kinderkriegen, zu einem schwierigen Projekt.

Der große Singletrend begann in Japan erst mit den 1990er Jahren. Warum? Seine rhetorische Frage hatte Arakawa natürlich gleich selbst beantwortet: »Einerseits war da das Platzen der riesigen Spekulationsblase, womit eine Rezession begann und viele Menschen ihre sicher geglaubten Jobs verloren. Außerdem war in den Jahren zuvor die arrangierte Ehe, die bis dahin meist von den Eltern organisiert war, zurückgefallen und durch die so genannte Liebesheirat verdrängt worden.« Und dieses Ding mit der Liebe, das funktioniere eben nicht. Man werde wählerisch, unstet oder finde gar nicht erst jemanden.

Viele der internationalen Kommentatoren, von denen auch einige im Saal waren, äußerten ihre Befürchtungen dazu in fragender Form: Ist eine Gesellschaft mit solchen Entwicklungen dem Untergang geweiht? Herrscht jetzt Goldgräberstimmung in den Industrien, die all diese und die nächsten Singles im Visier haben?

Der Leiter der Pressekonferenz blickte ein paar Momente schweigsam um sich. Fast jeder Zuhörer meldete sich für eine Frage. Der Korrespondent vom *Handelsblatt*: »Gibt es so etwas wie ein Minimaleinkommen, das ein Mann mindestens verdienen muss, um auf dem Heiratsmarkt erfolgreich zu sein?«

»Naja. Wer weniger als drei Millionen Yen kriegt, heiratet statistisch gesehen schon seltener«, antwortete Arakawa. Das entsprach 23.000 Euro Netto pro Jahr, also 1.900 im Monat.

Eine Journalistin des *China Daily*: »Was sind die größten Nachteile einer Single-Gesellschaft?«

Arakawa: »Es gibt wohl beides, Vor- und Nachteile. Vorteile können wir erkennen, wenn wir uns das Tokio aus der Zeit vor der Mitte des 19. Jahrhunderts ansehen, als die Stadt noch Edo hieß. Damals lebten hier auch viele Alleinstehende, und der Markt stellte sich darauf ein. Es entstanden neue Vergnügungsmöglichkeiten für Singles, praktische Essensangebote für Alleinstehende, die nicht kochten, und so weiter. Das Sushi stammt aus dieser Zeit. Neue soziale Trends fördern Innovation. Und zu den Nachteilen: Die meisten Ökonomen fürchten natürlich das resultierende Schrumpfen der Bevölkerung.«

Der Kollege vom französischen *L'Echo* stellte daraufhin die Gretchenfrage: »Wenn immer mehr Menschen Singles sind, wie soll es Japan gelingen, dass die Geburtenrate nicht noch weiter fällt, sondern mal wieder steigt?« Der Kollege wusste natürlich, dass es darauf nur spekulative Antworten gab, denn wenn irgendwer ein umsetzbares Rezept wüsste, wäre die Sache längst vom Tisch. In Japan, ähnlich wie in Deutschland, Österreich und vielen weiteren Industrieländern, werden schon lange weniger Kinder geboren, als Erwachsene sterben. In Deutschland und Österreich stieg die Bevölkerung in den letzten Jahren nur deshalb an, weil die Immigration groß genug war. In Frankreich, wo die Geburtenrate etwas höher liegt, sind es schon länger vor allem Menschen mit Migrationshintergrund, die für Nachwuchs sorgen. Besonders niedrig liegt die Geburtenrate unter anderem in Deutschland, Österreich und Japan – zwischen 1,3 und 1,5 Kinder pro Frau. Damit die Bevölkerung auch ohne Immigration nicht schrumpft, müsste der Wert bei 2,1 liegen. Aus Sicht der Industrie birgt eine schrumpfende Bevölkerung, anders als eine hohe Singlerate, offensichtliche Gefahren. So gibt es weniger Konsumenten und Produzenten, die Volkswirtschaft wird also irgendwann kaum noch weiterwachsen können. Deshalb zerbrechen sich Politiker in der reichen Welt schon lange den Kopf. Wie kriegen wir die Menschen dazu, wieder mehr Kinder zu machen?

Auch deshalb interessierten sich so viele Reporter für den Vortrag von Kazuhisa Arakawa. Denn Japan schien in dieser Hinsicht zunächst wie das weltweite Negativbeispiel: wenige Partnerschaften, wenige Kinder. Aber vielleicht hatte Arakawa eine Antwort. Wenn Werbeexperten eines verstehen, dann ist es, Verlangen zu erzeugen und aus ursprünglich Desinteressierten willige Kunden zu machen. Wie könnte man ein Verlangen nach dem Kinderkriegen rauskitzeln? Was den Kinderwunsch angeht, das zeigte eine der Grafiken der Präsentation, bauten die Menschen noch immer auf die Ehe. Während etwa in Deutschland ein Drittel aller Kinder unehelich geboren wurden, in Österreich sogar über 40 Prozent, waren es in Japan nur gut zwei von Hundert. Dabei hatte dieser Anteil über die vergangenen Jahrzehnte sogar noch zugenommen. Wer also wollte, dass mehr Kinder zur Welt kamen, sollte zumindest in Japan aus pragmatischen Gründen auch wollen, dass erstmal mehr Ehen geschlossen wurden. Aber hier war die Antwort des Werbers und

Buchautors: »Mir leuchtet nicht ein, was an weniger Bevölkerung schlecht sein soll.« Sagte er damit nicht auch,
die von ihm so genannte »Super-Single-Gesellschaft«
sei kein endzeitliches Schreckensszenario, sondern habe
einiges Gutes? Das war eine Einschätzung, die in Japan
allmählich salonfähig wurde. In ihren Prognosen zur Be-
völkerungsentwicklung geht die Regierung mittlerweile
mit Bestimmtheit davon aus, dass es in Zukunft weniger Japaner geben wird. Die Vorhersagen unterscheiden
sich nur im Ausmaß des Schrumpfens. Eine typische Be-
rechnung sagt voraus, dass die Bevölkerung von ihrem
Höchststand bei 127,5 Millionen im Jahr 2006 bis 2050
auf knapp unter 100 Millionen sinken wird. Zehn Jahre
später wären es nur noch gut 86 Millionen. Schlimm? In
Japan gibt es in der nationalen Regierung einen Minis-
ter, dessen Zuständigkeitsbeschreibung in etwa lautet:
»Antworten auf die fallende Geburtenrate.« Man hat sich
damit abgefunden, dass die Anzahl der Einwohner kleiner wird. Selbst der konservative Parlamentarier Shinjirō
Koizumi, Nachwuchsvorsitzender der fast immer regie-
renden Liberaldemokratischen Partei, die eigentlich immerzu nach Wirtschaftswachstum sucht, sagte auf einer
Konferenz im Herbst 2016: »Hat nicht eine Nation mit 60
Millionen Optimisten bessere Aussichten als eine mit 120
Millionen Pessimisten?« Mit anderen Worten: Es kommt
nicht auf die absolute Größe der Bevölkerung an, sondern
darauf, ob es den Menschen gelingt, ein zufriedenes Leben zu führen. So ist auch das kinderlose Leben, wenn es
gewollt ist, kein Beinbruch.

Auf dem Weg aus dem Pressezentrum tippte mir jemand von hinten auf die Schulter. »Felix, hisashiburi!« Es war Miyuki, meine einstige Nachbarin aus Nakano, die Lena und ich einige Male mit ihrer Freundin Annette getroffen hatten. Hisashiburi bedeutet so viel wie: lang nicht gesehen.

Es war tatsächlich lange her, ungefähr vier Jahre. Äußerlich verändert hatte sie sich nicht. Immer noch dasselbe auffällig kräftige schwarze Haar, das sie zu einer Bürste kurz geschnitten trug. Miyuki und Annette waren damals weiter gen Westen gezogen, in eine größere Wohnung mit einem zusätzlichen Zimmer.

»Musst du jetzt gleich was über den Vortrag schreiben?«, fragte ich, da sie offenbar ebenfalls Kazuhisa Arakawas Ausführungen gelauscht hatte. Moto hatte mir geschrieben, er sei spontan in der Gegend. Wir hatten ein Treffen im Hibiya-Park ausgemacht. »Willst du einen Kaffee? Mein Freund Moto kommt auch dazu.«

Sie nickte. »Ich bin müde, ein Kaffee wäre jetzt gut.«

An der Südseite des Hibiya Park gegenüber dem Pressezentrum warteten wir höchstens zwei Minuten, da knatterte schon Motos Harley heran. »Da vorne lang«, wies er uns den Weg, nachdem ich die beiden einander vorgestellt hatte.

Wir mussten in die Café-Kette mit großem Raucherbereich zwei Blocks weiter, nur dort konnte Moto seinen Kaffee trinken wie er eben Kaffee trank. Miyuki, ebenfalls Kettenraucherin, war das sehr recht, und ich hatte mich der Mehrheit unterzuordnen.

Als wir im durch Glastüren abgetrennten Raucher-raum an einem runden Tisch aus steril poliertem Holz Platz genommen hatten, fragte ich: »Wie geht's Annette?«

Miyuki kniff kurz ihre runden Augen zu und machte einen laschen Wink mit der Hand, in der sie die Zigarette hielt. »Wir haben uns getrennt. Schon vor einem Jahr.«

»Echt? Warum das?«, fragte ich. »Ihr hattet doch keine Konflikte, oder?«

»Nur Kleinigkeiten. Aber davon zu viele.« Miyuki atmete hörbar aus.

Mit seiner Kombination aus durchschauendem Lächeln und einladendem Blick, die bei seiner Umwelt immer Vertrauen erzeugte, schaltete sich Moto ein: »Was genau: Koordinationsprobleme? Planungsprobleme? Überzeugungsprobleme? Zuneigungsprobleme?«

Miyuki schwieg einen Moment. Eingeschüchtert von Motos Stakkatofragen wirkte sie nicht, sie schien zu überlegen.

»Lena und ich sind auch nicht mehr zusammen. Schon lange nicht mehr«, sagte ich, um die Stille mit Zutrauen zu füllen.

»Drei Singles hier am Tisch«, ergänzte Moto. »Bei mir war es ein Problem aus Planung und Überzeugung. Die Planung wurde zum Problem, und stellte dann die Überzeugung für die Sache auf die Probe. War nichts zu machen.«

Moto trug Ako, seine Ex, noch immer im Herzen, bei ihm hatte sich nicht viel verändert. Und es sah so aus, als bestünde zwischen Miyuki und ihm sofort eine Verbindung.

»Versteh ich.« Miyuki nickte.

»Ja!«, rief Moto aus und schnipste mit den Fingern.

»Wir waren sechs Jahre zusammen«, fuhr Miyuki fort.
»Aber irgendwie war die Luft raus. Auseinandergelebt,
sagt man dazu wohl. Und dann stellten sich so blöde Fragen, die uns auseinandertrieben, obwohl wir das nicht
vorhatten. Ob man ein Haustier will, ob man ins Ausland
will und so weiter. War irgendwann nicht mehr zu retten.
Naja.«

»Für immer zu Ende?«, fragte ich.

»Wahrscheinlich. Aber man kann ja nicht in die Zukunft schauen. Annette war eigentlich schon diese eine
Person für mich.«

Die beiden hatten gut harmoniert, daran erinnerte ich
mich. Sie hatten den gleichen Humor, ergänzten sich gut,
Miyuki hatte sich an Annettes gesundem Lebensstil ein
Beispiel genommen. Da hatten sich zwei gefunden.

»Und eine Zweitbeste gibt es nicht?«, fragte Moto, während er Miyuki noch eine Zigarette unter die Nase hielt.

Die schüttelte den Kopf, nahm aber die Zigarette. »Nach
einer Zweitbesten suche ich nicht. Ich suche eigentlich gar
nicht. Vielleicht stoße ich auf jemanden, oder jemand auf
mich.«

Motos Hand mit dem Totenkopfring zeigte auf mich:
»Der hier sucht nur noch Zweitbeste.« Die beiden lachten.

Aus ihren Raucherlungen kam dabei so viel Qualm
über den Tisch, dass ich mein Gesicht im Hemd versteckte. »Zweitbeste?«, fragte ich. Ein bisschen empört war ich
schon.

»Würdest du Erstbeste sagen?«, fragte Moto zurück.

»Was soll das Ranking«, wollte ich wissen.

»Ist auch egal«, sagte er. »Aber was ist mit Mayumi? Heirate sie doch.«

»Heiraten?«, fragte Miyuki aufgeregt. »Hast du das vor?«

»Moto labert mal wieder rum«, wehrte ich ab. Dabei laberte Moto nicht, er meinte das ernst. Ich hatte ihm erklärt, wie gut Mayumi und ich uns unterhielten, wie einig wir uns in so vielem waren, wie viel Spaß es mit ihr machte. Den Rat zu heiraten, der in seinem Tonfall wie eine Anweisung klang, hatte er mir schon mal gegeben.

»Mach doch einfach. Ihr werdet euch bestimmt nicht trennen. Wen willst du denn sonst?« Moto war sich da ganz sicher, meine Verbindung mit Mayumi sei die Beziehung, die man bräuchte: einig, ebenbürtig, unabhängig, unkompliziert. »Warum heiratet ihr nicht?«, bohrte Moto nach, als wollte er mich im Beisein von Miyuki vorführen.

Besonders lang kannte ich Mayumi noch gar nicht, deshalb war mir der Gedanke nicht selbst gekommen. Für Moto aber lag er auf der Hand, weil ein kühler Eheschluss Probleme aus der Welt schaffen würde, denn dann träte eine Person ins Leben, mit der man nicht in die romantische Falle tappen würde. Aber Mayumi hatte ja selbst nicht vor zu heiraten. Sie wollte Unabhängigkeit, Zweisamkeit höchstens in autonomer Form. Und ich hatte mich von der Idee auch schon verabschiedet. Mir kam Motos Gedanke aus genau diesem Grund falsch vor. Viel-

leicht deshalb, weil in meinem westlich geprägten Welt-
bild eine Heirat insgeheim an das Romantische geknüpft
war, während ich bei Mayumi froh war, genau dem nicht
zu begegnen. »Was, wenn man abstinent bleibt, ohne heiraten?«, schlug ich als Verteidigungsmanöver vor.

»Dann machst du's wie ich«, nickte Moto immerhin.
Wenn er etwas mit seinem eigenen Lebensstil verglich,
dann hieß das meistens, dass er es guthieß.

»Ich würde gerne heiraten«, sagte Miyuki. »Aber Annette und ich hätten das nur in Dänemark tun können.
Da geht das seit kurzem. In Japan ist's immer noch nicht
möglich.«

»Fehlt dir das?«, fragte ich.

Miyuki strich bedächtig über ihr hochstehendes kurzes
Haar, klopfte ihren glimmenden Stängel am mittlerweile
gut gefüllten Aschenbecher auf dem Tisch ab und sagte
nach kurzer Überlegung: »Vielleicht so, wie dir das Heiraten fehlt? Es ist ja nicht alles im Leben, oder? Manchmal
lässt sich halt nichts machen.«

Wir sprachen noch eine Weile weiter, über Motos letzte Auftritte, Miyukis und meine Recherchen, und wieder
über das Singleleben. In längst nicht allem, aber vielem,
waren wir uns doch einig. Zwar mochte das Leben als
Single auf ideeller Ebene nicht optimal sein und es blieb
in unseren Köpfen noch etwas von der Zweisamkeit als
Vorstellung zurück. Aber eigentlich, den Umständen entsprechend, schien das Alleinsein doch eine gute Option
zu sein. Ein Weg, für den man sich nicht schämen musste,
der keinen Mangel darstellte.

Aber waren wir typische Repräsentanten dieser wachsenden Population der einsamen Hunde, denen es eigentlich an nichts Lebenswichtigem fehlte? Am späten Abend setzte ich mich daheim noch einmal an den Laptop. Aufgrund dieser Unterhaltung und der Pressekonferenz über die »Super-Single-Gesellschaft« samt deren möglichen Folgen fiel mir eine Umfrage ein, von der ich gelesen hatte. Es ging um Lebenszufriedenheit. Ging es den Japanern, die nach allgemeiner internationaler Einschätzung untröstlich sein müssten, weil so viele von ihnen allein waren, nicht eigentlich ganz gut? Die »Umfrage zum Leben der Menschen«, jährlich von der Regierung durchgeführt, müsste Antworten geben. Im Spätsommer 2016 war die letzte Runde der Befragung veröffentlicht worden. Seit 1963 werden jedes Jahr mehrere Tausende Volljährige unter anderem zu ihrer Lebenszufriedenheit interviewt. Ob solche Erhebungen einen Erkenntnisgewinn bringen, ist umstritten, weil Zufriedenheit tagesabhängig ist und von Person zu Person unterschiedlich verstanden wird. Wenn aber jedes Jahr dieselbe Frage gestellt wird, lässt sich immerhin ein gesellschaftlicher Trend ablesen. Und siehe da: Der zeigte, wenn überhaupt, leicht nach oben. 2016 gaben ungefähr siebzig Prozent der Befragten an, mit ihrem aktuellen Leben »zufrieden« oder »mehr oder weniger zufrieden« zu sein. 1995 hatte der Anteil etwas höher gelegen, 1974 deutlich niedriger. In den meisten der vergangenen dreißig Jahre machten die Zufriedenen zwischen sechzig und etwas mehr als siebzig Prozent aus. In anderen Worten: Auf den ersten Blick schien der über die Jahrzehnte ansteigende Singleanteil die Lebenszufriedenheit nicht zu mindern, eher im Gegenteil. Zudem: In der 2016er-Befragung hatte die Altersgruppe zwischen 18 und 29 die höchsten Zufriedenheitswerte, gefolgt von jenen zwischen 30 und 39. Jene Altersgruppen also, unter denen sich die meisten Singles tummelten.

Möglich, dass es nun aber ausgerechnet die Singles waren, die die dreißig Prozent Unzufriedenen ausmachten. Leider gab die Studie solche Informationen nicht her. Zur Prüfung ein Blick auf ein paar weitere, ähnliche Fragen. »Ist Ihr Alltagsleben begleitet von Sorgen?« Zwei Drittel gaben an, Sorgen zu haben. Dieser Anteil stieg in den 1990er Jahren an, also in den Jahren der tiefen Rezession, aber seit der Jahrtausendwende änderte sich nicht mehr viel. Die am wenigsten besorgte Altersgruppe bildeten die 18- bis 29-Jährigen. Eine letzte Frage: »Für wie erfüllend halten Sie ihr Alltagsleben?« Insgesamt 71,5 Prozent antworteten mit »sehr erfüllend« oder »mehr oder weniger erfüllend«. Wieder waren die jüngeren Altersgruppen am zufriedensten, wieder zeigte der historische Trend bezogen auf die Gesamtbevölkerung, wenn überhaupt, leicht nach oben.

Aus den USA wusste die Sozialpsychologieprofessorin Bella DePaulo unterdessen zu berichten, dass Singles im Schnitt nicht weniger glücklich sind als Nicht-Singles. Eine Heirat mache zwar signifikant glücklicher, aber dies nur vorübergehend. Ist eine Single-Gesellschaft eine unzufriedene Gesellschaft? Aufgrund meiner anekdotischen Erfahrungen konnte ich das nicht behaupten, auch die Daten sahen nicht danach aus.

Mancherorts wurde sogar gefeiert, dass Leute, die einmal zusammengefunden hatten, wieder auseinanderfanden. Mehr als ein Betrieb hatte daraus ein Geschäft gemacht. Bei der Firma »Rikonshiki«, auf Deutsch Scheidungsfeier, war der Name Programm. Gegen eine Gebühr veranstaltete eine Frau, die ihre Karriere als Hochzeitsplanerin begonnen hatte, zeremonielle Partys, in denen das Paar für seine Trennung beglückwünscht wurde. Inklusive Trennungszertifikat, Trennungsmahl und dem gemeinsamen Zertrümmern der Eheringe mittels dickem Hammer. Für 55.000 Yen (425 Euro) gab es eine schlichte Feier daheim, für 100.000 (773 Euro) ging es in ein Restaurant oder auf ein Boot, für 200.000 (1.546 Euro) kam ein Tempelbesuch ins Paket. Rikonshiki war stolz darauf, trotz Konkurrenz auf dem Markt schon über 400 Trennungszeremonien durchgeführt zu haben.

Aber bei allem Trennungsglück blieb die Frage ungeklärt, was unter all diesen Umständen mit Kindern ist? Wer übernimmt in einer Gesellschaft mit vielen Singles die Reproduktion? Ruht alle Last auf den verbleibenden Nicht-Singles?

Nicht zum ersten Mal in diesen Jahren war es ein Zufall, der eine Recherche anregte. Er hieß Shizuna. Kennengelernt hatten wir uns ungefähr so schnell, wie wir in einem Stundenhotel verschwunden waren. Unvermittelt ging es los, unvermittelt nahm es seinen Lauf. In einem Klamottengeschäft, wohin ich mich eigentlich nie verirre, außer mir gehen eben die T-Shirts aus, waren wir an der Schlange zur Kasse in ein unbedeutendes Gespräch geraten. Über Klamotten weiß ich nie viel zu sagen, aber plötzlich sprachen wir. Hinter mir anstehend, lobte sie das schwarze Shirt, das ich auf den Tisch legte. Sie, selbst mit hellgefärbten Haaren, trug ja auch schwarz, wie ich bemerkte. Auf dem Weg raus aus dem Laden auf die Straße wechselten wir ein paar weitere Sätze, dann fragten wir einander ein bisschen aus dem Nichts: »Hast du was vor?« Hatten wir nicht. Außerdem waren wir in Shinjuku, in Fußnähe zum am stärksten frequentierten Bahnhof der Welt, der sich unter der Erde zu einem Labyrinth aus Gängen erstreckte, die zu über 200 Ausgängen führten. Darüber tummelte sich die entsprechende Menge an Menschen, Autos und Geschäften. In den bis oben mit Leuchtwerbung verkleideten Hochhäusern fand sich alles Mögliche. In der Nähe warteten also auch reichlich Love Hotels, diese Zufluchtsorte, für die eigentlich Shibuya, das Viertel der Bluesbar Terraplane, so bekannt war. Aber eben nicht nur Shibuya. In Shinjuku stiegen Shizuna und ich in einem Etablissement ab, das den Kontakt zwischen Personal und Kunden völlig getilgt hatte. Bezahlt werden konnte nur mit Kreditkarte am Automaten im Zimmer. Als das System das Plastikstück akzeptiert hatte, drehte das Schloss automatisch zu. Shizuna nahm ein brausiges Cocktailgetränk in der Dose aus dem Kühlschrank zwischen Bett und Badezimmertür. »Bist du öfter so schnell?«, fragte sie.

Ich musste lachen. »Nein, nie. Du?«

»Auch nicht.« Aber es gebe ja Ausnahmen. Binnen der Stunde, die wir miteinander verbrachten, lernten wir den Körper des Gegenübers ganz gut kennen, aber dazu keinen Nachnamen, keine Lieblingsmusik, keine Heimatstadt. Als wir uns in grellem Licht, das an den Behandlungsraum einer Zahnarztpraxis erinnerte, auf die Matratze legten, fragte Shizuna, völlig unvermittelt, aber dadurch noch nicht überraschend, denn das alles hier war unvermittelt:»Willst du mal Kinder haben?«

»Jetzt jedenfalls nicht.«

Sie nickte, und ich nickte, Einigkeit. Wir tauschten Kontakte aus.

Ein paar Tage später schrieb sie:»Wie wäre es, wenn du mir deinen Samen gibst? Ich möchte nämlich ein Kind.«

Erst erschrak ich, im zweiten Moment hielt ich es für einen Scherz, schickte nur einen grinsenden Smiley zurück.

Shizunas Reaktion wirkte nicht wie ein Scherz:»Ich war unhöflich. Tut mir leid.«

Gleich fühlte ich mich schlecht. Hatte ich sie verletzt? Wir schrieben noch einige Male hin und her, und sie stellte klar, dass sie bloß den Rohstoff für die Schwangerschaft wollte. Richtig enttäuscht war sie gar nicht, nur bei mir nicht fündig geworden.

Dass es wirklich kein Witz war, glaubte ich erst, als ich ein zweites Mal nach so etwas gefragt wurde, diesmal von einer Freundin. Kimi kannte ich etwas besser, aber sie war nicht meine Partnerin und die Frage nach einer Beziehung lag auch nicht in der Luft. Kimi war Schmuckherstellerin, sie liebte ihren Job mehr als alles andere, schmückte auch ihre eigenen Locken oft mit verzierten Haarbändern und ihre schmalen Handgelenke mit Metallgeschirr. Auch sie sagte, als sie mir eines Morgens in einem Café ihre neuen Ohrringe aus Stoff und Holz zeigte: »Ich hätte gern ein Kind. Wie siehst du das? Würdest du da mitmachen?«

Ich hätte mich dran gewöhnt haben sollen, aber die Wiederholung so eines Angebots verblüffte mich nur noch mehr, weil es zeigte, dass Shizuna kein Einzelfall war. Die einzige Person, bei der ich angesichts einer solchen Frage nicht aus den Latschen gekippt wäre, wäre meine feste Partnerin gewesen. Aber die gab es ja nicht. Selbst bei Yuri, der ich sehr nah gekommen war, oder bei Mayumi, mit der ich mich so gut verstand, hätte ich mich am Kopf kratzen müssen. Im Fall dieser loseren Bekanntschaften Shizuna und Kimi war auch nicht klar, ob so eine Samenanfrage als Kompliment oder Beleidigung aufzufassen war. Kimi sagte ja, ohne es so zu formulieren, auch dies:»Dich als Menschen brauch ich nicht, aber als Deckhengst könntest du taugen. Den Rest mach ich schon allein.« Aber eher als ein Ausnutzen war es aus ihrer Sicht wohl die Kombination aus dem Wunsch nach einem Kind und dem pragmatischen Umgang mit Partnerschaft. Kimi bot auch noch an einfach zu heiraten. »Könnte doch Spaß bringen!«

Ich war, gelinde formuliert, zögerlich, fast eingeschüchtert. Ich mochte Kimi zwar, aber für solche Späße war ich auch mit einer guten Bekannten nicht zu haben.

Kimis Gedanke erklärte allerdings teilweise auch den so geringen Anteil von außerehelichen Kindern. Häufig sind es Spontanhochzeiten kurz nach Bekanntwerden der

Schwangerschaft, die erst für die eheliche Geburt sorgen. So lässt man es gegenüber den Eltern so aussehen, als wäre eine lange Planung mit einem festen Partner vorausgegangen. Eine Scheidung, auch in Japan längst nicht mehr ungewöhnlich, war danach ja immer noch möglich. Den Vorschlag von Kimi lehnte ich trotzdem ab. Dass wir danach weniger voneinander hörten, verwunderte mich. Vielleicht fand sie einen anderen ihrer Kontakte, der wie sie ein Kind haben wollte. Oder sie musste fortan mehr Zeit für die Suche nach einem Spender aufwenden. Denn in meinem Bekanntenkreis war die Idee der Samenspende nicht etwas Typisches, auch nichts Salonfähiges. Das bestätigten mir andere Freunde, die über diese Erfahrung ähnlich erstaunt waren wie ich. Aber so richtig fundamental verrückt kam mir das Ganze bei weiterem Nachdenken nicht vor.

In der deutschen Forschung schien man auch schon ähnlicher Meinung zu sein. Sabine Walper, Professorin für Pädagogik an der Ludwig-Maximilians-Universität München, attestierte dem »Co-Parenting«, wie das Konzept im deutschsprachigen Raum genannt wurde, dass es »ein passender Rahmen für die Elternschaft« sein konnte. Ein Scheitern der herkömmlichen Art der Partnerschaft wäre das natürlich, denn bisher galt ein gemeinsames Kind in einer Beziehung als ultimativer Liebesbeweis. Stattdessen nun ganz ohne Liebe für den anderen Elternteil ein Kind großzuziehen, wäre das nicht völlig unromantisch? Absolut. Darin könnte die Stärke liegen, gerade wenn man an die Kinder denkt. Walper sagte in einem Interview mit dem *Deutschlandfunk*: »Kommt es den Kindern nicht vielleicht zugute, wenn die Eltern so ihre eigenen Glückswünsche in der Partnerschaft ein bisschen runterschrauben und stärker in den Vordergrund stellen, worum es dann geht, wenn man Kinder großzieht, nämlich dass man halbwegs gut miteinander kooperiert und ansonsten wirklich diese Aufgaben rund um das Kind ganz stark in den Vordergrund stellt. Das könnte durchaus funktionieren.«

Bisher gibt es keine Daten, die zeigen könnten, wie Kinder, die im Rahmen von »Co-Parenting« erzogen wurden, leiden oder profitieren. Was sich laut Sabine Walper für Deutschland aber schon zeigen lässt, ist das Großwerden von Kindern alleinerziehender Eltern. Trotz finanzieller Nachteile entwickeln sich diese im Schnitt nicht schlechter als solche, die mit beiden Elternteilen unterm selben Dach großwerden. Die Bildungsstudie PISA zeigt dies auch konkret in Bezug auf schulische Leistungen. Die Familienstruktur ist kaum bedeutend, entscheidender ist das soziale Milieu. Eine weitere Sache, die für diese unromantische Art der Kindererziehung sprechen könnte, wären die vielleicht reineren elterlichen Motive für das Kinderkriegen. Ein Paar, das eigentlich gar keins ist, sondern eine Zweckgemeinschaft, wird kaum ein Kind zeugen, um dadurch noch die Beziehung zu retten. In so einer Konstellation könnte es auch unwahrscheinlicher werden, dass Eltern, die sich längst nicht mehr leiden können, einander heimlich sagen: »Okay, bis das Kind aus dem Haus ist, ziehen wir das noch irgendwie durch. Dann trennen wir uns endlich.« Wahrscheinlich würde es zu so einer missgünstigen Lage viel seltener kommen.

Ich stellte mir vor, was wäre, wenn aus der Nacht mit Mayumi aus irgendeinem Grund doch ein Kind entstünde. Höchstens in der Zeit mit Lena hatte ich so etwas wie einen Wunsch verspürt, Kinder in die Welt zu setzen. Eine Schwangerschaft von Lena hätte wohl alles verändert zwischen uns, und womöglich zum Positiven. Wir hätten uns, wie so viele Paare, noch einmal Mut gemacht, uns zusammengerauft. Vielleicht wäre ganz neue Leidenschaft zwischen uns entstanden, bestimmt aber auch der Druck, eine glückliche Familie zu werden. Ein Gemütszustand, der mir mit gebührendem Abstand wie der sichere Weg in eine unglückliche Familie vorkam. Wäre aber Mayumi schwanger, hätten wir gar nicht dieselbe Hoffnung gehabt, mangels einer Krise, für die ein Kind jetzt die Chance zur Regeneration böte. Vielleicht hätte all das mit ihr, wenn es denn so käme, wirklich reibungsloser funktioniert. Vielleicht wäre so einem Kind ein Gefallen getan worden, zumal es sicher nicht an Liebe zu diesem Kind und entsprechender Fürsorge mangeln würde. Die Liebe zu einem Kind musste ja nicht der Liebe zum anderen Elternteil entsprechen.

An einem anderen Tag traf ich nach langer Zeit wieder Risa, die alleinerziehende Mutter und Grafikdesignerin, die so routiniert datete und sich so konsequent gegen alles Romantische stellte, dass sie meine Bewunderung hatte. Mehr als zwei Jahre waren vergangen, seit wir miteinander ausgegangen waren. Nach den zwei Verabredungen damals hatten wir uns nicht wieder getroffen. Nach dem ersten Mal werde ihr langweilig, hatte sie mir damals ohne Scham erklärt. Wie damals trafen wir uns zum Mittagessen, bevor sie ihre Tochter abholen würde. Ein hell eingerichtetes, aber akustisch lärmiges Restaurant in Ebisu, einem adretten Viertel im westlichen Zentrum Tokios, vergleichbar mit Kensington in London, Charlottenburg in Berlin oder dem 13. Bezirk in Wien. An den Tischen saßen schick gekleidete Menschen, die umliegenden Geschäfte waren kleine Cafés, Handwerks- und Klamottenläden. »Wie geht es dir?«, fragte Risa mit nicht sonderlich viel Aufregung in der Stimme, wühlte währenddessen im Reis, der von einer grünen Thai-Currysauce überdeckt war.

»Gut geht's mir. Aber viel Arbeit, wenig Liebe. Alles beim Alten eigentlich«, sagte ich und tat so, als wäre das ausschließlich ein Scherz. »Und wie sieht's bei dir aus?«

»Bei mir auch«, sagte sie und tat gar nicht erst, als machte sie Witze. Risa hatte die typischen Sorgen einer jungen Mutter, oder so ähnlich. »Vor kurzem hat mich ein Swingerclub beauftragt, seinen Webauftritt neu zu gestalten. Da sind nur Bilder von halbnackten, angeketteten Menschen. Meine Tochter ist ja jetzt in der Grundschule, nachmittags kommt sie immer in mein Büro, um mich bei der Arbeit zu stören. Da muss ich vorher immer alles wegräumen. Das ist so mühsam!«

»Kümmert sich dein Ex-Mann nicht ums Kind?«, fragte ich.

Kopfschütteln. »Wir sehen uns nicht mehr viel. Wir ertragen uns nicht.« Ob es jemand Neuen in ihrem Leben gebe? »Ja, vielleicht heiraten wir bald.«

»Wow, was für Nachrichten!«, rutschte es mir heraus, die flache Hand schlug ich so fest auf den Tisch, dass ich selbst erschrak. »Du bindest dich also doch wieder. Wolltest du ja früher gar nicht.«

Risa hob ihre Augen vom Curry, ein routiniertes Lächeln auf den Lippen, und schüttelte den Kopf. »Naja. Wir verstehen uns gut. Vor allem wollen wir Kosten sparen. Ich hab ja noch das Haus von meinem Ex-Mann. Aber ich weiß nicht, wie lange ich weiter in Vollzeit arbeiten und gleichzeitig meine beiden Kinder großziehen kann. Wenn wir heiraten, zieht er bei mir ein und wir teilen die Lasten.«

»Er ist gar nicht dein Freund, aber er wird dein Partner?«

»Kann man vielleicht so sagen.«

»Du liebst ihn nicht?«

»Ich bin nicht verrückt nach ihm. Es ist Sympathie oder so. Er ist wirklich sehr okay.«

Wirklich sehr okay. Risa sprach mit einer so unaufgeregten Stimme, als plane sie gerade die x-te Eröffnung einer Wohngemeinschaft. Nichts für immer, und auch nichts total Neues.

Ich fragte mich, wie viele der Leute um uns herum in diesem Restaurant wohl auch ein Liebesleben ohne Liebe führten. Nicht herauszufinden. Dass das Liebesleben von Risa aber völlig ungewöhnlich war, schien kaum mehr plausibel.

»Hast du nie überlegt zu heiraten?«, fragte sie mich.

»Überlegt hab ich das schon mal, natürlich. Aber entweder mir fehlt die richtige Partnerin oder die Überzeugung für die Sache.« Das Heiraten schien einfach nicht mehr nötig. Was mir so ein Schritt hätte geben können, hatte ich auch so. Engvertraute Menschen im nahen Umkreis, den Kitzel eines Liebeslebens voller Verfügbarkeit, die Möglichkeit, wenn ich es wollte, mit jemandem so viel Zeit zu verbringen, wie ich wollte. Und dann waren da Dinge, die ich bekommen hätte, aber nicht haben wollte. Zum Beispiel die Planungssicherheit, die angesichts der hohen Scheidungsraten offensichtlich kaum mehr als eine vermeintliche war, außerdem ein kompliziertes Geflecht aus Erwartungshaltungen, rechtlichen Ansprüchen und durch all das eine gewaltige Fallhöhe einer zwischenmenschlichen Beziehung.

»Nicht heiraten ist okay«, sagte Risa. »Für mich ist es heute die richtige Entscheidung zum Geld-Sparen. Und damals war es zum Kinderkriegen das Richtige.«

Dass Risas Weg kein ungewöhnlicher war, wurde mir klar, als ich davon las, dass es mittlerweile viele Ehen gab, die nach der romantischen Vorstellung gar keine waren. Ehen ohne Liebe, aber darin einvernehmlich. »Kousai zero nichikon« nannte sich der Trend, übersetzt in etwa: schnelle Heirat ohne Dating. Das Frauenmagazin *Joshi SPA!* bezeichnete die über die vergangenen Jahrzehnte herkömmlich gewordene Partnersuche – also die Abfolge von Dating und einer festen Beziehung samt etwas Hollywood-Romantik – als »Selbstmord«. So verschwende man seine Zeit, trete sich auf den eigenen Fuß. Die üblicher gewordene Liebesheirat sei nicht nur schuld an der zuletzt gestiegenen Scheidungsrate, sondern auch an der gesunkenen Heiratsrate. Die Eheberaterin Kae Oonishi hatte gerade ein Buch rausgebracht namens »37 sai kara no kekkon«, übersetzt: Heirat ab 37. »Jeder kann noch einen Partner zum Heiraten finden, egal in welchem Alter«, so lautete das für viele Singles doch ermutigende Motto im Buch. Allerdings gab sie ihren Lesern einen entscheidenden Tipp: »Bauen Sie bloß nicht auf Liebe!« Oonishi begründete das damit, dass Verliebte wie Betrunkene seien, sie hätten keinen klaren Blick, schauten bei ihrem Partner auf die falschen Dinge, verschöben wahre Probleme von heute auf übermorgen und würden so eines Tages wahrscheinlich, wenn alles unausstehlich geworden war, wieder getrennte Wege gehen. Besser sei es also, gleich jemanden zu heiraten, den man gar nicht liebe. Oonishis Empfehlungen schienen deckungsgleich mit der Idee des »kousai zero nichikon«, dem Heiraten ohne Dating, von dem in der *Joshi SPA!* zu lesen war. Das wiederum war nicht so weit entfernt von der traditionellen Art des arrangierten Heiratens, das bis vor einigen Jahrzehnten in Japan, und bis vor zwei Jahrhunderten in Europa, auch noch gang und gäbe gewesen war. Der entscheidende Fortschritt gegenüber den früheren Formen: Diejenigen, die sich zusammentun, entscheiden jetzt selbst.

Zu dieser Zeit hatte ich wieder einmal einen Traum mit der Göttin der Liebe, diesmal eher ein Tagtraum, eine unwillkürliche Phantasie im Dämmerzustand, als ich an einem frühen Nachmittag nach einem ungewöhnlich schweren Essen in einem neuen Caféhaus einer tiefen Couch versank und die Augen schloss. Da erschien sie mir. Passend zu meinen Recherchen führte sie mir verschiedenste Brautkleider vor. Mein Unbewusstes, oder doch Bewusstes, war wieder einmal kreativ. Mich schien sie dabei gar nicht zu beachten. Es wirkte so, als betrachte sie sich in einem Einwegspiegel und sähe mich dahinter nicht. Der Traum endete, bevor es zu einer Interaktion kam. Dieser Umstand beschäftigte mich. Es fühlte sich nicht gut an. War ich allzu sehr auf Distanz zur Idee der Liebe gegangen? Warum hatte ich so heftig reagiert, als Risa mir von ihren Heiratsplänen erzählt hatte? Sollte ich Mayumi doch Avancen in diese Richtung machen, wie Moto das mehrmals vorgeschlagen hatte? Aber das schien die Idee zwischen uns zu konterkarieren.

Eigenartig betroffen von diesem Tagtraum, versuchte ich mich umso mehr auf die Arbeit zu konzentrieren. Auch die Ehe ohne romantische Liebe löste nicht die Kinderfrage, die mir auf so unpersönliche Weise von Kimi und Shizuna gestellt worden war. Obwohl oder gerade weil ich selbst keine Kinder zeugen wollte, blieb das für mich auf gesamtgesellschaftlichem Niveau ein offenes Problem. Wie lässt sich in einer Gesellschaft, in der das Singlesein häufiger wird, das Kinderkriegen schmackhaft machen?

Die japanische Regierung hat auf diese Frage bislang nicht die besten Antworten. Staatsausgaben für Familien sind im internationalen Vergleich zu niedrig. Auch die meisten Arbeitgeber verhalten sich eher kontraproduktiv. Frauen wird kaum Elternzeit gewährt, stattdessen setzen Chefs sie häufig unter Druck, ja nicht zu lange zu fehlen. Außerdem ist die Ausbildung teuer, was gerade ärmere Menschen manchmal abschreckt, Kinder zur Welt zu bringen. Wer in Japan nach Lösungen hierzu sucht, kann also nicht auf bereits funktionierende Konzepte hoffen, eher auf neue Ideen.

Vielleicht hatte Kazuhisa Arakawa, der Buchautor und Werbefachmann, ein paar davon. Wir trafen uns in der Hauptzentrale der Werbeagentur Hakuhodo in Akasaka, Zentral-Tokio, in Fußnähe zu mehreren Ministerien. Zwischen edlen Restaurants thronte der Akasaka Biz Tower aus Glas und Stahl. In der Lobby wartete Arakawa schon, diesmal nicht im Anzug, sondern in Schlabberjeans und einem dunkelgrün verwaschenen Shirt.

Ich hingegen war, um nicht underdressed zu sein, extra in Halbschuhen, Hemd und Anzughose gekommen. Um noch etwas zu retten, öffnete ich, als ich ihn von Weitem sah, schnell den oberen Hemdknopf.

Arakawa nickte mir zu und wies ohne ein Wort den Weg zur Eingangsschleuse. Mit dem Aufzug fuhren wir in eins der oberen Geschosse. Auch auf der Kantinenebene sah es hier nicht so aus, wie man es im geschäftlichen Tokyo sonst gewohnt war. Hier war die Uniform nicht der black suit, sondern die betont lässige Kleidung, wie sie mein Gastgeber trug. Kazuhisa Arakawa, Familienvater, wie er mir verriet, gelang es mit seinem Schlabberlook auch, über sein Alter hinwegzutäuschen: 53 Jahre. Lauter dynamische Typen liefen hier rum. Anders als in altmodischeren Büros schlürften sie nicht brühend heißen schwarzen Kaffee aus dem Automaten, sondern ließen sich über die Vitrine der Theke einen Mango- oder Traubensaft reichen.

»Mango oder Traube?«, wurde auch ich gefragt.

»Mango.«

»Gute Wahl«, lächelte Arakawa, als hätte ich damit die erste Stilprüfung bestanden.

Ich ließ den Blick schweifen und überlegte einmal mehr, wie viele Singles es hier wohl gab. Eigentlich sahen alle zu smart und zu gut bezahlt aus, um alleine zu sein. Andererseits waren ja viele aus freien Stücken ohne Partner. »Welche Familienpolitik braucht eine Single-Gesellschaft?«, fragte ich, sobald wir an einem der vielen runden Tische Platz genommen hatten.

Arakawa hatte eine Antwort, die aus meiner Sicht zwar Sinn ergab, die ich aber aus seinem Mund nicht erwartet hätte. »Ich glaube, idealerweise sollten wir die Erziehungsaufgaben vergesellschaften.«

Hatte ich richtig gehört? Ein Anflug von Kommunismus? Von einem Mitarbeiter einer großen Werbefirma, die dafür bekannt ist, dass sie aus jedem sozialen Trend ein paar Yen quetschen kann, immer im Auftrag liquider Klienten? Arakawa benutzte dieses vermeintlich böse Wort natürlich nicht, aber seine Ausführungen untermauerten seine kommunistische Idee. »Ich denke, alle Erwachsenen haben Verantwortung für das Wohl der Gesellschaft, ob sie nun Kinder haben oder nicht. Jeder sollte Aufgaben erfüllen.« Der Gedanke hatte schon Charme. In einer Gesellschaft, in der es mehr Menschen gibt, die Kinder wollen, als Menschen, die Kinder haben, wäre die soziale Verantwortung für die Erziehung umso wichtiger. Denn Kinder sind ja längst zu einem großen Kostenfaktor für Erwachsene geworden. Und hohe Kosten schrecken ab vorm Kinderkriegen. Aber mittels gesellschaftlicher Aufgaben- und Kostenteilung könnten die Belastungen für die Eltern gedrosselt werden. So gäbe es vielleicht eine Signalwirkung an alle potentiellen Eltern, und Kinderkriegen würde eher möglich erscheinen. Arakawa hegte den Gedanken, man könnte ein Zeitkontosystem einführen, in dessen Rahmen jeder erwachsene Bürger ein Mindestmaß an Kinderpflege zu erfüllen hätte. Für alle, die keine Kinderpflege machen wollten, könnte man die Steuern so hoch ansetzen, dass umfassende Kinderbetreuung finanziert werden konnte, ganztägig oder sogar rund um die Uhr.

»Entginge dann nicht den Eltern Freude an ihrem eigenen Kind?«, fragte ich.

»Vielleicht schon. Vielleicht ist die Gesellschaft noch nicht reif für solche Ideen. Eltern würden dadurch ja die Erziehung des eigenen Kindes weitgehend aus der Hand geben. Aber ...«, fügte Arakawa hinzu und blickte um sich zu den Tischen in der Kantine, an denen sicherlich reichlich Kinderlose saßen. »Andersrum: Wenn du auch dann Kinderpflege leisten musst, obwohl du selber keine Kinder hast, vielleicht denkst du dir dann, dass du auch gleich eigene Kinder in die Welt setzen könntest.«

Es war wie mit der Partnerschaft ohne Liebe: Es gab mehr oder weniger verheißungsvolle Ideen, zu deren Überprüfbarkeit aber bislang die Erfahrungswerte fehlten. Arakawas Idee lief eigentlich darauf hinaus, dass Kinderlose, somit in der Mehrzahl Singles, eine Kindersteuer zahlen oder diese per Kinderpflegedienst entsprechend abarbeiten mussten. Wobei es mit der Kinderpflege allein nicht getan war. Das Teure an Kindern war ja ihre Ausstattung, von Kleidung über Technik bis Wohnraum, und ihre nicht staatlich finanzierte Ausbildung.

Wir unterhielten uns noch kurz über die romantische Liebe, die in dieser Form in Japan über Jahrhunderte unbekannt gewesen war. Aber bald meinte Arakawa, schon wieder in die nächste Besprechung zu müssen.

Während er mich zum Aufzug geleitete, fragte ich noch einmal nach: »Dann gibt es in Ihren Augen keine wirklich großen Nachteile einer Single-Gesellschaft?«

»Sofern die Menschen nicht den Druck empfinden, zu heiraten oder einen festen Partner zu haben, fällt mir kein großer Nachteil ein.« Man brauche nur die richtigen politischen Antworten. Die Zukunft gehöre jedenfalls den Singles.

ZU SCHÖN, UM WAHR ZU SEIN

»Seh ich gut aus?«

Seine Frage musste rhetorisch sein. Das Aussehen war sein Kapital, jeden Abend machte es sich bezahlt. »Mein Geschmack wärst du nicht. Aber ein Hingucker bist du«, sagte ich. Ihn brachte das zum Lachen, einem makellosen natürlich. Wie ein Märchenprinz sah er aus, aber welches Märchen war das? Ein samtig glänzender, schwarzer Anzug mit tiefem Ausschnitt. Seine glatte Brust blitzte darunter hervor, auf ihr lagen zwei oder drei glitzernde Ketten. Auch die Handgelenke waren mit Schmuck verziert, die Ohren mit kleinen Kreolen bestückt. Seine Haare hatte er gepflegt zottelig gegelt, sein androgynes Gesicht nass rasiert und leicht mit Make-up beschichtet.

»Dieser Look kommt bei den Kundinnen am besten an«, erklärte er. Dann ließen sie auch mehr Geld im Laden.

Mir war es zuerst schwergefallen, das zu glauben, aber weil ich mittlerweile wusste, dass es doch so war, hatte ich Yusuke Oshima um ein Treffen gebeten. Er war einer der erfolgreichsten Hosts von Tokio. Host, das ist so etwas wie ein gemieteter Liebhaber, und es gibt ihn nicht nur in männlicher, sondern auch weiblicher oder queerer Form, was der Kunde eben sucht. Ich stand im Eingangsbereich eines Etablissements, das allein mit solchen Hosts seinen ganzen Umsatz machte. Sobald die Tür hier um sieben Uhr abends aufging, wurden die Gäste beim Eintritt am Schalter registriert, beim Rausgehen wurde kassiert. Zahlung meist per Kreditkarte. Auf den Quittungen musste so etwas stehen wie: vier Getränke, zwei Stunden Liebesservice. Sobald die Büros, Banken und Baustellen von Tokio Feierabend machten, begann hier das Vergnügen. Wenn die Metropole schlafen ging, konnten die, auf die daheim niemand wartete, hier Zuflucht finden.

Wir waren um fünf verabredet, und Yusuke Oshima hatte sich schon zurechtgemacht. »Falls eine Besucherin mal früher kommt.« Seine Kollegen seien nebenan in der Maske, alle müssten überpünktlich vor Ladenöffnung aufgehübscht sein. Der Kunde ist König, Königin. Die Bilder an der dunkelroten Wand dieses engen Raums vermittelten einen Eindruck davon, wie die anderen Märchenprinzen im Dienst aussehen. In ihrer Extravaganz ähnelten sie Yusuke Oshima, dessen Portrait über allen anderen thronte. Oshima, der androgyne Schönling, war der erfolgreichste, derjenige, der dem Klub die höchsten Erträge einspielte. Auf den Bildern unter ihm gab es die Varianten Sonnyboy blondgefärbt, Bad Boy mit Stoppelbart und smarter Typ mit schlichtem Kurzhaarschnitt. Zehn Hosts arbeiteten hier.

»Wir sind sowas wie ein Disneyland der Liebe«, erläuterte mein Gastgeber und wies den Weg nach drinnen. Ein Saal, etwa fünfzig Quadratmeter, quadratisch, mit einer Bühne. »Da singen wir manchmal. Karaoke und so.« Durch die Spiegelwände an allen Seiten wirkte der Raum größer, und zu den Stoßzeiten sicher entsprechend geschäftiger. Wir nahmen Platz an einem der Tische vor dem durchgehenden Sofa an der Wand. Es war so weich und tief, dass ich eher lag als saß. Der Tisch stand so weit weg, dass sich Kunden ständig aufrichten mussten, um an ihr Glas zu kommen. »Das ist Absicht«, sagte Oshima, der meine Verwunderung über die Konstruktion merkte. »Bewegung ist gut für die Gesprächssituation.« Wer schon wegen des Mobiliars gar nicht erst in Schockstarre geraten konnte, werde leichter locker. »Was macht ihr hier eigentlich genau?«, fragte ich. Nur so viel war mir klar: In Hostclubs kommen Frauen oder Männer, um mit einem Host oder einer Hostess eine romantische Zeit zu verbringen. Eine Art Prostitution der Zärtlichkeit. Aber wie genau läuft das ab? Was verspricht sich die Kundschaft davon?

Der Chefhost Oshima klatschte in die Hände, alles sei einfach zu erklären. »Wir sind da für die, die das Liebeserlebnis suchen. Sie können mit uns eine Liebschaft erleben. Beim Check-in wählen sie einen der Hosts aus, und wenn der gerade verfügbar ist, verbringen sie Zeit miteinander. Man kann natürlich auch reservieren.«

»Zeit verbringen, was heißt das?«

»Wir setzen uns, zum Beispiel hier aufs Sofa, und trinken gemeinsam. Und dann sprechen wir.«

»Worüber?«

»Über den Job der Kundin, über ihre Sorgen oder was auch immer. Ein guter Host hört erstmal zu und reagiert dann. Und er macht Komplimente. Vom Beginn der Unterhaltung an suche ich immer nach irgendetwas Schönem, das ich an ihr hervorheben kann. Auffallende Charakterzüge oder ihr Äußeres. Irgendwas gibt es immer. Man braucht aber auch ein Gespür dafür, welches Kompliment ihr gefallen könnte.«

»Es geht also nicht um Sex.«

»Wir sind kein Bordell.«

»Aber ein Laden der käuflichen Liebe.«

»Ja, das schon.«

Diese käufliche Liebe hatte stolze Preise. Als Oshima mir die Getränkekarte reichte, kippte meine Kinnlade nach unten. Der Eintritt in sein Etablissement kostete schon mal 12.000 Yen, womit man nur einen Sitzplatz für eine Stunde buchte. Hinzu kamen die Getränke, der Kunde bezahlte dabei immer seine eigenen und die des Hosts. Softdrink: 1.400 Yen. Flasche Bier: 1.700 Yen. Die teuerste Flasche Cognac: 30.000 Yen, also rund 230 Euro.

»Dass den Cognac jemand gekauft hat, hab ich in meinen zehn Jahren im Business nur dreimal erlebt«, sagte er. Die durchschnittliche Besucherin gebe pro Abend insgesamt zwischen 30.000 und 50.000 Yen aus, binnen vier Stunden mit liebevoller Unterhaltung.

»Was mögen die Kundinnen an dir?«, wollte ich wissen.

»Ich glaube, ich kann ihnen den Freund vorspielen, den sie in TV-Dramas und Liebeskomödien sehen. Also diese Typen, die es im wahren Leben gar nicht gibt. Sie hören immer zu, haben Verständnis, halten Händchen, machen Komplimente.«

»Und was für Frauen sind es, die herkommen?«

»Viele sind Hostessen, also diejenigen, die denselben Job wie ich machen, nur als Frauen. Viele sind gutverdienende Frauen, die keinen Partner haben, weil ihnen die Zeit dafür fehlt, weil ihre Ansprüche zu hoch sind, oder weil sie die Verpflichtungen einer festen Beziehung nicht wollen.«

»Und bei dir finden sie das, was sie sonst nicht kriegen?«

Oshima stieß ein zustimmendes Stöhnen aus. Was ich suggeriert hatte, schien ihm zu gefallen. Es war schließlich der Beweis, dass er eine Marktlücke geschlossen hatte. Beziehungsweise einen Markt bediente, auf dem es wohl schon lange keine Lücke mehr gab. Yusuke Oshima war ja nur einer von etlichen Schönlingen, die die Menschen fürs Flirten bezahlten. Sein Klub lag in einem Obergeschoss eines von draußen schmal wirkenden Gebäudes in Kabukicho, dem berüchtigten Rotlichtviertel des geschäftigen Stadtteils Shinjuku. Am Abend leuchteten die Reklamen an den Gebäuden, von denen aus smarte Jungs und süße Mädchen auf die engen Straßen lächelten. Sie strahlten kaum weniger hell als die Sonne tagsüber. Rund eintausend solcher Klubs gab es angeblich in ganz Tokio. Während sich insgesamt die Mehrzahl an Männer richtete, waren von den 400 Läden in Kabukicho jene für Frauen in der Überzahl. Ihnen allen war gemein, dass hier nicht der Sex käuflich war, sondern die Liebe.

»Hast du noch nie mit einer Kundin geschlafen?«, fragte ich Oshima.

Er überschlug seine schlanken Beine wie ein Laufstegmodel und fuhr sich langsam durchs Zottelhaar, nach einer eleganten Antwort suchend. »Es ist nicht Teil des Deals.«

»Aber es gibt Dinge, die jenseits des Deals passieren.«

Leichtes Nicken. »Es ist schon passiert. Einige Kundinnen sind Topverdienerinnen. Die kleiden mich richtig ein.« Er deutete auf sich, die lackierten Fingernägel lenkten die Aufmerksamkeit von oben nach unten seinen Körper entlang. »Diesen Anzug hier hat eine Kundin für mich gekauft, als sie mich zum Shoppen ausgeführt hat. Heute Abend bin ich mit ihr verabredet, deshalb trage ich ihn. 300.000 Yen hat er gekostet.« Um so eine spendable Kundin an sich zu binden, meinte Oshima, sei Sex das Richtige gewesen. Eigentlich mache er das sonst nicht. 15 regelmäßige Besucherinnen habe er, die treuesten unter ihnen kämen bis zu viermal die Woche. Damit machte Yusuke Oshima umgerechnet ein paar Hunderttausend Euro im Jahr. Er gehörte zu den Luxusprodukten der Branche, anderswo waren die Hosts günstiger.

»Was suchen diese Frauen bei dir?«, versuchte ich noch immer zu verstehen. »Verlieben sie sich, wenn du ihnen Komplimente machst und immer brav zuhörst?«

»Normalerweise passiert das nicht. Sie wissen ja, dass alles nur ein Spiel ist. Ich bin ein Schauspieler und sie bezahlen mich dafür.«

Die glückliche Beziehung ließ sich also simulieren? War das fortschrittlich oder desperat? Pure Exotik? Je nachdem, wie man dieses Phänomen betrachtete, schien es auch aus europäischer Perspektive nicht völlig fremd, zumindest in Teilen nicht. Von Prostituierten war oft zu hören, dass viele Männer gar nicht zum Sex, sondern zum Reden kamen. Der deutsche Soziologe Niklas Luhmann hat die Liebe als ein Kommunikationssystem bezeichnet.

Demnach handelt es sich nicht um ein Gefühl, sondern um die Deutung von Gefühlen, eine Interpretation bestimmter Gedanken, die auf eine bestimmte Weise kommuniziert werden. Die Codes der Liebe seien zum Beispiel Komplimente, Kompromisse, Verständnis, Aufmerksamkeit, Verfügbarkeit und so weiter.

Yusuke Oshima zeigte mir einige Nachrichten, die er mit seinen Kundinnen manchmal auch außerhalb der Arbeitszeiten austauschte. Eine schrieb am Abend: »Ich würde dich jetzt so gerne treffen.« Er antwortete: »Ich liege im Bett, meine Liebe. Ich wünschte, du wärst bei mir.« Eine andere Situation: »Guten Morgen! Ich hab heute Nacht von dir geträumt!« Seine Antwort: »Das freut mich, Prinzessin. Ich letztens auch von dir!« Schauspieler wie Yusuke Oshima verstanden die Codes und beherrschten damit das Spiel. Die Kundinnen, oder im Fall der an Männer gerichteten Klubs die Kunden, spielten mit. Die Kommunikation der Liebe funktionierte auf die Weise, wie Niklas Luhmann sie beschrieb. Sie folgte den typischen Regeln der romantischen Vorstellung. Nur dass sie hier tatsächlich als Spiel begriffen wurde. Als dächten sich alle Beteiligten: Sie ist zu schön, um wahr zu sein, diese Liebe. Also warum nicht mal in die Traumwelt abtauchen?

Als Yusuke Oshima mich mit seinen zarten, höflichen Handbewegungen aus dem glitzernden Saal zur Tür bat, weil bald seine Stammkundin aus dem Büro direkt in den Klub kommen würde, war es draußen schon dunkel. Das Nachtleben begann zu toben. Das sonst ruhige, verhaltene Tokio wurde wie immer lauter, sobald der Alkohol floss. Männergruppen in Anzügen gingen hier entlang, Frauengruppen in Kostümen dort. Längst nicht alle hier waren auf dem Weg zu einem Host. Es handelte sich um eine Minderheit. Allerdings um eine, die groß genug war, dass aus ihrer Nachfrage eine ganze Branche entstehen konnte, in der sogar für alle möglichen Geschmäcker diverse Varianten auf den Markt gekommen waren. Ein paar Beispiele: Männer werden von Kuschelcafés gelockt, in dem sie auf dem Schoß einer jungen Frau schlafen dürfen; beliebt angeblich an Wochentagen zur Mittagszeit. Wer sich lieber an einen Mann lehnt, kann einen »Schäfchenfreund« buchen. Schäfchenfreund nennt er sich, weil der Kunde oder die Kundin, mit dem Kopf auf der Brust dieses attraktiven Dienstleisters liegend, Schäfchen zählend einschlafen kann. Berechnet wird pro Stunde. Auch populär sind Läden, in denen sich Kunden in kleinen Kabinen, auf dem Schoß des Dienstleisters, die Ohren putzen lassen. Oder solche für gemeinsames Weinen. Dazu wird man von einem charmanten Profi durch einfühlsame Worte und rührende Filmszenen dazu angetrieben, Emotionen freien Lauf zu lassen. So soll man sich erleichtern. Die Branche bietet Gefühle, die man in Beziehungen immer wieder zu zweit erleben könnte, die ohne Partner aber rar scheinen. Wer sich nicht unwohl dabei fühlt, für solche Erlebnisse zu bezahlen, dem ist hier gedient. War das nicht ein trauriger Befund? Ohne die echte Liebe wird ein seelenloser Abklatsch, ein kaltes Derivat dieses schönen Gefühls, einfach so zum Geschäft. Dass menschliche Interaktion zur Ware wird, hat viele bedauerliche Seiten.

Motive für bestimmte Taten ändern sich, weil sich ihre Bedeutung verändert. Yusuke Oshima machte schließlich keiner seiner Kundinnen Komplimente, weil er wirklich Liebe oder starke Sympathie für sie empfand, sondern weil er wusste, dass er für diesen Charme bezahlt wurde.

So eine Art der Liebe hat mit den hochtrabenden Ideen der großen Philosophen nicht mehr viel zu tun. Keine Spur von der Bühne der Zwei, die Alain Badiou so lobend beschreibt und die für ihn Rücksichtnahme und das Eingehen einer Bindung bedeutet. Auch nichts zu sehen vom Wachsen und Heranreifen im Angesicht des Gegenübers, wie es Aristoteles vorschwebte. Bei dieser Art von Liebe geht es um unverhohlenen Hedonismus. Ich bestelle Emotion, ich bekomme Emotion. Wenn ich genug habe, gehe ich zur Kasse. Es sieht aus wie der Endsieg des Kapitalismus, in dem dieser selbst die Liebe, und eben nicht nur den Sex, vollends zum gehandelten Gut macht.

Die Kommodifizierung der Liebe ist bei genauem Hinsehen kein japanisches und auch kein ostasiatisches Monopol, selbst wenn das Simulieren von Liebe dort besonders beliebt sein mag. In vielen Ländern sind Dating-Ratgeber gute Seller auf dem Buchmarkt, professionelle Dating-Coaches verdienen gutes Geld und spezialisierte Betriebe veranstalten Wochenendseminare, die 2.000 Euro und mehr kosten. Den Lesern, Probanden und Teilnehmern soll beigebracht werden, wie man Frauen oder Männer dazu bringt, sich für einen zu interessieren. Mal geht es um Anmachen, mal um den schnellsten Weg ins Bett, mal um die große Liebe. In der Branche arbeiten geschickte Aufreißer, aber auch Psychologen und Anthropologen, sie erstreckt sich auch und insbesondere auf die westlichen Erdteile, dort also, wo die romantische Idee eigentlich am stärksten ist. Auf den ersten Blick sieht das Date-Coaching ganz anders aus als der Job von Yusuke Oshima und anderen. Schließlich ist nicht Simulation das Ziel, sondern ein Lernerfolg, der im wahren, ernst gemeinten Leben zu Erfolg im Liebesleben verhelfen soll. Und dennoch bleibt eine zentrale Gemeinsamkeit. In die Liebe, diese vermeintlich magische Sphäre unseres irdischen Lebens, lässt sich investieren. So stellt sich auch schnell eine Mechanik ein, ob man nun mit einer Hostess oder einem Host flirtet oder die im Kurs erlernte Punkteliste abarbeitet, um einen attraktiven Menschen von sich zu überzeugen. Die Sache soll berechenbar werden.

Man kann das bedauern, aber das wäre ein einseitiger Blick. Diese Produktwerdung des Liebesgefühls hat auch eine andere Seite. Wenn man für eine Sache einfach bezahlen und dann auf die Lieferung warten kann, ist diese Sache dadurch völlig entmystifiziert, banalisiert. Im Fall der Simulationen ist sie sogar zur irrealen Erzählung geworden, wie ein Disneyfilm, den man genießend konsumiert, während man ihn sieht, von dem man aber nie erwartet, dass er wahr wird. Diese Liebesökonomie ist einerseits eine pragmatische Antwort auf ein Problem der vielen, die sich einen Partner wünschen, aber keinen finden. Zudem bietet sie ein Vergnügen für diejenigen, die sich einen Spaß machen wollen. Gleichzeitig aber dient sie allen zur Anschauung, dass man die fantastische Liebe als Fiktion begreifen könnte. Als eine Vorstellung, die sich nie ganz bewahrheiten wird, viellcicht mal in Teilen, vielleicht flüchtig und temporär, vielleicht nie. Wahr wird sie nur in der Vorstellung, und die lässt sich nachstellen.

Nach dem Besuch beim Host Yusuke fuhr ich heim, wollte schlafen, konnte jedoch nicht. Ungewöhnlich lange lag ich wach und stellte mir vor, was ich nach einer solchen Erfahrung in Verbindung mit der Göttin der Liebe träumen würde. Würde sie neben mir in ein viel zu tiefes Sofa sinken und mir Verliebtheit vorspielen? Wie würde ich mich fühlen? Nur wie in einer schrägen Komödie? Oder würde ich etwas spüren, weil ein Verlangen nach etwas mehr Liebe wachgeküsst würde? Vielleicht würde ich mich ärgern, weil sie wieder einmal mit mir herumspielte.

An einem anderen Tag ging ich von Kabukicho zu Fuß in Richtung des großen Bahnhofs von Shinjuku, um in einem Café, in dem ich öfter saß, Notizen zu machen. An großen Tischen lernten junge Menschen noch abends für Prüfungen oder machten Hausaufgaben, an kleineren lasen ältere Gäste Bücher oder unterhielten sich. Als ich meinen Kaffee bezahlt hatte, setzte ich mich an einen der größeren Tische, weil sonst nichts mehr frei war, wie meistens. Neben mir saßen zwei junge Frauen nervös auf den Vorderkanten ihrer Stühle. Wahrscheinlich waren sie am Ende ihrer Teenagerzeit, rausgeputzt, als hätten sie später am Abend noch etwas vor. Auf einem Laptop sahen sich die beiden einen offenbar selbst gedrehten Kurzfilm an. Mal zeigte das Video die Skyline von Tokio, mal eine schlafende Frau, neben ihr die Shillouette eines Mannes mit einer rosa Herzchenform auf der Brust. Dazu ein Lauftext: »Ich wünschte, ich könnte mit dir einschlafen. Und dir am Morgen einen Kuss geben. Wir bleiben immer zusammen. Ich wünschte so, du wärst hier.« In keinem Moment hatte dieses Video zwei Personen gezeigt, die zusammen waren. Stattdessen waren Teddybären zu sehen, leere Fensterbänke und nur auf einer Seite durchgelegene Betten. Die schwarze Silhouette mit rosa Herzchen auf der Brust war der imaginäre Traumtyp. »Das ist so schön!«, sagte die eine zur anderen, als das Filmchen zu Ende war. Das Ganze war ein Schulprojekt über Träume gewesen, wie ich heraushören konnte, und handwerklich hatten die beiden das gut gemacht. Während sie den Film sahen, wirkten sie überhaupt nicht traurig, eher glücklich. Der Kitsch hatte ihnen gefallen, auch die Sehnsucht nach etwas, das vielleicht nie wahr wird, nach einer Person, die nur im Reich der Phantasie existiert.

War dieses Darstellen und Spielen der romantischen Liebe auch ein Grund, warum so viele Singles in Japan sich dennoch nicht einsam fühlten oder unglücklich waren? Es musste etwas zu tun haben mit Erwartungen oder Anspruchsdenken einerseits und dem Umgang mit unerfüllten Träumen andererseits. Erstens, wer nicht auf die Liebe als Erlösung wartet, der wird sie auch nicht vermissen. Zweitens, wer keine Angst vor unerfüllten Träumen hat, kann sie sich auf andere Weise erfüllen, zum Beispiel in der virtuellen Welt oder der Sphäre der Vorstellungen.

Im Frühsommer 2017 verschlug es mich nach längerer Zeit für einen kurzen Heimatbesuch zunächst nach Wien, dann nach Hamburg. Einige Termine standen an, aber auch ein Wiedersehen mit Freunden und Familie. Hamburg ist mein Geburtsort, Wien so etwas wie meine zweite Heimat. Dort hatte ich Volkswirtschaft studiert, meine ersten Kapitel in größeren Zeitungen und Magazinen veröffentlicht und Lena kennengelernt. Sie war die große Liebe, diejenige, mit der das Gefühl des Füreinander-bestimmt-Seins unübertroffen war. So hatten wir es uns versprochen und prophezeit. Nach einem Treffen mit einem Kollegen am Naschmarkt spazierte ich spät am Nachmittag die Linke Wienzeile entlang bis zum kleinen Spielplatz im Girardipark zwischen der Akademie der bildenden Künste und der Technischen Universität. Das war einst der Ort unserer Verschmelzung gewesen. Nach monatelangem, vielleicht jahrelangem Versteckspiel wurde hier an einem Sommerabend, ähnlich schwül wie an diesem Tag, aus dem Suchen ein Finden. Wir saßen auf der Holzbank neben den Schaukeln, einander gegenüber. Es war dunkel, die Nervosität konnten wir uns nicht anmerken, obwohl sie offensichtlich war. Als wir uns küssten, gab es kein Zurück mehr. Wir wussten, von nun an gehörten wir zusammen. Wir wussten, keines der rationalen Argumente, von denen viele gegen uns sprachen, würde uns aufhalten, einander näher zu kommen. Der Anfang einer großen Erzählung zwischen zwei Verknallten.

Nun saß ich auf derselben Parkbank, wieder im Dämmerlicht, nur einige Jahre älter und allein. Ich hätte trau-

rig werden können, aber statt dem Wunsch, etwas Verlo-
rengegangenes aufs Neue zu suchen, summierte sich die
Erinnerung zu Nostalgie. Der Gedanke, dass diese Beziehung auf ihre Art unübertroffen bleiben würde, bereitete
mir Gelassenheit. Über die Jahre in Tokio, mit all ihren
Begegnungen, hatte sich die Perspektive verschoben. Die
Zeit mit Lena hatte mich nicht deshalb in die Wolken ka-
tapultiert, weil es tatsächlich die nahezu perfekte Begegnung war, sondern weil meine Vorstellungswelt sie dazu
gemacht hatte. Der weite Spannungsbogen durch das lange Suchen nach ihrer Zuneigung und die Idealisierung ihrer Person mitsamt meinen romantischen Vorstellungen
eröffneten den Raum für das Gefühl der Erlösung, der
Schwerelosigkeit. Umso schwieriger war die Trennung,
weil nach unseren Gebeten des »Für immer und ewig«
und »Nur wir beide« eine Entzweiung nur als unser Versagen verstanden werden konnte. Und dieses Versagen hatte
so bitter geschmeckt. Das Mitleid meiner Bekannten war
mir sicher gewesen. Viele hatten mich aufgemuntert mit
Vermutungen, dass es zwischen uns ja vielleicht nochmal
was werden könnte. Dass man mit einer nüchternen Erwartungshaltung, also ohne Hoffnung auf die eine Richtige, auch gut leben konnte, diese Botschaft hatte mir niemand vermittelt. Stattdessen kamen Schulterklopfen und
Sprüche wie: »Die Nächste wird kommen. Und mit der
wird es noch besser.«

Offenbar hatte sich an dieser Vorstellung in den letzten Jahren wenig geändert. Viele meiner Freunde in Wien
und Hamburg rannten von einer Beziehungsmisere ins

nächste vermeintliche Glück, das sich dann bald wieder als Missverständnis entpuppte. In sozialen Medien posteten einige meiner Kontakte horoskopartige Weisheiten, die sie als Metaphern auf ihr Beziehungsleben verstanden. Ein paar beliebte Zitate, die mir online mehrmals begegneten, stammten vom Berliner Kolumnisten Michael Nast, der mit seinem romantisch-konservativen Bestseller »Generation Beziehungsunfähig« populär geworden war. Zum Beispiel: »Mit dem nötigen Abstand muss man sich allerdings fragen, was Sätze wie ›Ich will mich nicht festlegen‹ oder ›Ich will mich gerade auf mich selbst konzentrieren‹ eigentlich bedeuten. Sie umschreiben auf freundliche Art, dass man einfach nicht interessiert ist.«

Ein anderes, dieses Problem endlich erklärendes Zitat: »Männer sind eigentlich nicht für die Monogamie geschaffen. Sie sind auf der Jagd.« Und ein drittes, das diesen Konflikt zwischen Trieben und gesellschaftlichen Zwängen auf wundersam einfache Weise auflöst: »Ich glaube, dass die Liebe zu jemandem in einem den tiefen Impuls auslöst, ein besserer Mensch zu werden.« So wollten das viele meiner Freunde in Europa sehen, und nicht so viele meiner Freunde in Japan. Auf beide Arten lässt es sich leben. Mit der Sehnsucht nach der großen Beziehung, die einen endlich zum besseren Menschen macht, von Schwächen und Trieben befreit, von welchen auch immer. Alternativ das Leben ohne so eine Sehnsucht, in dem auf zwischenmenschlichen Beziehungen nicht diese große moralische Last liegt, in dem der Raum für menschliche Enttäuschungen kleiner ist.

Die Erzählung von der romantischen Liebe ist mit der Vorstellung vom besseren Menschen eng verwandt. Auch wegen dieser Verbindung liegt auf der Hand, dass viele Menschen so viel Angst vorm Alleinsein haben. Allein können sie die Beförderung zum besseren Lebewesen nicht schaffen, keine gute Karriere als Mensch hinlegen. Dieses Verständnis vom Alleinsein als Scheitern wird noch deutlicher, wenn man es als das Fehlen eines Partners betrachtet. Der Single wurde nicht gewollt, jedenfalls nicht genug, oder er konnte nicht auswählen. Unbegehrt oder unentschlossen. Für Gläubige der Religion Liebe die Hölle.

Ob an diesen Tagen in Wien oder Hamburg, auch ich ertappte mich dabei, wie ich mit meinen Freunden immer wieder als Erstes über die jüngsten Beziehungen, Dramen, Abbrüche, Dates und erneute Hoffnungen sprach. Es war das eine Thema, das uns alle zusammenbrachte. Jeder hatte was dazu zu sagen. Die Moral der Geschichten waren weiterhin meist Versprechen in die Zukunft wie: Das klappt schon noch. Oder: Der Nächste wird's. Eine Empfehlung zur Abkehr von der Erwartungshaltung hingegen kam nie. Die Hoffnung stirbt bekanntlich zuletzt. Auf was wurde gehofft? Nein, perfekt müsste dieser hypothetische Partner nicht sein. Aber schon klug, mit gutem Humor, Sexappeal, Bildung und gutem Job. Also schon gerne perfekt. Und das Ganze war oft gepaart mit einem Anspruchsdenken, als hätte man als Gläubiger auch gleich ein Recht auf Erlösung. Die Liebesideologie postuliert im Grunde ein Menschenrecht auf die Ankunft auf

Wolke sieben. Einen Anspruch also, den jeder Mensch hat und den niemand verlieren kann. Wer verdient es denn nicht, geliebt zu werden? Jeder von uns ist doch ein potenzieller Engel, der nur auf seine Flügel wartet, die ihm ein anderer anlegt.

In Hamburg traf ich meine Schulfreundin Suleika. Eineinhalb Jahre hatten wir uns nicht gesehen, entsprechend viel gab es zu erzählen. Nach einem Spaziergang durch die Marsch am Stadtrand, zwischen Wiesen und Deichen mit Schafen und Möwen, kehrten wir ein in ein Kneipenboot auf einem schmalen Flusslauf, der irgendwo in die Elbe fließt. Selten klar war der Himmel, auch der Wind blieb still, das Wetter für Alsterwasser. Suleika, wie ich aus ihren Erzählungen wusste, stand eigentlich mitten im Leben. So nennt man diese Lebensläufe. Sie hatte ihre eigene Wohnung in der Innenstadt, einen festen Job und einen festen Freund, zumindest bis vor Kurzem. Die Heirat schien am Horizont zu lauern. Aber dann hatte Suleika ihn verlassen, weil sie auf etwas gekommen war. »Wir hatten so oft keinen gemeinsamen Humor. Ich konnte über seine Witze einfach nicht lachen. Er über meine wahrscheinlich auch nicht.« Und wenn er morgens binnen fünf Minuten fertig gefrühstückt hatte, während Suleika noch gemütlich den Kaffee austrinken und die Nachrichten fertiglesen wollte, wurde sie nervös. So sehr, dass das alles nicht mehr ging.

»Klingt nach Luxusproblemen«, bemerkte ich.

»Ja, aber weißt du, ich will keine Abstriche mehr machen.«

Wollte ich auch nicht, konnte ich gut verstehen.

Suleika fiel das Paradoxe an der Sache auf. »Indem wir keine Abstriche machen wollen, machen wir nicht gerade einen ganz fetten Abstrich? Wir verzichten ja am Ende auf einen Partner.« Darauf prosteten wir einander erstmal mit unseren Bieren zu und blickten stumm über den Fluss auf die leere Weide, die sich hinter dem anderen Ufer ausbreitete. Norddeutsche Wortlosigkeit, fast so gut wie romantische Verliebtheit, die ja auch ohne große Verständigungen funktionieren soll. Nur dass Erstere nicht elektrisierend wirkte, eher sedierend. Und dass bei unserer Ruhe auch jedes Missverständnis okay gewesen wäre.

»Und jetzt suchst du wieder den Nächsten?«, fragte ich nach längerer Stille.

»Irgendwann muss er ja kommen«, fand sie.

»Muss er gar nicht«, fand ich.

»Wieso nicht?«

»Okay, kann sein, dass er kommt. Aber das ist ja wohl eher unwahrscheinlich. Wenn dich schon hektische Frühstücke stören, ist die engere Auswahl nicht so groß.«

»Du meinst doch nicht, dass ich alles rückgängig machen und mich wieder bei ihm melden sollte?«

»Stimmt, mein ich nicht«, antwortete ich. »Alleine frühstücken ist auch in Ordnung.« Unsere großen Gläser stießen wieder aneinander. Suleika hatte auch die Schnauze voll von diesem Beziehungskram, obwohl sie weiter an der schönen Erzählung hing. Nur wie zerbrechlich war die geworden? Konnte sie ihren Eltern erklären, dass schlechte Witze und hektisches Kaffeetrinken Grund genug zur Trennung waren, wenn doch sonst offenbar vieles zwischen ihr und ihrem Exfreund gestimmt hatte? Und war das wirklich die ganze Wahrheit? Laut der Anthropologin Helen Fisher sind wir Menschen genetisch, wegen des Abklingens der hormonellen Anziehung zwischen Partnern nach nur wenigen Jahren, auf serielle Monogamie programmiert. Im Rahmen der Evolution unserer Spezies haben sich anscheinend jene Gene besonders durchgesetzt, die ein Paar während der Schwangerschaft zusammenhalten und dazu bringen, die Kleinkinder gemeinsam zu versorgen. Aber sobald die Kinder laufen können, war es evolutionär anscheinend von Vorteil, das Erbgut wiederum anderswo zu streuen. So ließen sich diese Erkenntnisse kurz zusammenfassen. Je mehr sich die kulturellen Bindungen von Paaren auflösen, weil Ehen eben nicht mehr nur dann beendet werden, wenn der Tod die Eheleute scheidet, desto sichtbarer wird der Rückfall auf genetische Prägungen. Die modernen Beziehungsbiographien orientieren sich durchwegs am Modell der seriellen Monogamie, ohne dass sich die Menschen dieses Umstandes voll bewusst sind. Aber sollte ich Suleika das sagen? Dass wir modernen Menschen wieder mehr als unsere unmittelbaren Vorfahren hormongesteuert agierten und dass die Unterschiede beim Humor und bei den Frühstücksgewohnheiten vielleicht nur ein vergleichsweise wenig bedeutsamer Grund für ihre Trennung gewesen waren? Ob sie wohl schon einmal darüber nachgedacht hatte, welchen Bindungsstil sie an den Tag legte? Viel hätte es zu sagen und zu diskutieren gegeben. Stattdessen genossen wir die gemeinsame Ruhe. »Findest du die Vorstellung traurig, ohne feste Beziehung zu leben?«, fragte ich schließlich.

Suleika schwieg einen Moment Richtung Weide. »Irgendwie schon«, sagte sie dann.

Ein paar Tage später stand ich wieder an den Immigration Desks in Narita, einem der zwei Flughäfen Tokios. Im Gepäck die jüngsten Erinnerungen an die Heimat, im Block die Notizen für die nächste Story. In dieser Wahlheimat Tokio, wo das Leben also auch in Suleikas Augen irgendwie traurig sein musste, war es zwischen Mayumi und mir bislang beim Alten geblieben. Wir trafen in der Bar Nocturne aufeinander, unaufgeregt, ohne große Erzählungen daran zu knüpfen. Wir verstanden uns prächtig, nicht mehr, nicht weniger. Und dieses ganze Thema, das Leben der Singles in Japan, blieb in Europa interessant. Für ein Magazin sollte ich wieder eine Reportage über die Generation der jungen Menschen schreiben. Diesmal sollte es um Familiengründung gehen und um deren Vereinbarkeit mit dem Job. War Japan nicht ein Schreckensbild, das Industrieländern den Weg in eine miserable Zukunft wies? Eine meiner Gesprächspartnerinnen, Mitte vierzig, Besitzerin einer Bar im südlich gelegenen Shinagawa, sagte mir etwas, das ich im Zuge anderer Recherchen schon so ähnlich gehört hatte, und das Suleika und andere meiner Freunde daheim wohl nicht leicht nachvollziehen konnten: »Eine Beziehung zu führen und eine Familie zu gründen, das ist okay. Aber ich hab mich für andere Dinge entschieden.« Meine Quelle sagte mir, sie führe ihre Bar mit Herzblut, das sei ihr lieber, ihr gewähltes Zuhause, es bürde ihr weniger Kompromisse auf. Sie habe so übrigens mehr Zeit für ihre Freunde, denen sie immer helfe, wenn sie Unterstützung brauchten. Das Singlesein sei nicht bloß ein Egotrip, das war ihr wichtig zu betonen. Und das mit der Liebe, das sei Träumerei, das Leben biete auch viel anderes. Dieses Gespräch, das ich führte, ehe ich in meiner Wohnung meinen Koffer ausgepackt hatte, holte mich gleich wieder in diesen Kontext des Beziehungsblues, der Beziehungsgleichgültigkeit, des Singlelebens.

Nach dem Interview entschied ich mich für einen längeren Rückweg, ging zu Fuß zur übernächsten Haltestelle. Manchmal ordnen sich Recherchen während solcher Spaziergänge auf eine Weise, die einen neuen Blickwinkel eröffnet. Ein paar Straßenblocks hinter dem Café, in dem wir uns getroffen hatten, warb ein Fotograf mit Hochzeitsfotos. Aber nicht nur für Paare, auch für Singles. Sich im schönen Brautkleid ablichten lassen, das war hier wohl eine beliebte Option, jedenfalls nahm das Werbeplakat dafür ziemlich viel Platz ein. Was soll das, fragte ich mich reflexartig. Die Antwort lag auf der Hand. Ähnlich wie der gemietete Partner war auch dieser angeblich schönste Moment im Leben einer Frau, oder eines Mannes, für Geld zu haben. Und käuflich war dieser Moment auch nur deshalb, weil er im tiefen Innern nicht so recht ernst genommen wurde. In Hamburg oder Wien war ich nie auf einen Fotografen getroffen, der auf diese Idee gekommen wäre, wohl weil niemand für möglich gehalten hätte, dass jemand, der gar nicht verheiratet war, ein Hochzeitsfoto von sich haben wollen könnte. Das würde ja bedeuten, sich als etwas auszugeben, das man nicht ist. Gleichsam ein Dokument, ein Zeugnis aus einer Welt zu fälschen, in der man nicht lebt.

In Europa konnte man sich noch immer kaum vorstellen, dass hier in Japan ein großer Teil einer Generation der Liebe, wie sie anderswo bekannt war, einen Korb gab. Während sie gleichzeitig als Konsumgut allgegenwärtig war. Auch das schien für viele schwer verständlich, nicht nur ein Sakrileg, sondern auch ein Beweis für Tristesse oder Verrücktheit. Als »einsam in der Masse« (*Wall Street Journal*), »seltsam« (*Vice*), »traurig« (*Stern*) wurde diese Entwicklung im westlichen Ausland ja seit Jahren immer wieder gern beschrieben. Was bleibe den Menschen denn noch, wenn das Schönste in ihrem Leben fehlt?

Im Jahr 2017 befragte das Meinungsforschungsinstitut Yougov 70.000 Menschen in Deutschland über ihre Einstellungen zum Thema Liebe. Trends lassen sich daraus zwar nicht ableiten, weil die Umfrage zum ersten Mal durchgeführt wurde. Trotzdem zeigen der Journalist Christoph Drösser und der Demoskop Holger Geißler in ihrem auf der Untersuchung basierenden Buch »Wir Deutschen & die Liebe« ein paar interessante Ergebnisse. Auffallend ist das tiefe Vertrauen in die romantische Liebe, wie sie im Buche steht, allen ihr eher feindlich gegenüberstehenden gesellschaftlichen Entwicklungen zum Trotz. 70 Prozent glauben an die Liebe auf den ersten Blick. 40 Prozent der Männer und 46 Prozent der Frauen finden, die Liebe sei eine Gewalt, die ihnen »auch ein bisschen Angst« macht, während nur 29 und 22 Prozent die romantische Idee für »allgemein überschätzt« halten. Anders als in Japan wünscht sich in Deutschland die Mehrheit der Singles einen Partner. Unter den Frauen sehnen sich 55 Prozent danach, unter den Männern sogar sieben von zehn. 55 Prozent der Männer und 46 Prozent der Frauen macht es zudem »manchmal unglücklich, dass ich nicht in einer festen Partnerschaft lebe«. Knapp die Hälfte bemitleidet Menschen, die alleine sind, dagegen beneidet sie weniger als ein Drittel. 81 Prozent der Befragten in einer festen Beziehung sagen, sie seien darin glücklich. 72 Prozent halten ihren Partner für »die große Liebe meines Lebens«. Das ist insofern interessant, als der durchschnittliche Befragte schon drei bis vier Menschen »ich liebe dich« gesagt hat. Und es behaupten zwar 49 Prozent der Männer und sogar 62 Prozent der Frauen: »Ich brauche keine feste Beziehung, um glücklich zu sein.« Aber zwei Drittel aller Befragten finden in Bezug auf die Beziehungswelt dennoch: »Wer ohne Liebe lebt, ist lebendig tot.«

Angesichts der Single-Hochzeitsbilder und der Umfragen aus Deutschland erinnerte ich mich an das Gespräch mit Akari Uchida, dem Entwickler von *Love Plus*, der ja angeblich die Zukunft der Liebe entworfen hatte. Spontan ging ich zur nächsten Haltestelle, um nach Roppongi zu fahren, zur Hauptzentrale von *Konami*. Als ich aus der U-Bahn ausgestiegen und durchs Einkaufszentrum Tokyo Midtown zum Konami-Shop unterwegs war, rief ich mir

in Erinnerung, wie nah dieses Spiel ans Reale herange-
kommen war. An einer Pinnwand im Laden hatten damals
zu Nenes Geburtstag im April Grußbotschaften der Gamer
gehaftet. *Konami* veranstalte Reisen, bei denen die User
an Orte geführt wurden, auf die sich auch der Avatar im
Spiel bezog. Später konnte man seiner virtuellen Freundin vom Trip berichten. Ein Spielstand ließ sich sogar mit
dem eines anderen Zockers vernetzen, sodass man zuse-
hen konnte, wie sich die beiden virtuellen Freundinnen
über ihre Liebhaber aus Fleisch und Blut unterhielten.
Liebe nach Als-ob-Prinzip. Vor dem Konami-Shop fragte
ich mich, ob ich drinnen wohl einem Aufgebot von Ne-
ne-Verehrern begegnen würde.

Aber das Spiel war aus den Regalen geräumt. Nene,
die mal so beliebt gewesen war, war schon wieder verschwunden. »Die Fortsetzung verkaufte sich nicht so
gut«, erklärte der junge Ladenmitarbeiter. Ein kurzer
Boom, dann hatten sich die Männer- und Frauenherzen,
die einem der drei Mädchen im Spiel verfallen waren, offenbar schon wieder erholt, sich für Neues interessiert. In
den Regalen fanden sich Ballerspiele und andere Genres,
aber keine virtuelle Freundin mehr.

»Das ging ja schnell«, sagte ich verblüfft

»So sind Konsumtrends«, entgegnete der Verkäufer.

Die Zukunft der Liebe ist schon wieder Vergangenheit,
flüsterte ich mir selbst zu.

Waren diese jungen Menschen in Japan, und ich gehörte mittlerweile vielleicht dazu, nicht mehr ganz zu-
rechnungsfähig, wie vielerorts auf der Welt gemutmaßt

wurde? Näher lag wohl die Erklärung, dass es hier eine Generation gab, in der Viele gelernt hatten, dass ein Traum von der wunderbaren Liebe eben das ist: ein Traum. Besser als wohl viele junge Menschen anderswo, wussten sie zwischen Realität und Fiktion zu unterscheiden und das Unwahrscheinliche, nur weil man es sich wünscht, nicht wie ein Recht zu betrachten, das es nur einzulösen gelte, vielleicht mit etwas Wartezeit. Stattdessen gaben sie sich von vornherein mit weniger zufrieden, ohne Verlangen nach dem ganz großen Coup. Viele dieser jungen Menschen gehören jener Generation an, die in einer Zeit aufwuchs, als die große Ära des Wirtschaftswachstums und des Aufbruchs schon Geschichte war. Eine Zeit, in der die Idee des Fortschritts gleich in mehreren Lebensbereichen eher wie Utopie klang. So ist im Arbeits- wie im Liebesleben neben dem im Westen nach wie vor üblichen »Höher, schneller, weiter« auch das Mantra des »Gut genug« üblich geworden, ein Bewusstsein der Sättigung. Und das vielleicht Unglaublichste an allem: Diese Generation ist offenbar nicht unglücklicher als vorige, hier leben nicht lauter gescheiterte Existenzen. All das, obwohl die anderswo typischen Utopien fehlen. Oder gerade deshalb, weil sie fehlen? Die Titel auf dem Buchmarkt der letzten Jahre zeigen, dass sich das Thema Glücklichsein, auf Japanisch »shiawase«, gut verkauft. Aber dieser Begriff ist wiederum so unkonkret, dass er für jeden Einzelnen Unterschiedliches beinhalten kann.

Macht das Japan zum Pionier für andere Länder? Die extreme Wirtschaftskrise der 1990er Jahre und die tiefgehende Prekarisierung des Arbeitsmarktes mag eine japanische Eigenheit sein. Auch die Verbindung zwischen Erfolg im Beruf und Erfolg – nach den herkömmlichen Maßstäben – im Liebesleben ist hier wohl stärker ausgeprägt. Und dennoch gibt es Parallelen zu den Ländern des Westens. Hier wie dort ist das Leben individualistischer geworden. Das Freizeitangebot grenzenlos, die Anforderungen am Arbeitsmarkt vereinnahmend. Außerdem ist da diese Idee, man habe den Verlauf des eigenen Lebens selbst in der Hand, eine Idee wohl, die unter jungen Menschen von heute so weit verbreitet ist wie nie zuvor. Sie geht mit enormem Leistungsdruck einher. Auch deshalb ist das Finden der richtigen, wahren, romantischen, vermeintlich ewigen Liebe noch unwahrscheinlicher geworden. Wir müssen nämlich nicht nur mobiler, schneller und disziplinierter sein, als es Menschen früher sein mussten. Eben weil wir heute in einer Welt leben, in der viele Eigenschaften als Tugenden gelten, die gleichzeitig belastend sind, werden auf die Zweisamkeit noch mehr Erlösungsfantasien projiziert. Der feste Partner soll ja längst nicht mehr nur der Fortpflanzung dienen, dem Glück oder der Selbstverwirklichung. Längst ist sein Dasein zur Bedingung des erfolgreichen Menschen geworden.

Der französische Dichter und notorische Zyniker François de La Rochefoucauld schrieb schon im 17. Jahrhundert: »Es gibt Menschen, die hätten sich nie verliebt, wenn sie nicht davon gehört hätten, dass es so etwas gibt.« Der schweizerisch-britische Schriftsteller und Philosoph Alain de Botton fordert auf ähnlicher Grundlage:

»Wir müssen die Liebe neu erfinden!« Die Menschen hätten sich doch ständig ihren neuen Lebensumständen angepasst, dies sei bis heute sogar Teil ihres Erfolgsrezepts. Diverse technologische, kulturelle und politische Realitäten, die einst als unumstößlich galten, wurden von der Geschichte überholt. Irgendwann wurden sie nicht mehr als zeitgemäß angesehen. Dann kam etwas Neues, um das Alte zu ersetzen. Heute, meint de Botton, seien die idyllischen Vorstellungen von Goethe, Schiller, Shakespeare und anderen als das zu verstehen, was sie ursprünglich waren: Schöne Fiktion, ja, aber keine akkurate Abbildung der Realität, aus der sich Erwartungen ableiten ließen.

Wenn diese industrialisierten, urbanisierten, individualisierten Wohlstandsgesellschaften also dringend ein Umdenken nötig haben, dann hat Japan die Rolle eines Pioniers eingenommen.

Love Plus, Hochzeitsfotos für Singles oder die Hosts und Hostessen machen die romantische Idee zur konsumierbaren Fiktion, ein bisschen so, wie es Goethe und Shakespeare früher taten, nur dass heute niemand glaubt, das alles sei echt. Mehrere neue Arten, Familien zu gründen oder Reproduktion zu organisieren, weisen Wege zum Fortbestand einer Gesellschaft. Zum Beispiel das »Co-Parenting« in all seinen Facetten, wie es in Japan auf die eine oder andere Weise nicht mehr ganz unüblich ist. Das gesellige Alleinsein in den Bars und anderswo sowie die normal gewordene Ablehnung gegenüber einer festen Partnerschaft zeigen, dass es sich auch gut leben lässt ohne den üblichen Bindungen samt jenen Erwartungen, die uns die dominanten Narrative unserer Gesellschaft oft einflüstern.

Was bleibt dann übrig? An einem Sommerabend hatte ich nach einer knappen Deadline für einen Artikel noch um zehn Uhr Zuflucht in einem Café in Shibuya gefunden. Ich las die ersten Seiten eines Buches, das ich mir gerade gekauft hatte. Es ging um Japans Wirtschaftsgeschichte. Gleichsam unter meinen Füßen, fünf Stockwerke tiefer, wuselten jede Minute Tausende Fußgänger über die riesige Kreuzung, die größte der Welt, aber hier oben, wo es fast ähnlich voll war, herrschte trotz lauter Musik ruhige Arbeitsatmosphäre. Lernende Schüler und Studenten, lesende Ältere. Ich konnte mich mal wieder nicht konzentrieren, hatte zu viel Kaffee getrunken und zu wenig gegessen, der Puls drückte in den Kopf. Wann immer sich um mich herum etwas bewegte, schreckte ich auf, hektisch wie ein Eichhörnchen. Eine junge Frau setzte sich auf den leeren Platz neben mir am breiten Tisch. Lange Haare, schwarz und wellig, bunte Klamotten, lockerer Stil. Aus dem Augenwinkel schien sie was Hippiehaftes an sich zu haben, Typ Indie-Künstlerin, aber ganz zu ihr drehte ich meinen Kopf nicht. Wenn ich versuchte, mich wieder auf das Buch zu konzentrieren, schien sie zu meiner Seite zu blinzeln. Unsere Blicke kreuzten sich nicht. Wenn sich mein Kopf dann doch ganz leicht zu ihr wandte, damit es beim Schielen nicht in den Augen wehtat, schaute sie hochkonzentriert entweder auf ihren Notizblock oder ihr Handy, auf dem sie sich wohl Tanzvideos ansah, aber genau konnte ich, und sollte ich es nicht sehen. Ihr Kopf bewegte sich, wenn ich auf kleinen Zetteln bestimmt unleserliche Notizen zum neuen Buch machte. Es ging eine halbe Stunde so, vielleicht länger. Wie sie wohl hieß, überlegte ich schon, wie wohl ihre Stimme klang, und ob sie richtig gut im Tanzen war, dann konnte ich was von ihr lernen. Sahen die anderen im Café, was sich hier abspielte, dieses Abtasten, dem die Annäherung fehlte? Oder sah das nur ich, nicht einmal sie? Sie hieß bestimmt Ikuko, dachte ich. Das war so ein Name, bei dem man sich fast sicher sein konnte, dass es sich um eine Person mit souveräner Eleganz und einem eigenen Kopf handelte. War eine der Personen im Video auf ihrem Handy Ikuko selbst? Er sah geschmeidig aus, melodisch, harmonisch, voller Energie. Ich kratzte mich an der rechten Schläfe. Wenn man nur noch durch Schläfenkratzen sein Schielen nach rechts übertünchen kann, muss man schon ziemlich auffällig sein. Aber vielleicht merkte sie doch gar nichts, oder ließ sich absichtlich nichts anmerken. In ihrem Ohr hatte sie Musik, es musste die sein, zu der sie tanzte. Was sie wohl tanzt? Wenn ich nur tanzen könnte. Das wäre das Thema, mit dem man sie in ein Gespräch verwickeln könnte. Aber stören will man auch nicht, als Trottel daherkommen schon gar nicht.

Ikuko riss einen Zettel aus ihrem Notizblock, obwohl sie nur wenig darauf geschrieben hatte, legte ihn neben ihr Handy. Vielleicht hatte sie sich verschrieben.

Wo war ich nochmal? Die ersten Seiten meines Buchs hatten sich gleichsam von alleine von links wieder auf die rechte, am Anfang noch schwerere Buchhälfte zurückgeblättert. Vielleicht muss ich noch mal ganz von vorne anfangen, dachte ich. So geht's ja nicht.

Plötzlich packte Ikuko ihre Sachen zusammen, stand auf und ging in zügigem Schritt Richtung Tür. Sie schaute nicht einmal zurück, ihr Gesicht sah ich nun im Profil. Sparsame, aber markante Gesichtszüge, die bestimmt ein gewinnendes Lächeln formen konnten. Gesprochen hatten wir kein Wort, gelächelt keinen Moment. So, wie sie in meine Gedanken geplatzt war, sobald sie sich gesetzt hatte, war sie jetzt dabei, wieder rauszuspazieren. Auf dem Platz neben mir blieb ihr Zettel zurück. In Japan deutet es auf schlechte Manieren, seinen Müll nicht selber wegzuräumen. Ich schaute näher hin. Auf dem Zettel stand: »Zweimal rechts, links rum.« Waren Tanzschritte gemeint? Oder war das eine Botschaft? Als das bei ihrem Tempo beinahe wehende Haar hinter einer Säule im Treppenhaus verschwand, stand ich auf, packte schnell auch mein Zeug zusammen. Ikuko hatte nämlich ihre Kaffeetasse sehr wohl mitgenommen, bloß diesen Zettel hiergelassen. Ein Irrtum konnte das nicht sein. »Zweimal rechts, links rum«, sagte ich meinem inneren Ohr, während ich zum Treppenhaus ging, wo sie schon nicht mehr zu sehen war. Draußen wirbelte es vor Menschen. Shibuya, der Ort, wo es ohne genaue Angaben unmöglich ist, jemanden zu finden. Direkt vor mir, neben dem Bahnhofsausgang 6-2, war eine headbangende Gruppe um zwei Hiphopper versammelt. Links verteilten rot uniformierte Hostessen Taschentücher mit Werbeaufschriften. Dazwischen und drumherum Menschen, aus allen Richtungen, in alle

Richtungen. Wo war Ikuko? Nach rechts, die Fußgänger-
zone hoch. Punks aus den umliegenden Vierteln misch-
ten sich hier unter die Touristen, die Anzugträger nach
Feierabend und Leute, die aussahen wie der Host Yusuke
Oshima. Alles war da, aber wo war Ikuko? Ein zweites Mal
nach rechts, ein kleiner Weg zwischen einem vollgeräum-
ten Handyladen und einem dampfenden Ramen-Imbiss,
vor dem Leute Schlange standen. Und jetzt links rum, was
hieß das? Eine kleine Gasse machte sich auf, am Ende des
Weges die breitere Inokashira dori.

Ikuko, oder wie immer sie hieß, und ich hatten kein
Wort gewechselt, aber irgendwie kommuniziert hatten
wir doch. Hier, nach zweimal rechts und einmal links,
musste sie irgendwo sein, wenn ich nicht alles falsch verstanden hatte. Denn in dem Café hätte man, das wurde
mir bei meinen eilenden, aber nicht wirklich orientierten
Schritten klar, doch kein Gespräch anfangen können, keiner redete dort. So ein Sich-Finden als Schnitzeljagd, wie
jetzt, war wohl der einzige Weg. Vorne an der Ecke sah
ich wieder kräftiges, welliges Haar hinter einer Häuse-
recke verschwinden. Ich ging hinterher. Was könnte aus
uns werden, aus dieser Ikuko und mir? Etwas Neues? Am
Ende des Wegs, der sich mit der Inokashira dori kreuz-
te, sah ich unter Laternenlicht und Leuchtreklame shop-
pende Fräuleins auf Stöckelschuhen und rumhängende
Möchtegernmacker mit langen Schlüsselketten an den
Hosen oder großen Smartphones in den Händen. Men-
schengruppen steuerten die Bars der Straße an. In Shibuya begann die Nacht. Aber welche Rolle spielte Ikuko

in ihr? War sie verschwunden? Musste ich weitersuchen? War hier nichts zu finden? Ich blieb stehen. Was hätte aus uns werden können? Vielleicht würde das ein Thema für die Vorstellungswelt bleiben. Eigentlich kein schlechter Ort, sagte ich mir, hastig ein- und ausatmend, und revidierte schon: allerdings auch nicht der beste Ort. Was tat ich hier eigentlich? Der viele Kaffee und nun auch noch das. Mein Herz raste. Trotzdem blickte ich mich in der Menge um, möglichst ruhig, möglichst konzentriert. War das einfach nur der niedrigste Jagdinstinkt? Nach Sex war mir eigentlich gar nicht zumute. Neugier konnte ich kaum leugnen, aber auch Neugier traf nicht den Punkt. Mir kam das Bild einer hämisch lächelnden Göttin der Liebe in den Sinn. Innerlich streckte ich ihr die Zunge heraus. Da.

Drüben auf der anderen Straßenseite stand Ikuko, beobachtete mich. Lächelnd, ohne Häme.

Die Ampel sprang auf grün, aber ich bewegte mich nicht. Sie gefiel mir zweifellos sehr, aber in diesem Moment war ich voller Stolz und Trotz. So hielt ich ihren Blick. Es wurde rot. Dann wieder grün. Ikuko kam auch nicht zu mir herüber. Die stark befahrene Straße wie ein Graben zwischen uns, bis die Ampel eine instabile Brücke schuf, die ich nicht betreten wollte. Ewig so dazustehen ergab auch keinen Sinn. Irgendetwas musste ich tun. Da weder der Weg gerade auf sie zu in Frage kam, noch die Flucht zurück, entschied ich mich bei der nächsten Grünphase für den Weg zur Seite. Langsam spazierte ich auf meiner Straßenseite entlang. Ich blickte mich nicht nach ihr um, versuchte stattdessen, Klarheit über mich selbst zu gewinnen. Warum war ich hier?

In Gedanken suchte ich die Auseinandersetzung mit der Göttin der Liebe. Sie trottete neben mir her, fragte mich beiläufig, ob ich jetzt allen Ernstes so tat, als würde mich das hier kalt lassen. Sie nahm die Gestalt von Lena an, und von Yuri, mit der ich händchenhaltend durch diese Straßen gezogen war. Das hatte ich genossen. Aber ich fühlte mich nicht einsam. Und an die romantische Liebe wollte ich nicht mehr glauben. Konnte es die Liebe nicht auch ohne dieses Glaubensbekenntnis und all die gesteigerten Erwartungen geben?

Die Liebesgöttin sah mich von der Seite an. Zweifelnd. Dann wäre sie womöglich keine Göttin mehr. Ihre hässlichen Schattenseiten produzierten doch erst die Fallhöhe, die das High der Liebe so besonders machte. Wenn niemand ernsthaft an sie glaubte, würde sie ihre Herrlichkeit und ihren Schrecken gleichermaßen verlieren.

Du verlierst so oder so, früher oder später, hielt ich ihr entgegen. Der gesellschaftliche Wandel ist gegen dich, nicht nur hier, sondern weltweit. Immer mehr Menschen werden Singles und wenden sich von dir ab. Und deine glühenden Fans, die deine Größe und Ewigkeit hochhalten, für die es nichts Schlimmeres gibt, als Single zu sein, rennen von einer Enttäuschung in die nächste.

Aus dem Zweifel in ihrem Gesicht wurde Missmut.

Aber vielleicht gibt es einen Ausweg, setzte ich nach und lächelte sie in Gedanken verschmitzt an.

Diese Ansage schien sie noch missmutiger zu machen, aber immerhin hatte ich ihre volle Aufmerksamkeit. Sie blieb stehen.

Ich auch. Die Welt um uns herum war vollkommen ausgeblendet. Ich, voll konzentriert, hob an: Um die Singles wieder für dich zu gewinnen, gibt es einen ganz einfachen Weg: Du wirst einfach noch schöner.

Sie sah mich verdutzt an.

Ja, noch schöner, setzte ich nach. Vergiss das althergebrachte Brimborium. Du kannst auch eine moderne, zeitgemäße Göttin sein, die mit einer bekömmlichen und gesunden Droge dealt, ohne aus dem High gleich eine Religion zu machen. Stattdessen musst du deine Anhänger möglichst vor Abstürzen bewahren. Was du brauchst, sind aufgeklärte User, mündige Konsumenten, die eben nicht so einfach auf dich hereinfallen.

»Bist du auf einem Trip?«, fragte mich eine weibliche Stimme.

Damit holte mich Ikuko in die Realität zurück. Aber antworten konnte ich nicht sofort.

»Geht es dir gut?«

»Ich versuche, ein mündiger User zu sein«, brachte ich heraus.

Jetzt sah sie mich so skeptisch an wie vorhin die Liebesgöttin.

Und ich konnte nicht anders, als verschmitzt zu lächeln.

Marco Wagner
Gefällt mir!

Er hatte genug vom Videospielen und ging hinaus, um etwas
richtig Blödes zu tun, sich dabei zu filmen und es auf Facebook zu stellen. Das war der Anfang von Marco Wagners
Aufstieg vom Fruchtkoch in einer großen Fruchtverarbei-
tungsfirma zum Facebook-Star mit mehr als 400.000 Fans.
Mit amüsanten Einblicken in seinen Berufsalltag und sein
Privatleben entschlüsselt er die Geheimnisse der Aufmerksamkeit in den sozialen Medien und zeigt, wie sie sich zu
Geld machen lässt. Seine 35 Tipps eignen sich auch für alle,
die ihre Hosen lieber anbehalten.

ISBN 978-3-99001-234-5
192 Seiten, eur 19,95

Christian Schwab
Oh mein Gott

Wie ist es wirklich, als strenggläubiger Muslim, Jude, Christ, Hindu oder Buddhist durchs Leben zu gehen? Wie fühlt sich das vom Aufstehen bis zum Schlafengehen an? Christian Schwab, bekannt geworden als Mitglied der Kabarettgruppe Comedy Hirten sowie als Prominenten-Parodist und Comedy-Texter für den Ö3-Wecker, hat die fünf Weltreligionen einem gründlichen Praxistest unterzogen. Jeweils einen Monat lang lebte er streng nach den Regeln des Islams, des Judentums, des Christentums, des Hinduismus und des Buddhismus. In seinem lehrreichen und witzigen Buch erzählt er, wie es ihm dabei erging, was die Religionen unterscheidet und was sie gemeinsam haben: Sie nehmen sich alle ein bisschen zu ernst.

ISBN 978-3-99001-231-4
240 Seiten, eur 21,90

Christian Schwab
Oh mein Gott

Wie ist es wirklich, als strenggläubiger Muslim, Jude, Christ, Hindu oder Buddhist durchs Leben zu gehen? Wie fühlt sich das vom Aufstehen bis zum Schlafengehen an? Christian Schwab, bekannt geworden als Mitglied der Kabarettgruppe Comedy Hirten sowie als Prominenten-Parodist und Comedy-Texter für den Ö3-Wecker, hat die fünf Weltreligionen einem gründlichen Praxistest unterzogen. Jeweils einen Monat lang lebte er streng nach den Regeln des Islams, des Judentums, des Christentums, des Hinduismus und des Buddhismus. In seinem lehrreichen und witzigen Buch erzählt er, wie es ihm dabei erging, was die Religionen unterscheidet und was sie gemeinsam haben: Sie nehmen sich alle ein bisschen zu ernst.

ISBN 978-3-99001-231-4
240 Seiten, eur 21,90